U0562374

本书为国家社会科学基金项目
"相对所有权的私法逻辑"（09CFX48）
最终成果

吉林大学哲学社会科学学术文库

相对所有权的私法逻辑

The Logic of Relative Ownership
in Private Law

李国强 ◎ 著

社会科学文献出版社
SOCIAL SCIENCES ACADEMIC PRESS (CHINA)

| 摘　要 |

　　法学上的所有权是与哲学、政治学、经济学等领域深刻关联又有区别的概念，它总是和人类生活的方方面面结合在一起。意欲从历史的脉络去探究所有权观念变迁的规律，首先就要检讨近代私法的绝对所有权观念，同时理清现代物权法制度的体系创新，按照逻辑和历史的一致性展开问题。在研究过程中需要更多的利用历史分析方法和经济分析方法去论证观点，同时还必须涉及文化人类学的一些研究方法，努力全面展现相对所有权在私法上的规律性。

　　传统大陆法系物权法是从注释法学派注释罗马法开始形成的，主要是为了适应当时自由资本主义的发展，强调的是对有体物的绝对的个人所有，但是随着时代进步，从自由主义的绝对所有权受限制开始，绝对所有权观念表现出诸多不适应。物权客体类型区分是物权制度体系构建的前提，随着社会经济的发展，有必要重新根据物权客体的特点予以区分，尤其是物权客体的界定方法也需要更新，改变近代私法认为物权客体限于有体物的观念，物权客体发展表现出一种价值化的趋势。相比理论上所有权观念的更新，物权立法需要做的工作并不是很多，至少从现有大陆法系的民法典来说并不需要作巨大的修正，在物权立法上只是把体现所有权绝对和严格物权法定的用语改掉，实际上自20世纪以来的民法典的修改已经是在具体做这项工作，只是新制度的存在缺乏理论上合乎逻辑的解释。根据相对所有权观念，物权法定和物权自治在现代物权法中应该各有其适用的空间，绝对的物权法定和物权自治都与所有权使外部成本内在化的初衷相违背。相对所有权观念意味着在解释民法制度时更加灵活和能动，但这种能动性又有一定的规则可循。另外，对于传统大陆法系物权观念不能包容的制度的解释具有无法比拟的优势,扬弃大陆法系近代私法上所有权优位的物权体系,实现所有权和他物权平等,构筑新型的、开放式的他物权体系是相对所有权观念适应社会经济发展的一个主要表现。

Abstract

The concept of ownership in law associated with the concepts in the fields of philosophy, politics and economics, but it is also different from the concepts in these fields. The concept of ownership, relates to many aspects of people's life. We should analyze the concept of absolute ownership in modern private law, search systematic innovation of the institution of modern property law and do this research according to logical and historic coherence in order to find out the rule of evolution of ownership concept from the historic perspective. In order to analyze the rule of relative ownership in private law, we should use the methods of historic analysis, economic analysis and cultural anthropology.

The law of ownership in traditional civil law gradually grew up from commentary school, adapted to the development of liberal capitalism and stressed absolute ownership to the tangible property. With the passing of the days, the conception of liberal absolute ownership could not adapt to the reality when the liberal absolute ownership was restricted. The classification of ownership's object is the premise of the construction of the system of ownership. With the developments of society and economy, it is necessary to classify the object of ownership, renew the definition of the ownership's object and change the notion that the object of ownership was confined to tangible property. The development of object of ownership represents the trend of value. In contrast to theoretical renew of conception of ownership, the work of the legislation of property law is less and there is few corrections in the code of many countries in civil law. The legislators corrected the words that embodied the absolute property and property right decided by law strictly. Since the 20th century, the legislators have done this work in correction of the code of civil law but the new institution lack logical explanation in theory. On the conception of relative property, there is space for the property law decided by law and autonomy of the property in modern property which is conflict with the thought that internalize the exterior cost. The conception of relative ownership is more reflective and active in interpretation of civil law, but the motives have some regularity. Moreover, the adapt of relative ownership to social and economic development appeared that the system of property rights is excellent after assimilating the advantages and abandoning the disadvantages of ownership's priority in private law in Continental recently, and making ownership equals to other property rights, and constructing the new and open system of the other property rights.

序

《相对所有权的私法逻辑》一书是从物权理论最基本概念之一的"所有权"内涵出发研究物权理论的规律性。当今社会处于转型时期，信息技术、基因技术等高新科技的高度发达和大规模产业化，正在把人们抛掷于一种新的生活状况和景观之中。由于探测到科学技术和知识信息正在置换土地、劳动和资本等物质资源而成为基础性生产要素，民法理论更新的步伐也随之加快，现代物权法制度正是在这一背景下被应用和解读的。如果不对习以为常的物权法理论进行解构或重新审视，就不可能真正地洞察物权法发展的内在机理、领悟物权法发展的内在逻辑，也不可能在物权法解释和应用中获得自主创新能力。

本书首先对绝对所有权观念进行检讨。论述了所有权的历史性格表现为观念性演进和修正，自罗马法发端逐渐形成的近代私法的自由主义所有权表现为具有观念性的"绝对所有权"。在大陆法系"绝对所有权"的观念占据主导，他物权只不过是所有权的"权能分离"的产物，这实际上忽略了所有权现实性的一面和所有权背后隐含的社会属性。但是所有权从来就不可能是绝对的而总是相对的，只是这种相对性的表现在不同的经济条件下是不同的。

其次还论述了物权客体对所有权观念演进的影响。在物权客体的诸多区分标准中，动产与不动产的区分是自罗马法以来对于物权客体最主要的分类方式，而且近代大陆法系的物权法理论和立法体系也是基于这种区分来构筑的，但是随着社会发展不断产生新的物权客体，还不仅意味着动产与不动产区分标准存在"失灵"的情况，也意味着传统的标准有修正的空间；不仅彰显了逻辑框架有时要向现实需要低头，也呼唤逻辑框架应随现实生活做出调整，使之与社会现实契合，动产与不动产的区分呈现一种交错与同化的趋势。传统物权法理论中没有给无体财产预留座位，但在现代物权法具体制度中，无体财产事实上已经成为不能回避的物权客体。

本书还着重对现代私法中所有权观念的转向及其制度内容进行了分析。英美法系财产法制度对大陆法系所有权观念具有一定的影响，英美财产法制度与经济发展的适应性和其对外的扩张性不容忽视。相对所有权并不以现实的直接支配物为必要，而是在观念上对物权客体上的某种价值进行排他支配，从这个角度讲，近代私法所有权的观念性得到了某种程度的强化。但是实际上它是扬弃近代私法的绝对所有权观念，这种观念性是对物权客体不同价值的观念上的利用和支配，而不是确定对"物"的整体的归属。

最后就相对所有权观念的解释论扩张进行了论述。在绝对所有权观念控制了立法上绝对话语权的情境下，民法解释学的发展是相对所有权观念得以存在、发展的动力之一。民法解释首先是基于一定的价值观判断问题形成的原因和解决问题的方法，也就是说在解释民法时，不可能用既定的理论去限制不断发展的社会现实，而是站在为解决某一现实问题的基本立场上，判断物权理论应该怎样去适应社会现实，构筑以裁判为中心的物权制度。所有权制度在运行中必须受其所处的经济关系的制约，不同所有制下所有权自有其不同的特点，所以必须对所有制对于所有权的影响进行解释论上的分析，在社会主义公有制下如何实现私法所有权的平等保护具有尤其重要的现实意义。

本书的价值在于利用中外文资料和相关学科发展的最新成果进行深入探究，并考察物权法理论在现代民法学中的发展趋向，据此探讨我国物权法理论体系构造问题以及《物权法》的解释适用和改进问题。《物权法》虽然已经实施，但在具体的解释适用中还存在许多问题，例如新型物权客体和传统物权法理论不兼容的问题，再如他物权领域日益增多的新型他物权制度需要的问题。这些问题都是不容于现行物权法理论逻辑体系中的，需要用新的物权法理论加以涵盖。本书更重要的目的是寻找物权理论变迁的规律性，解构传统物权法理论体系，追问现代物权法理论体系的真相。

依循历史的脉络去探究物权法理论变迁的规律,按照逻辑和历史的一致性展开问题。既有对中外物权法的历史逻辑的梳理,也有针对现实问题的经济分析的解读。

中国民法学研究会　副会长
吉林大学　法学院　教　授
马新彦

目录 CONTENTS

绪 论 ·· 1

    一 "什么是所有权"的私法表达 ··· 1

    二 本课题研究的目的 ·· 6

第一章 所有权的历史性格及绝对所有权观念的检讨 ·············· 9

  第一节 所有权的观念性

       ——近代私法所有权的历史性格 ······························ 9

    一 作为历史范畴的所有权 ··· 10

    二 近代私法所有权的观念性 ·· 15

    三 近代私法所有权观念性的修正 ·· 20

  第二节 绝对所有权观念的检讨 ··· 25

    一 从罗马法的个人所有权到近代私法的绝对所有权 ·············· 26

    二 绝对所有权观念与社会现实的背离 ································· 32

    三 绝对所有权观念与现代私法所有权 ································· 36

第二章 物权客体对所有权观念变迁的影响 ·························· 42

  第一节 时代变迁与物权客体的重新界定 ································· 42

    一 物权客体范围变迁的内在逻辑 ······································· 43

二　物权客体界定的困境与"财产"概念的广泛应用 ………… 48
　　三　价值化趋势下物权客体的重新界定 ………………………… 52
第二节　动产与不动产区分的相对化 ………………………………… 61
　　一　近代民法上动产与不动产区分的意义 ……………………… 62
　　二　近代民法上动产与不动产区分的检讨 ……………………… 68
　　三　现代民法上动产与不动产的区分 …………………………… 72
　　四　动产与不动产区分无法替代的法价值 ……………………… 75
第三节　无体财产概念对现代所有权观念的影响 …………………… 76
　　一　无体财产概念的发端 ………………………………………… 77
　　二　无体财产概念在现代私法上的功能 ………………………… 82
　　三　无体财产概念促使所有权观念更新 ………………………… 85

第三章　现代私法上所有权观念的转向 ……………………………… 89

第一节　英美法系所有权观念的变迁及其影响 ……………………… 90
　　一　英美法系所有权观念的变迁 ………………………………… 91
　　二　现代英美法系所有权观念的阐释 …………………………… 95
　　三　英美法系财产权制度对大陆法系所有权观念的影响 ……… 99
第二节　相对所有权观念的形成 …………………………………… 104
　　一　相对所有权观念的现实基础 ………………………………… 104
　　二　相对所有权的界定 …………………………………………… 110
　　三　相对所有权的制度解释功能 ………………………………… 115
第三节　物权法定在现代物权法体系中的定位 …………………… 119
　　一　对近代民法上的物权法定主义的检讨 ……………………… 120
　　二　"物权法定"基本原则地位的弱化 ………………………… 127
　　三　物权法定下物权自治的可能性 ……………………………… 131
　　四　物权法定的制度定位 ………………………………………… 137
第四节　所有权限制的根据 ………………………………………… 140
　　一　从限制到界限——所有权限制的历史演进 ………………… 140
　　二　所有权限制的具体内容 ……………………………………… 147
　　三　所有权社会化理论的检讨 …………………………………… 154

四　公共利益还是效率——所有权公法限制的经济学根据 ……… 158
　　五　所有权限制的权利冲突论解释 …………………………………… 163

第四章　相对所有权观念的解释论扩张 ……………………………… 168

第一节　民法解释学的发展与相对所有权观念的解释论应用 ……… 168
　　一　民法解释学的发展及其对所有权观念的影响 ………………… 169
　　二　相对所有权观念在民法解释学中的应用 ……………………… 175
　　三　在解释论上构建以裁判为中心的物权制度 …………………… 184

第二节　相对所有权观念在所有权平等保护中的解释论应用 ……… 188
　　一　公有制下私的所有权——所有制和所有权的关系 …………… 189
　　二　社会主义公有制下的相对所有权 ……………………………… 193
　　三　各种所有权的平等保护 ………………………………………… 197

第三节　"权能分离论"的解构与他物权体系的再构成
　　　　　——物权法解释论的视角 ……………………………………… 202
　　一　"权能分离论"的解构 …………………………………………… 203
　　二　他物权在物权体系中的重新定位——所有权与他物权的平等 … 209
　　三　他物权体系的再构成——《物权法》中他物权体系的解释 … 213

结　论 …………………………………………………………………… 220

参考文献 ………………………………………………………………… 222

索　引 …………………………………………………………………… 235

后　记 …………………………………………………………………… 242

目录
CONTENTS

Introduction / 1

  1. The express through the mode of private law about what is the ownership / 1

  2. The purpose of this study / 6

Chapter 1 The review on the historic characters of ownership and the idea of absolute ownership / 9

  Section 1 The ideology of ownership: the historic character of ownership in modern times / 9

    1. The ownership as historic category / 10

    2. The ideology of the ownership in the modern times / 15

    3. The revise of the ownership in the modern times / 20

  Section 2 The review on the ideology of absolute ownership / 25

    1. From the personal ownership in Rome to the absolute ownership in the modern times: the historic base of ideology of absolute ownership / 26

    2. The ideology of absolute ownership deviating from reality / 32

    3. The absolute ownership and ownership in the modern private law / 36

Chapter 2 The influences of the object of the property right on the evolution of ideology of ownership / 42

Section 1 The transition of times and the redefining of the object of property right / 42
  1. The intrinsic logic of the evolution of the object of property right / 43
  2. The difficulty of defining the object of property right and the extensive use of the concept of property / 48
  3. Redefining the object of property in the trend of valuation / 52

Section 2 The relative distinction of movables and real estate / 61
  1. The significance of the distinction of movables and real estate in civil law in modern times / 62
  2. Review on distinction of movables and real estate of civil law in modern times / 68
  3. The distinction of movables and real estate in contemporary era / 72
  4. The unexampled value of the distinction of movables and real estate / 75

Section 3 The influence of intangible property on the concept of modern ownership / 76
  1. The origin of the concept of intangible property / 77
  2. The function of the concept of intangible property in modern times / 82
  3. The updating of the ideology of property right triggered by the concept of intangible property / 85

Chapter 3 The turn of the ideology of property right in modern times / 89

Section 1 The evolution and effect of the ideology of property right in Anglo-American law / 90
  1. The evolution of property right in Anglo-American law / 91
  2. The explanation of property right in modern Anglo-American law / 95

   3. The influences of institution of property right in Anglo-American law on continental law   / 99

  Section 2   The establishment of the concept of the relative ownership   / 104

   1. The base of reality of the concept of the relative ownership   / 104

   2. The defintion of the concept of the relative ownership   / 110

   3. The function of explanation of the concept of the relative ownership to institution   / 115

  Section 3   The position of Numerus of Clausus in the modern property law   / 119

   1. Review on Numerus of Clausus in the modern property law   / 120

   2. Avianizing of the position of the basic principle of Numerus of Clausus   / 127

   3. The possibility of the autonomy of the property right under Numerus of Clausus   / 131

   4. The position of institution of Numerus of Clausus   / 137

  Section 4   The grounds of the limitation of the ownership   / 140

   1. From the limitation to boundary: the evolution of the limitation of the ownership   / 140

   2. The contents of the limitation of the ownership   / 147

   3. Review on the theory of social ownership   / 154

   4. Public interests or efficiency: the economics founds of the limitation of the ownership through public law   / 158

   5. The explanation through the theory of the conflicts of the rights of the limitation of the ownership   / 163

Chapter 4   The expansion of explanation of the conception of relative ownership   / 168

  Section 1   The development of the explanation of civil law and application of the explanation of the concept of relative property   / 168

1. The effects of development of the explanation of civil law on the concept of relative property　　/ 169
2. The application of the concept of relative property in the explanation of civil law　　/ 175
3. The construction of the institution of property right on the base of judiciary in the level of explanation　　/ 184

Section 2　Application of the conception of relative ownership by explanation to the equal protection to ownership　　/ 188

1. The ownership under the public institution of ownership: the connection of the ownership and the institution of ownership　　/ 189
2. The relative ownership under the public institution of ownership　　/ 193
3. The equal protection of all kinds of ownerships　　/ 197

Section 3　The deconstruction of theory of separation of the right and its function and the reconstruction of the system of jus in re aliena: through the perspect of explanation of the law of property right　　/ 202

1. The deconstruction of theory of separation of the right and its function　　/ 203
2. The relocation of jus in re aliena in the system of property rights: the equal protection of the ownership and jus in re aliena　　/ 209
3. The reconstruction of the system of jus in re aliena: the explanation of the system of jus in re aliena in the law of property rights　　/ 213

Conclusion　　/ 220

Reference　　/ 222

Index　　/ 235

Postscript　　/ 242

| 绪 论 |

一 "什么是所有权"的私法表达

(一)"所有权"在理论话语中的地位

"所有权"是一个人人都耳熟能详的名词,但又是一个困扰了无数不同学科领域理论家几千年的概念。所有权是一个哲学、政治学、经济学、伦理学、社会学、历史学等思想观念交织在一起的概念,而且在不同的历史时期、不同的社会经济发展状况下,同一学科使用的"所有权"一词也可能具有不同的概念内涵。当法国学者蒲鲁东试图追问"什么是所有权"的时候,在他的脑海中浮现的绝不仅仅是法学上的所有权。[①] 哲学、政治学、经济学等领域研究的所有权和法学研究的所有权既深刻关联又存在重大区别。哲学研究的所有权是从形而上学看人类共同的社会生活关系,同时又根源于哲学思想所产生的时代需求,当德国学者康德提出,"一个外在物是我的,只有当这个外在物事实上不是在我的占有中,如果别人动用它时,我可以认为这是对我的侵害,至此,这个外在物才是我的",[②] 他实际上分析的是资本主义发展早期的社会关系,康德之后

---

① 蒲鲁东在其著作《什么是所有权》(英文书名是 *What is Property*,也有人译为《什么是财产》)中,从哲学和政治学视角来研究所有权问题,书中他用新鲜的文体对私有制和维护私有制的各种论据给予了尖锐的批判,他所使用的所有权概念不同于纯粹法学上的所有权概念,虽然在该书第二章第三节中对私法上的所有权进行了论述,但也只是简单涉及自由资本主义早期法学上的所有权问题,其目的还是在于表达其反对私有制的政治思想。参见〔法〕蒲鲁东《什么是所有权》,孙署冰译,商务印书馆,1965,第56页以下。
② 〔德〕康德:《法的形而上学原理——权利的科学》,沈叔平译,商务印书馆,2001,第54页。

的德国学者黑格尔认为："所有权所以合乎理性不在于满足需要，而在于扬弃人格的纯粹主观性。人唯有在所有权中才是作为理性而存在的。"亦即"人为了作为理念而存在，必须给它的自由以外部的领域。"① 黑格尔的哲学思想表明人格自由经由所有权得以彰显和界定，社会成员个人人格的自我实现和发展是以所有权为基础的，这同样根源于资本主义发展的要求。政治学研究的所有权在于有效维护时代的政治关系，自由主义的个人所有权正是维护政治民主的关键。美国学者诺齐克认为："不论个人行使权利的过程造成的财产差别如何特殊，只要这一过程符合正义的程序，国家和政府都无权对财产权（资格）进行分配和再分配。"② 所有权得以保障，自由权才能得以发挥，所有权不仅是公民个人的经济权利，也是公民的政治权利；不仅是政治权利的先导，更是民主宪政的基础。经济学上的所有权根源于社会资源的稀缺性，在所有权不明晰或得不到有效保障的情况下，人们之间就会为了抢夺资源产生利益冲突，进而导致社会资源的利用效率低下。波斯纳认为："对财产权的法律保护创造了有效率的使用资源的激励。"③ 无须一一展开论述，在任何学科领域"所有权"的理论界定都是一个无法回避的问题，因为所有权关涉人类生活的方方面面，如果非要找出不同领域中所有权的一个共同点的话，德国学者克尼佩尔的一句话是很具有代表性的："在所有权那里，人类即为理性。"④

法学者眼中的所有权亦具有其独特之处，德国学者鲍尔等人认为："哲学、经济学同样研究所有权、所有权的内容以及所有权的意义。'所有权'制度，对人类共同之社会生活与经济生活，具有极其重要的意义。"他们试图区分不同学科领域对所有权内涵解读的差异性，或者说简单区分不同的所有权概念。"就哲学与经济学而言，其研究对象是所有权的必要

---

① 〔德〕黑格尔：《法哲学原理》，范扬、张启泰译，商务印书馆，1961，第50页。
② 〔美〕罗伯特·诺齐克：《无政府、国家与乌托邦》，何怀宏译，中国社会科学出版社，1991，第177页。
③ 〔美〕理查德·A. 波斯纳：《法律的经济分析》，蒋兆康译，中国大百科全书出版社，1997，第40页。
④ 〔德〕罗尔夫·克尼佩尔：《法律与历史——论〈德国民法典〉的形成与变迁》，朱岩译，法律出版社，2003，第246页。

性、所有权制度的推行以及所有权的分配；对宪法学者来说，如何针对国家手段而赋予私人所有权以保护，具有重要意义；而对私法学者来说，他们关心的是所有权所蕴涵的私法上的利用可能性，以及在私人间如何对所有权实施保护。基于上述各种不同的问题视角，将所有权作为一种制度而在学术上进行研究，其结果自然就导致不可能存在一个统一的对所有学科都行之有效的所有权概念。"① 这些说法在法学的领域颇值得赞同，但是即使仅仅限定在法学上进行所有权的深入研究也不能局限于法学上的唯一特性，应该既考虑诸多不同学科的关联，又区分研究的具体领域。只有这样才能在功能上分析清楚所有权概念的内涵，否则所谓的研究内容必将一塌糊涂。

当然，即使在法学领域，也有宪法上所有权和私法上所有权的不同区分。在资本主义发展早期的法国，宪法上的所有权和私法上的所有权并未得到有效区分。在法国《人权宣言》中，所有权被表述为一项天赋人权，被置于和自由同等的地位，其民法典的编纂者也确认所有权是一项天赋人权，并在法典中确定了所有权神圣不可侵犯的原则。法国司法裁判结论认为：所有权是一项具有宪法价值的基本权利。② 德国学者鲍尔等人则相对清晰地区分宪法所有权和私法所有权，他们认为宪法所规定的是所有权人与国家之间的公法法律关系，旨在给受国家规范权力制约的公民提供对其法律地位的保护。但与此同时，国家依据该规定也获得对所有权内容及其限制通过立法规范予以规定的权限。故而，在宪法上就产生了一项与私法视角完全不同的所有权问题：所有权应作为什么样的地位而受到保护，而国家又是在何种程度上，享有对这种地位的内容予以规定与限制的权限。③宪法上所有权概念的内涵是相对抽象的，可以涵括私法上的所有权，德国

---

① 〔德〕鲍尔·施蒂尔纳：《德国物权法》（上册），张双根译，法律出版社，2004，第513～514页。
② 法国最高法院第一民事庭的裁判结论认为所有权是具有宪法意义的基本权利，这和《法国民法典》宣扬自由主义精神的内容一脉相承，或者说《法国民法典》的内容不完全在于具体的规则的表达，更包括时代精神的宣示。参见《法国民法典》，罗结珍译，法律出版社，2005，第453页。
③ 参见〔德〕鲍尔·施蒂尔纳《德国物权法》（上册），张双根译，法律出版社，2004，第516页。

学者萨维尼认为:"只有在国家那里,所有的权利才拥有其现实性和完整性,其作为国家的实证权利,从而所有权只有通过这样才能成为一个现实的定在,即所有权首先系于国家,然后借助于国家实证法中所产生的规则而系于国家中的每个法律主体,该法律主体为所有权人。"① 宪法上的所有权,其客体也非常广泛,甚至不特定的物也受宪法保护,如矿藏和野生动植物资源都可以规定为国家所有。宪法上的所有权和私法上的所有权不能得到有效区分,会导致物权法上所有权概念的混乱,难以解释某些问题。例如,《中华人民共和国物权法》(以下简称《物权法》)第49条规定法律规定属于国家所有②的野生动物资源属于国家所有,那么,国家在候鸟因季节而迁徙至他国时是否丧失其所有权呢?从私法上所有权的角度看,国家确实丧失对这些特定的候鸟的所有权,但在宪法所有权的意义上,特定候鸟的迁徙并不影响国家对野生动物拥有抽象的所有权,因为宪法上的所有权意味着一种资格,一种获得财产的可能性,它针对的是处于一国主权下抽象的一切资源,而非具体的、特定的物。再如《物权法》第46条规定矿藏属于国家所有,一般意义上的矿藏应指一切已发现或未发现的矿藏,但能在其上成立私法所有权的,必须是已发现的被特定化的矿藏,否则与"物权"的基本特性违背,而只有宪法可以规定矿藏属于国家所有。如果《物权法》关于野生动物和矿藏的规定没有特别指出是已被特定化的客体,那至少在解释上也应该做限缩解释。

(二) 私法上对所有权的界定

所有权是私法财产权制度的出发点,③ 私法上所有权概念的源头是罗马法,在罗马法中所有权被认为是"对物最一般的实际主宰和潜在

---

① 〔德〕萨维尼:《当代罗马法体系》(第一卷),柏林,1840,第374页。转引自〔德〕罗尔夫·克尼佩尔《法律与历史——论〈德国民法典〉的形成与变迁》,朱岩译,法律出版社,2003,第241页。
② 例如《中华人民共和国野生动物保护法》第3条第1款就直接规定:"野生动物资源属于国家所有。"
③ 在这里笔者用"私法"来限定所有权而不是"民法",是因为在现代法律体系中,私法框架下应该包括有所区别的民法、商法甚至性质模糊的知识产权法等,它们虽有所区别但是也具有共同的理念。尤其是所有权问题,这是私法各领域必须共同面对的一个问题。

(in potenza)主宰"。① 这种关于所有权的定义体现了个人主义的色彩，与当时简单商品经济的发达密切相关。罗马法之后欧洲进入日耳曼法时期，日耳曼法采用一种团体主义的所有权观念，日耳曼法以其特有的"Gewere"为基础构筑了财产权制度。根据日本学者我妻荣的分析，日耳曼法与罗马法存在从观念到结构的差异：日耳曼法以使用而不是物的绝对归属为中心；日耳曼法将各种使用权视为各个相对独立的权利；日耳曼法将体现团体主义的身份关系反映于财产权制度；日耳曼法在支配权的变动上，追随事实上使用外形的变动，"Gewere"和支配权相结合。② 另外，欧洲中世纪和我国古代都存在双重所有权的土地权利结构。在欧洲是封建地主所有的高级所有权以及同时存在的佃农的低级财产权或地权；③ 在我国则是"一田两主"制，即在同一田地之上，将土地分离为相互独立的上、下两层，上地谓田皮、田面等，底地谓田骨、田根等，分属不同主人之产业，可各自单独享有或转让而互不影响的制度，据学者考证在元代的《崇明县志》中已有记载。④ 上述这些历史上的所有权形态，在今天都已经基本不复存在，也或可能在某些未开化的原始族群中还小范围保有。

近代以来，随着资本主义经济的发展，所有权观念也随之更新，近代私法的绝对所有权概念成为整个私法财产法的基础，日本学者川岛武宜就认为："市民社会的主要目标是保护所有权。人的存在是以对自然界的支配和利用为基础的。外界自然通过某种方法为人类所利用，其直接的前提是给予所有权。"⑤ 财产私有的历史基础在于市民社会的发展需要，其价值不在于直接进行物质配给，而是维持一种立足于平等交换的不由统一意志设计的秩序的基础。绝对所有权以继受罗马法的名义成为资产阶级启蒙思想的组成部分，但是它绝不是罗马法"所有权"的回归，用法国学者巴丹戴尔的话说："在1804年，确认所有权并不仅仅是罗马法影响的表现，或者说，并不仅仅是波梯耶的著名格言的表现，它首先是对新的所有权人给

---

① 〔意〕彼得罗·彭梵得：《罗马法教科书》，黄风译，中国政法大学出版社，1992，第194页。
② 参见〔日〕我妻荣《日本物权法》，有泉亨修订，李宜芬校订，五南图书出版公司，1999，第2～3页。
③ 参见〔英〕梅因《古代法》，沈景一译，商务印书馆，1959，第167页。
④ 参见张晋藩《清代民法综论》，中国政法大学出版社，1998，第116页。
⑤ 〔日〕川岛武宜『所有権法の理論』，岩波書店1987年，一七頁。

予的一种保证：保证不会走回头路，保证他们在'国民财产中所占的份额'已为他们最终取得，他们有任意处分这些财产份额的自由。"① 随着社会的发展，近代私法的绝对所有权正日益受到社会发展的质疑和修正，在近代私法模式中，确立了对私的所有的保障，这种保障一直延续至今。随着经济法禁止私人垄断，私的所有权在很多方面受到经济管制的制约。如土地所有权被添加了各种公法的限制（城市规划法和土地开发法），从生命、健康、安全的观点出发对一定的商品的生产、贩卖进行限制等，现在已被扩展到相当广泛的领域。② 在从近代私法模式向现代私法模式转变的过程中，私法上的所有权观念也发生了从绝对所有权向相对所有权的转变。

二 本课题研究的目的

本书的书名是《相对所有权的私法逻辑》，顾名思义就是要阐释"相对所有权"在私法上的规律性。所谓"相对所有权"不是对近代绝对所有权概念界定的完全否定，而是所有权概念界定时观念上的一种进化发展。本书对相对所有权的阐释立足于一种功能主义的视角，"法律存在的目的不在概念本身，而在规范功能，法律也绝非目的教条，而是规范的工具，必须随时省思以因应规范目的的达成。"③ 前已述及，所有权是一个处于社会历史发展中的私法概念，因此必须立足于社会发展状况来分析所有权概念，并且进一步明晰当前所处的全球化的市场经济状况，同时也要考虑各种哲学思想、政治学思想、经济学思想对私法所有权的影响，不管法学理论家是否愿意承认，都必须看到在这个高速发展的社会中，所有权已经不是近代私法学者所设计的那样，它已逐渐失去了其抽象的绝对性的外衣，而变得相对和具体。同时，伴随着全球化的经济增长，大陆法系和英美法系的界限也不断被打破，当曾经似乎水火不容的观念开始交融的时候，生

---

① 〔法〕罗贝尔·巴丹戴尔：《最伟大的财产》，载《法国民法典》，罗结珍译，法律出版社，2005，第20页。
② 参见〔日〕北川善太郎『民法入门』，有斐阁1988年，一三〇页。北川善太郎认为："由于社会经济发展，现在正经历着从近代民法模式向现代民法模式的转变，近代民法的基本原则和理念都被新的现代民法模式的基本原则和理念所取代。"
③ 谢哲胜：《台湾物权法制发展》，《财产法暨经济法》2005年第2期，第39页。

长出的往往是出乎法学家意料的东西。还必须看到,所有权概念也有其内在的规定性,从罗马法到现代私法,所有权体现的与人格息息相关的特性始终伴随着它的成长,其每一步演进都伴随着人类朝向自由和解放迈进。需要注意的是,虽然所有权概念有一定的历史继承性,但是笔者反对那种认为现代私法上所有权观念是古代某种观念回归的论调,而认为所有权观念的每一步进化正是人类的解放。新的所有权观念的确立过程符合人类对于新学说的一贯做法,人类对待新学说的通常模式是:先是拒斥,当拒斥无效时,便转而断言古已有之。相对所有权观念的产生只是放弃了绝对所有权中过分强调人格、忽略所应包含社会属性的内容,① 同时是结合物权客体的技术进步的一个观念上的飞跃。应该说,所有权在社会的动荡与变革中不是走向灭亡,而是如凤凰涅槃一样浴火重生了。这首先依赖于对不同时期法律思想之间联系以及发展脉络的了解,其次在于对现实社会发展不同阶段的法律需求的认识。

德国学者耶林说过:"法只有通过与自己的过去决裂才能使自己变得年轻。"② 这种"决裂"是社会变迁的一种必然,但是在法学理论发展的过程中,学者总是喜欢预设目的,倡导一个所谓的"理想图景",实际上任何"理想图景"都是距离现实很远的不切实际的东西,任何人都无法假设这个社会需要什么,真正的社会需求总是不断地被人发现而不是被预测。所以笔者在这里没有假设制度模式,有的只是对社会需求的总结。笔者的思路是在传统大陆法系的理论框架下实现物权理论的进化,而不是单纯构筑任何理论,所以笔者分析的重点在于相对所有权的逻辑即其规律性,而不是否定一个旧的理论进而构筑一个全新的理论,"各个法律制度为了进行功能的选择,都需要促进各种即便不相互冲突也彼此处于紧张状态的目的:可预见性与灵活性,稳定性与发展。"③ 笔者认为所谓相对所有权不是

---

① 大陆法系付诸所有权以私的属性,付诸契约关系以社会属性,其成熟的理论结果是以德国民法典为代表的债权和物权严格区分,但是实际上这种做法从一开始就进入了一个误区,即私的属性和社会属性是不可以截然分开的,在对物进行利用的时候,一个物上或多个物上总是交织着权利人之间的各种社会关系。
② 〔德〕耶林:《为权利而斗争》,郑永流译,法律出版社,2006,第6页。
③ 〔英〕格伦顿、戈登、奥萨魁:《比较法律传统》,米健、贺卫方、高鸿钧译,中国政法大学出版社,1993,第87页。

一种创造而是对现实存在的理论需求的承认。所以本书没有对历经"千辛万苦"制定出来的《物权法》制度内容给予颠覆性批判，而只是对制度背后应包含的规律性予以揭示并发表个人解读的观点。

　　本书的目的在于寻找物权理论变迁的规律性，追问现代私法上所有权观念的真相。笔者依循历史的脉络去探究所有权观念变迁的规律，通过对绝对所有权观念的检讨和对现代物权法具体制度的分析，按照逻辑和历史的一致性展开问题。在研究过程中，笔者利用历史分析方法和经济分析方法去论证观点，同时也涉及文化人类学的一些研究方法，努力全面展现相对所有权在私法上的规律性。其中主要采用了历史分析的方法，通过对自罗马法以来的私法变迁和社会变迁的分析，来解析和还原所有权观念的缘起、发展和演变的规律，试图较为清晰地呈现其本来的面貌，并澄清学界对此的种种误解。在对不同历史时期、不同法系的所有权观念进行比较分析的时候，笔者坚持功能主义的研究原则，即注意区分所有权观念因所处的历史时期、法系等不同而具有不同的内涵，而且只有基于社会需求的"功能"是相同的，在坚持功能主义的前提下才可以把它们放在一起进行分析研究。

第一章
所有权的历史性格及绝对所有权观念的检讨

第一节　所有权的观念性
——近代私法所有权的历史性格

　　所有权并非亘古即有的概念，原始人的思维中不会有所有权的概念。①即使所有权已经作为一个概念现实存在了，其在不同的历史时期和不同的解释条件下也表现了不同的内涵，学者们往往立足于自己所处的时代而忽略这种差异，自觉不自觉地试图以同一内涵来使用所有权概念。而所有权概念之所以能在不同的时代使用却是因为它是一个不断发展并自我修正的历史范畴。马克思认为："在每个历史时代中，所有权以各种不同的方式在完全不同的关系下发展着。"② 既然所有权是一个历史范畴，纵向地把握其概念内涵的发展无疑是一个正确的选择，笔者将从分析所有权存在的正当性入手，结合近代私法所有权概念内涵中与历史境况有关的内容，以抽象的方法揭示所有权概念的历史性格。

---

① 尽管原始社会的人类也会为了生存而争夺和占有食物等自然资源，但是这是一种本能的需要，依靠的也是天生的体力，即使原始社会的人类对捕获的猎物和采集的野果有一定的分配规则，对应于当时低下的生产力水平，这种分配规则也只能满足最低的生活需要，而不可能出现对剩余资源的所有，这和笔者所要研究的权利现象不能等量齐观。
② 马克思、恩格斯：《马克思恩格斯全集》（第四卷），人民出版社，1958，第180页。

一 作为历史范畴的所有权

(一) 所有权的正当性依据

关于所有权正当性依据的传统学说旨在从先于公民义务的人类困境或本性中推导出所有权，市民社会被构想成保护现存财产权的社会安排，而实际上并不存在贯穿人类社会发展始终的正当性依据，但是哲学家、政治学家、经济学家还是不厌其烦地把所有权正当性的问题拿出来讨论。如果简单列举一下关于所有权正当性学说的话，根据立论的思想基础可以有若干种不同的分类。张恒山先生认为主要有先占说、洛克的劳动说、卢梭的社会公认说、康德的主体占有意志与公共权威意志结合说、黑格尔的个体自由意志说。① 翟小波先生认为主要有洛克的劳动论、密尔和贝克的应得论、诺齐克的自由论、边沁的功利论、德姆塞茨的效率论、康德的先占论、黑格尔的人格论、格林的道德发展论、休谟的人性论。② 虽然不同学者的列举有种类多寡和名称上的差别，但其内容大体一致，所有的学说都旨在说明近代私法所有权确立的人对物的支配的不可侵犯性的来源和根据。③ 在这里，笔者不对这些学说的内容进行详细的阐述，只对这些学说的核心思想进行归类分析。根据这些学说所包含的所有权观念的历史限定性可以将它们分为三种：来源于罗马法的学说、自由主义的学说、修正的个人主义的学说。④

1. 来源于罗马法的学说

首先必须回归近代私法所有权的历史源头去探寻问题的所在，近代私法是以继受罗马法为口号而建立起来的，来源于罗马法的所有权正当性依据的学说是先占说。罗马法中"所有权的概念基本上是由'此物是我的'

---

① 参见张恒山《财产所有权的正当性依据》，《现代法学》2001年第6期，第2~7页。
② 参见翟小波《你凭什么拥有财产——西方财产权正当化理论检讨》，蔡耀忠主编《中国房地产法研究》第2卷，法律出版社，2003，第8~79页。
③ 每一种学说都与提出者的深厚的哲学、政治学或经济学理论相互依存，在此笔者不一一展开，也无法一一展开。只能把这些学说与私法上所有权联系紧密的内容拿出来讨论。
④ 这三种分类隐含着依据近代私法所有权的发展来划分的标准，实际上该划分抹杀了一些学说之间的差异，而更多地注意基于社会历史原因的共性。

所确认,即某物属于某人并由此人直接行使对该物的那种归属权所确认。"① 所有权的概念基本上是对"我拥有什么"的确认,表现为对"有体物"和"无体物"的归属不加区分地进行界定。

罗马法中的"所有权"是一种内涵较为空泛的概念,缺乏类似近代私法上"所有权"那种确定的内涵,罗马人的这种所有权观念根源于当时的简单的经济交往关系,虽然罗马社会已经区分了可动物和不可动物、要式物和略式物,② 但是罗马法的所有权表现为对实体物的现实控制而非观念控制,可以说罗马人是从直观的实体化思维角度来看待财产的,整个财产体系认为只有一项真正的权利——所有权,其他的有体物和抽象权利都属于"物"的范围。在这种前提下,罗马法理论从罗马人生活现实出发将所有权正当性依据界定为先占是合情合理的,即把取得所有权的方式当做所有权的正当性依据。

2. 自由主义的学说

从洛克的劳动说到黑格尔的个体自由意志说,都超越了罗马法对于所有权的认识,在本质上这些观点都有一个共同之处,那就是强调作为权利主体的"人"的作用,无论是所谓的"劳动"、"人的意志",还是"社会公认",都是把自由主义的人的因素考虑进所有权正当性依据中。"所有权的真正奥秘不在于物主凭借所有权可以对物随意支配,而是物主在随意支配时所具有的不可侵犯性,不可侵犯性是一种观念状态,是人们对物主占有、支配物的行为所持的态度。"所有者的意志体现在物中,"所有权并不是在直接意义上增加了物主对物的支配自由,而是在排除并禁止他人的阻碍的意义上,间接地使物主获得对物的支配的自由。"③ 处于资本主义从萌芽到上升时期的哲学观念强调人的自由的不可侵犯性,而反过来哲学观念支撑的是经济社会对自由交往和商品交换的需求,各种哲学上的解释其实

---

① 〔意〕桑德罗·斯奇巴尼选编《物与物权》,范怀俊译,中国政法大学出版社,1999,第2页。另参见〔意〕彼德罗·彭梵得《罗马法教科书》,黄风译,中国政法大学出版社,1992,第196页。
② 参见〔英〕巴里·尼古拉斯《罗马法概论》,黄风译,法律出版社,2004年(第二版),第114页;〔澳〕Georg Klingenberg《罗马物权法讲义》,龙泽荣治译,株式会社大学教育出版,2007,第1页。
③ 张恒山:《财产所有权的正当性依据》,《现代法学》2001年第6期,第8~9页。

都是在说明以有体物的归属为中心的权利观念的合理性，从而论证资本主义的经济交往能够有序进行的可能性。正如拉伦茨所说："意识到自身的存在和价值的人，要为发展符合自己特点的个性、实现自己制定的生活目标而努力。为了实现这些目的，他需要具备属于自己，并且只能属于自己的物。"① 但是究竟自由主义所有权的正当性依据是什么，面对社会发展过程中层出不穷的问题，恐怕哲学家自己也说服不了自己。

自由主义所有权学说把私有作为实现自由的手段，人只有通过与外在物建立财产权关系，才能成为真正的自我。这是对封建主义身份关系的一种否定，祛除了利用身份关系对人的控制，但同时也使所有权成为承担其不能承受之重的角色，所有权与人的意志联系在一起，所有权人可以通过对物的支配实现对人的支配，如资本家和劳动者之间的关系，没有财产和缺少财产的人虽然摆脱了身份关系的束缚，但是受到"物"（实际上是物的所有人）的支配，以至于后来的学者，从蒲鲁东到马克思，都把反对资产阶级所有权作为其社会主义思想的主要论点。

3. 修正的个人主义的学说

随着社会的发展、人口的膨胀以及人类对资源的利用水平的提高，资源稀缺性的社会表现日益明显，近代私法所有权强调人的自由已经与财产的归属、利用的具体制度的发展不协调，理论界尤其是经济学界在对以财产归属为中心的所有权观念进行反思的基础上，转而强调对物的利用，包括使用价值和交换价值的全方位的利用。从民法制度上看，大陆法系他物权制度得到空前发展，尤其是担保物权制度的发展更是超越了人的想象，虽然直至今日仍有学者认为担保权不是物权，② 但是不仅担保权被作为物权来规定，甚至连传统民法一直认为属于债权的一些权利，如不动产租赁权，也获得了相当于物权的地位。我国民法学者史尚宽早在1957年就提出了"从所有到利用"的观点，③ 虽然他本人及后来的学者都没有对这个命

---

① 〔德〕卡尔·拉伦茨：《德国民法通论》，王晓晔、程建英、徐国建、邵建东、谢怀栻译，法律出版社，2003，第52页。
② 参见孟勤国《物权二元结构论》，人民法院出版社，2004，第26页。
③ 参见史尚宽《论物权之构成及其今后以利用为中心之趋势》，《民刑法论丛》，1973，第84页以下。

题加以充分的论证和阐释，但是作为一种趋势，利用权中心的地位逐渐显现出来。"从法律的沿革来看，'从身份到契约'的法律进化原则不仅体现'从静到动'，而且'从静到动'伴随着'从所有到利用'的近代诸国工商业的发达的现象在经济学上被确认。"① 在这种境况下，所有权的概念内涵必须发生变更以适应所有权和利用权的新型关系，因此需要对传统私法所有权进行修正并重新解释此时所有权正当性的依据。此时，法学理论遇到了前所未有的困境，也许所有权的正当性依据是语言和理论无法揭示的，行之有效的方法是用法律的经济分析去解决正当性依据的问题，如德姆塞茨的效率论。还有的法学者试图从所有权存在的现实基础去揭示它，从经济的需要和社会的责任来揭示所有权的正当性依据。"所有权是用以适配一种经济需要而成立的法律制度，它和其他各种法律制度一样必须随着经济需要的本身而演进。"②

对于上述归类，笔者并不是要揭示自认为正确的关于所有权正当性依据的学说，而只是想通过这种分析发现近代私法所有权本身具有的一定的历史性和其内涵变迁的路径。在演进过程中所有权的内涵不断失去它曾经拥有的特性而增添新的内容，所谓所有权的正当性依据源于社会的自发确认。③ 只有与一定的时代环境结合起来才能解读所有权的历史内涵，通过分析所有权概念在不同时代的功能才能确知某个时代所有权存在的依据。

（二）所有权概念的功能

近代私法所有权与其所处时代的社会经济发展的要求密切相关，其对于所有物的关系的稳定促进了人心灵中正义与非正义观念的萌生，这样便生发了财产权、权利和义务的观念。④ 这种原始而自然的正义的动因也成为后世学者解释所有权的出发点。休谟就认为："正义只是起源于人的自私和有限的慷慨，以及自然为满足人类需要所准备的稀少的供应。"⑤ 因为

---

① 〔日〕喜多了祐『外観優越の法理』，千倉書房1976年，九六頁。
② 〔法〕莱昂·狄骥：《〈拿破仑法典〉以来私法的普通变迁》，徐砥平译，中国政法大学出版社，2003，第139页。
③ 参见梅夏英《物权法·所有权》，中国法制出版社，2005，第71页。
④ 参见肖厚国《所有权的兴起和衰落》，山东人民出版社，2003，第153页。
⑤ 〔英〕休谟：《人性论》，关文运译，商务印书馆，1980，第536页。

所有权是一个历史范畴，所以概念的功能也是变动不居的，在常态上并不能起到具体制度的规制作用。王涌先生认为："法律中的很多概念如所有权都是无含义的，它们只是在法律推理的过程中从法律事实走向法律结果的一个中间步骤。所以，如果不将这些法律概念放在法律推理的动态情景中，是不能把握这些法律概念的确实含义和功能的。"① 近代私法所有权概念具有其内生的特殊环境，是就个人对已分裂的有体物在物理空间上的归属的认定，失去了这一前提，所有权自然很难发挥其作用。一般认为人类最初关心的是今天所谓的"动产"。② 原始社会的人类已经产生对所获取的猎物、果实等的分配要求，但是对猎物、果实之类的土地产出物等"动产"的追逐并没有导致所有权观念的产生，只有当土地作为私有财产在社会范围内进行区分和分配后，私的所有的观念才真正开始确立，而在此之前土地的出产物等只能是一种经验性的个人占有或者团体性占有，其存在状态不能用"所有权"的含义去解释。即使是刚开始分割土地作为财产之时的所有权观念，也没有完全脱离经验性总结的本质，它不能与近代以来的所有权观念相提并论。

如果说罗马法时代的所有权观念仅仅是对抽象自然秩序的一种经验性总结的话，那么近代大陆法系私法则是基于个人主义哲学形成的主观权利的概念，法学方法由实践法学转向理性建构法学，其中所有权在理性法律体系中起到了核心的构建作用。③ "所谓权利或所有权是近代才出现的词汇，是近代个人主义和自由主义的产物，只有三百年左右的历史。"④ 今天的学者习惯于用所有权去分析罗马法的制度，而实际罗马法中并没有等同于近代以来私法上所有权的相同概念，如果说后来研究罗马法的内容不是错误的话，那就在于所有权的用法是从功能类比的角度去探寻罗马法中相关的制度，也就是说，即使罗马法没有和近代私法所有权概念等同的所有权概念，但为了对财产在可能的范围内为完全和绝对的支配的功能应该是

---

① 王涌：《所有权概念分析》，《中外法学》2000 年第 5 期，第 518 页。
② 参见彭诚信《主体性与私权制度分析——以财产、契约制度的历史考察为中心》，中国人民大学出版社，2005，第 57 页。
③ 参见梅夏英《物权法·所有权》，中国法制出版社，2005，第 49 页。
④ 梅夏英：《物权法·所有权》，中国法制出版社，2005，第 57 页。

大致相同的。可以说近代私法因应社会需求产生了作为主观权利的所有权，却把其根据完全说成是源于罗马法，实际上罗马法只有功能类比意义上的"所有权"。

近代以来，社会经济不断发展，随着对物利用的多层次化，体现最绝对的支配的近代所有权概念已经不能满足人们对物利用的要求，因此又产生了从功能上对"所有权"的内涵进行重新解释的必要性。法律的经济分析一般以资源的稀缺性来解释所有权。"没有一个社会达到了一种无限供给的乌托邦。物品是有限的，而需要则似乎是无限的。"[①] 由于资源的稀缺性，人们之间会为了抢夺资源发生利益冲突进而影响社会的稳定和资源的使用，所有权的功能在于保障人们为了获得较高收益的预期而充分利用资源，或者在人们相互之间对物的占有存在冲突时，用以解决人与自然资源之间、人与人之间对物的紧张关系。经济学上资源稀缺性假设是从解释近代所有权绝对的角度出发的，但在具体应用过程中实现了自身的超越，引申出所有权的基本功能在于为有效的配置资源提供激励，"对财产权的法律保护创造了有效率的使用资源的激励"[②]。在这些理论指引下，即使是在深受大陆法系传统影响的我国的经济学界，也倾向于把所有权看做一个权利束，它既可以是设定于一物之上的多重权利，也可以是在多个物上设定的一重或多重权利，甚至还可能是设定于不同于传统物权客体的无体财产之上的多重权利，这种所有权观念虽然没有近代私法上绝对所有权那样富有逻辑的美感，但是能够解决现实社会经济发展的制度需求，因而经济学上的所有权虽然遭到来自法学界的诸多抨击，却避免了法学在解释新的制度形式时遇到的许多无法解释的矛盾。

二 近代私法所有权的观念性

虽然人们常常会用"我有所有权"来作为对抗别人的理由，但自己的所有权如何体现并不知晓。法学者眼中的所有权是一个相当繁奥的理论问

---

① 〔美〕萨缪尔森、诺德豪斯：《经济学》，胡代光、吴珠华译，北京经济学院出版社，1996，第14页。

② 〔美〕理查德·A. 波斯纳：《法律的经济分析》，蒋兆康译，中国大百科全书出版社，1997，第40页。

题,但是任何理论总有其可以抽象的简单逻辑,对于近代私法所有权的历史性格,一般将其解说为具有观念性。所谓所有权的观念性即所有权所体现的对物的观念上的支配,这种支配通过他人对所有权的尊重而得以实现,即使物不在所有人的现实控制之下。这种具有观念性的所有权在近代私法上亦可称为绝对所有权,所有权的观念性在不断变动的社会状况下并不总是一致和全面的,观念性作为近代私法所有权历史性格的体现总是伴随着一定的所有权现实性的修正。

(一) 近代私法上所有权观念性的依据

"近代法上的所有权与其主体有无现实支配没有关系,它是对客体的观念的归属,即对物有支配可能性的观念的关系。"① 作为所有者,没有必要现实控制支配所有物,被他人现实控制的所有物,所有者还是所有其物(对物享有所有权)。近代私法中"所有权"的核心内涵就是权利的观念性,从这种意义上说,所有权是精神的东西,而非物质的东西,所有人的"据我所有"的意志性、主观性是所有权内在的、本质上的要素。② 这种观念性的"所有"源于对客观实在的物的现实控制。刘得宽先生认为:"人类支配外界之物的最原初形态为,直接用手握取之物理上的支配。但人与其他动物所不同者,具有意识的世界,将思考上的支配圈视为手的延长,互相承认把它扩大为观念的支配,申言之,其支配被社会所承认,则虽一时脱离其手亦被众所承认为支配人。"③ 简而言之,最初人类都是把物放在自己的手中持有,后来从现实的持有转化为放在自己的房屋等自己可以绝对控制的空间里,这时候就表现出人的意志力对物的相对控制的雏形,因为房屋等空间已经与人的身体分离,再后来就发展到即使不在人的现实控制范围内而只要获得一种观念上的承认就能通过意志力控制所有物,通过观念的所有排除了现实占有或持有的要求,超越了经验性的自然的控制客观实在的阶段,对人的意志力的确认成为法律秩序的出发点。财产权利与其说是对物的占有,不如说是

---

① 〔日〕川岛武宜『所有権法の理論』,岩波書店1987年,九四頁。
② 参见马新彦《罗马法所有权理论的当代发展》,《法学研究》2006年第1期,第115页。
③ 刘得宽:《民法诸问题与新展望》,中国政法大学出版社,2002,第356页。

对自身意志力量的确认。① 由此演化而来的所有权观念认为，只有人类才能拥有财产，动物、植物以及其他无生命的物都不能做到，而且财产只能归属于单一的主体，为了使财团、社团以及与此类似的团体所有财产的事实成立，法律导入"法人格"的用语，其后在必须说明法人格的时候，则采用各种拟制的学说。② 以德国学者温德夏德为代表的学说，是对这种自由主义倾向的肯认和解说。③ 所有权的观念性也从一个侧面体现了所有权是一种人与人之间关系的本质，不管是谁对其所支配的物自认为何等宝贵与有价值，但是其"支配"被他人否定，或不受他人尊重时，其对该物的支配便会处于随时可能被推翻的不安状态。

对近代私法所有权内涵的观念性解读，在学说上（尤其是根据注释法学的观点）强调其历史渊源是罗马法，④ 但是罗马法时代是没有所有权观念性的法意识的，甚至根本就没有近代私法所界定的所有权概念，如果从功能类比上非要说古罗马有"所有权"概念的话，罗马法的"所有权"也不可能具有观念性。在罗马法上，任何一种主体权利都可以表现为主体对物在一定程度上的拥有，这种程度则由权利的性质加以表示。因而，一个人可以说他根据永佃权或用益权而拥有一块土地；也可以说那个女人是他的妻子，或者说他的妻子是属于他的。⑤ 通过具体权利表现出概括全面的"所有"理念而不是抽象的"所有权"概念。一方面罗马法的"所有权"概念需要通过现实的占有才能体现，另一方面"所有权"又可以用于很多体现这种现实控制的场合。随着自然权利理论的发展，具有观念性的所有权到18世纪末才在欧洲大陆逐渐发展起来，在当时经济贸易日趋发达的状

---

① 参见王凌云《论先占原则》，载徐国栋主编《罗马法与现代民法》（第一卷），中国政法大学出版社，2000，第152页。
② 〔独〕Göran Lantz『所有権論史』，島本美智男訳，晃洋書房1990年，二二、二三頁。
③ 温德夏德给所有权下的定义是："所谓所有，是指（有体）物属于某人的情况……一个物依法属于某人，也就是此物在所有的关系中所有人的意思对该物具有法律上的决定意义……所有权本身是无限制的权利。"转引自〔日〕川島武宜『所有権法の理論』，岩波書店1987年，六頁。
④ 包括川島武宜在内的多数学者都认为所有权观念性根据来源于罗马法，但是他们都没有论证这个问题。参见〔日〕川島武宜『所有権法の理論』，岩波書店1987年，九七頁。
⑤ 参见〔意〕彼德罗·彭梵得《罗马法教科书》，黄风译，中国政法大学出版社，1992，第196页。

况下，出现了能适应这种趋势的立法和司法机关，①故而通过罗马法的继受而发展出适应新的社会经济现实的法规范和法意识，但是所有权观念性的根源应该是18世纪末叶的社会经济需求，而不是继受罗马法中原有之意。

所有权的观念性也可以被看做康德哲学的法学延伸，这种哲学理念集中体现在康德的名著《法的形而上学原理——权利的科学》中。康德认为："我不能把一个有形体的物或一个在空间的对象称为'我的'，除非我能够断言，我在另一种含义上真正（非物质的）占有它，虽然我并没有在物质上占有它。因此，我没有权利把一个苹果称为'我的'，如果我仅仅用手拿住它，或者在物质上占有它，除非我有资格说：'我占有它，虽然我已经把它从我手中放开，不管把它放在什么地方。'根据同样的理由，不能由于我躺在一块土地上，便有资格说，这是'我的'。只有当我可以离开那儿，并能够正当坚持说那块土地仍为我所占有时，它才是我的。"②康德的观点强调当一个人不直接运用其体力和感官去占有某物时，才是真正的"所有"，这种"所有"是一种纯粹观念性的所有，它的正当性依据来源于主体的占有意志和公共的权威意志。所以康德还声称："如果我在言行中声明我的意志是，某种外在的东西是我的，这等于我宣布任何他人有责任不得动用我对它行使了意志的那个对象。如果这一方面没有这种法律行为，那么，这种强加于人的责任是不会为他人所接受的。虽然在自然状态中也可能有外在的'我的和你的'的事实，但只是暂时的。"③只有超越了经验的自然状态并包含人的自由意志的"所有"，才是真正的所有权，并且是一种人对人的权利而不是人对物的权利。

黑格尔沿着康德的路又向前迈进了一步。黑格尔认为，所有权之所以合乎理性，并不在于它能满足人的需要，而在于它扬弃了人格的纯粹主观

---

① 参见〔美〕孟罗·斯密《欧陆法律发达史》，姚梅镇译，中国政法大学出版社，2003，第392页以下。
② 〔德〕康德：《法的形而上学原理——权利的科学》，沈叔平译，商务印书馆，2001，第56～57页。
③ 〔德〕康德：《法的形而上学原理——权利的科学》，沈叔平译，商务印书馆，2001，第67～68页。

性。因此，人只有在所有权中才是作为理性而存在的。① 梅夏英先生认为："在黑格尔的理论上，财产与人格之间的关系如此密切，以致其几乎成为近代市民社会的基础前提，最终导致社会完全市场化，人们过分追求财产财富，人被财产异化了。"② 笔者赞同黑格尔的理论是近代市民社会理论的基础前提，因为黑格尔的理论是建立在对封建分割所有进行批判的基础上的，他对不受限制的不能分割的市民的私有给予比封建的分割所有更高的评价，主张在当时的历史条件下的"所有的自由"③，但是并不是黑格尔的理论导致了社会市场化，而是人的本性促使这种局面的产生，同时人的理性又认识到这种局面的负效应，转而从根本上去寻找原因，其结果往往是把客观的问题主观化，或者把自然产生的问题当做人为的问题。例如我认为一个物归我所有，而这个物却被另一个人占有并且他认为是归他所有，很显然他已经实际上控制了这个物，我和他之间争执的是关于物的观念上的权利。黑格尔的哲学思想的影响集中体现在后来的民法理论和民事立法中。"《德国民法典》的表述常常给人以这样的影响：仿佛存在一个'不自由的自然'的自由理性（从而自我权利即为所有权）；仿佛社会关系的物化使得（法）人的反人性的理性成为多余；仿佛必须严格遵循物的逻辑的概念。"④ 抛开德国的民事理论和民事立法表面的物化，所有权实际体现的是一种观念性的特质。

（二）所有权观念性的制度表现

所有权的观念性在具体制度上的主要表现是物权请求权。⑤ 物权请求权是指当物权内容的完全实现受到某种事由的妨碍时，物权人对于妨害其地位的人，可以请求其除去妨害，并请求其为使物权内容能够完全实现的行为。近代各国民法典如《德国民法典》和《瑞士民法典》等均明文规定了物权请求权制度，即使如《日本民法典》仅规定了占有诉权制度，但在

---

① 参见林喆《权利的法哲学——黑格尔法权哲学研究》，山东人民出版社，1999，第240页。
② 梅夏英：《物权法·所有权》，中国法制出版社，2005，第69页。
③ 参见〔独〕Göran Lantz『所有権論史』，島本美智男訳，晃洋書房1990年，一二四頁。
④ 〔德〕罗尔夫·克尼佩尔：《法律与历史——论〈德国民法典〉的形成与变迁》，朱岩译，法律出版社，2003，第268页。
⑤ 参见〔日〕川島武宜『所有権法の理論』，岩波書店1987年，九四頁。

理论学说上一般也认可了所有物返还请求权（rei vindicatio）、所有物妨害除去请求权（actio negatoria）和所有物妨害防止请求权。[①]

虽然物权请求权是作为所有物权都具有的效力被应用的，但是近代私法物权的中心和基础是所有权，物权请求权的制度就是按照所有权的性质并以其为典型进行设计的，物权请求权的特征只有在所有权上才能得到最彻底体现，物权请求权又被称为物上请求权就表明了这种倾向。所有权是一种绝对性的权利，因此所有权的内容要实现本无须他人行为的存在，但是当物权内容的实现受到他人妨害时，赋予所有人以物权请求权就能够保证其观念上的所有权能够实现而不损害法律安定秩序，例如，甲所有的物在乙的房屋内，虽然甲是所有人但是他也不能侵害他人的支配来实现自己的所有权。确认个人有不可侵犯的自主支配物的自由，在尊重他人权利的抽象法律原则的前提下，所有权人对自己这种独立的意志空间是可信赖的。所有权通过物权请求权能够使自己获得保护，不需要借助侵权行为法等其他媒介手段来实现权利，并且通过这种方式再次彰显了所有权可以对抗不特定第三人的对世性或绝对性。

三 近代私法所有权观念性的修正

近代私法是在倡导继受罗马法的基础上发展而来的，这一方面是为了适应当时日趋发展的资本主义市场经济；另一方面也是为了改变封建主义法律制度对经济交往的束缚。于是早期日耳曼法和中世纪封建法表现出现实性的所有权被排斥，通过对罗马法物权制度的注释而发展出用益物权和担保物权来代替分割所有权的物权结构，形成了近代私法以绝对所有权为中心、以"权能分离论"为基础构建的所有权和他物权结构的物权体系。赋予所有权人以绝对不可侵犯的地位，从而可以自由地利用人类社会生产过程中不可缺少的物。个人主义的绝对所有权观念的确立，使此前同身份有着千丝万缕联系的封建财产所有权制度遭到了荡涤，从而为资本主义的发展铺平了道路。但是所有权的现实性并未完全消失，作为对近代私法所

[①] 参见〔日〕我妻荣《日本物权法》，有泉亨增订、李宜芬校订，五南图书出版公司，1995，第19页。

有权观念的修正仍然在物权法的具体制度中有所体现。所谓所有权的现实性，是指所有权所体现的对物的现实的支配的属性。

(一) 所有权现实性的渊源

1. 罗马法所有权的现实性

如前文所述，一般认为近代私法所有权的观念性源于罗马法的个人所有权，实际上罗马法的所有权也表现出较多的现实性特点，这些特点为近代私法学说所回避。罗马法的个人所有权源于对物的个人占有的确认，这仍然是一种发自自然的经验状态的确认，当然在这里，观念性的表现是具有实体物自身在空间上的回复性的。但是应当看到罗马法上的所有权并不是近代私法物权意义上的所有权，而是一种"拥有"的表达。"罗马法在一般语言中，'拥有某一物品'与'有权拥有某一物品'这两种说法有着明显的区别。窃贼没有权利拥有他所窃取的物品，但尽管如此，他仍然拥有它。"[①] 只有在物的归属超越了常态，突破了法律预先设定的正常的秩序的情况下，观念性的权利状态才发挥它的作用。而在近代法上只要有合理的表征方式，所有权就完全可以不再需要通过实物的占有来表征，从而与实物分离。当然，这种理解在物为有体物时容易区分，而当物为无体财产时却会造成困惑学界的"权利上之权利"的状况。

2. 日耳曼法所有权的现实性

所有权的现实性源于日耳曼法的 Gewere。日耳曼固有法把对物事实上的支配称为 Gewere（或者 vestitura investitura[②]），Gewere 还被称为"权利的外衣"[③]。日耳曼法的所有权是一种封建制度下的所有权，具有团体主义的特征，这一点区别于罗马法所有权的个人主义特征。日耳曼法的物权通过 Gewere 来把握，[④] 所有的物权均凭借 Gewere 的外形来表现，具有 Gewere 表征者被视为有物权，而受到物权法上的保护。[⑤] 关于 Gewere 语源的

---

① 〔英〕巴里·尼古拉斯：《罗马法概论》，黄风译，法律出版社，2004，第二版，第117页。
② 此为拉丁语，参见刘得宽《民法诸问题与新展望》，中国政法大学出版社，2003，第351页。
③ 〔日〕川岛武宜『所有権法の理論』，岩波書店1987年，九七頁。
④ 故通常说 Gewere 为日耳曼物权法的基础。
⑤ 参见刘得宽《民法诸问题与新展望》，中国政法大学出版社，2003，第351页。

多数说认为："Gewere 云者，不过为寓意的表示，将对物事实上之力，譬为衣服；物之主体，取得此等事实上之支配力，犹之穿有衣服也。是以所谓 Gewere 者，并非保护、防御之意，实为对物支配之外面的表现也。换言之，即对物之事实上的支配是已。"① 日耳曼法的 Gewere 是与物权不可分离的一种表现形式或权利外衣，日耳曼法的所有权也通过 Gewere 表现了一种实效性，即强调对物的具体的利用，所有权尤其是土地所有权是对物的一种强有力的利用权。日耳曼法上土地所有权被区分为地主或领主的"上级所有权"和耕作人的"下级所有权"（也称为利用所有权）。② 上下级所有权均为对土地的所有权，所针对的是土地的不同功能，上级所有权针对的是管理权、处分权，下级所有权针对的是使用权、收益权，这种方式注重对于物的现实"利用"，而不是抽象的"所有"。所有权是最典型的一种财产权利，但由于实践的制约，人类心智未能将它从实体对象中充分抽象出来。在日耳曼法时代，由于封建主义经济财货移转的交易行为相对较少，封建的身份关系则相对稳固，对于财产的支配状态以静态的现实支配为主，如在土地上的上级所有权人和下级所有权人之间的关系因为有封建主义的身份关系而相当稳定，不动产的所有人就是该不动产的实际利用人，社会上的不动产物权和不动产的物质利用的范围原则上是一致的。这种关系即使用于生产的资料、器具等动产，物质利用及所有权范围原则上也是一致的。对于不动产，日耳曼法上的 Gewere 要求是用益，对于动产的要求则是占有。

所有权是实在的概念，它的主体是具体的个体，而不是社会。现实性在日耳曼法的所有权制度中体现的较为明显，而英美法系的普通法来源于日耳曼封建制的法律制度，因而在某种程度上将所有权现实性继承下来，近代英美法学者对所有权的认识中就包含了较多的现实性的观点。霍姆斯认为："所有权的权利究竟是什么呢？它们实质上就是附属于占有的那些权利。"③

---

① 李宜琛：《日耳曼法概论》，中国政法大学出版社，2003，第 53 页。
② 参见李宜琛《日耳曼法概论》，中国政法大学出版社，2003，第 71 页。
③ 〔美〕霍姆斯：《普通法》，冉昊、姚中秋译，中国政法大学出版社，2006，第 217 页。

3. 特定历史传统延续的所有权现实性

法律的进化并不是按照法学家的逻辑进行的，而是根据社会历史的原因而演进的，并且因为特定风俗人情而保留一些与法律体系整体不一致的内容，即使某些国家按照大陆法系近代私法模式构筑了法律体系，但是仍有一些固有制度因为还有其生存的土壤而作为习惯法保留下来。例如日本习惯法上保留的入会权制度，就在一定程度上体现了所有权的现实性。日本的入会权脱胎于封建主义的传统，是为一定村落居民对山林河川之入会团体权利，村落居民得共同伐木割草捕鱼。① 入会权虽然名义上属于用益物权，但是与用益物权的内涵有诸多不符，表现出很强的团体主义倾向，并且其作为用益物权来源的所有权与近代私法的个人主义的自由所有权也完全不同，无法体现出一般用益物权通过所有权"权能分离"而来的特点。日本在1966年通过《入会林野权利关系近代化之助成法律》，把入会权按近代私法模式进行改造，② 致力于消灭入会权，以实现整个法律体系的近代化。但是现实中并未实现这个目标，入会权作为习惯法上的一种物权仍然存在。入会权体现的正是所有权的现实性，入会权的权利人，通过入会权享有的使用林野的权利与现实的占有和团体成员的身份结合在一起。③ 与此类似，我国农村的土地集体所有权也表现了这样一种倾向，即集体经济组织成员身份和土地所有权现实地结合在一起，一旦失去集体经济组织成员的身份，也就失去了利用集体土地的权利，而成员对集体土地的利用在于通过设定土地承包经营权和宅基地使用权来实现，集体土地所有权以一种现实性和团体性的特征彰显其存在，而不是如近代私法绝对所有权那样具有观念性和个人性。

---

① 参见〔日〕近江幸治《民法讲义Ⅱ物权法》，王茵译，北京大学出版社，2006，第214页。
② 而早期入会权的私法改造见于《日本民法典》第263条，"关于共有性质的入会权，除依各地区的习惯外，适用本节（共有）的规定。"但是入会权和近代民法的共有功能完全不同，所以又解释为一种用益物权。
③ 日本社会的变迁确实实现了入会权的解体，因为对土地等资源利用形态的个别化和近代西方私有制度的导入，权利人团体趋向解体，入会权在1960年代以后已经基本消失。参见〔日〕川岛武宜『入会権の解体』，「川岛武宜作品集第八卷」，岩波书店1981年，三四至三八页。

（二）所有权现实性的狭小生存空间

近代私法强调所有权的观念性，往往忽略了所有权另外的一个重要内在属性，即其现实性。在实证法上，恰恰是抽象的所有权概念有时人为地限制了法律关系的发展，如信托制度和法人制度都无法用所有权来解释，因为这里并不存在一个抽象的所有权。① 实际上近代私法所有权虽然把所有权所包含的现实性内容予以剥离，但是具有所有权现实性的功能体现的制度却总是存在的，例如近代物权法上的占有制度。

近代物权法上的占有制度一定程度上表明了所有权现实性的存在，近代各国民法均从继受罗马法的立场出发，把占有定义为一种事实，例外的是日本把占有定义为权利。近代各国民法关于所有权定义的规定，如《法国民法典》第544条、《德国民法典》第903条、《日本民法典》第206条、我国台湾地区现行民法第765条等关于所有权的定义都不包含占有的内容，而《俄罗斯联邦民法典》第209条和我国《中华人民共和国民法通则》（以下简称《民法通则》）第71条以及《物权法》第39条都规定了包含占有。不包含占有的所有权的定义，正是为了强调其观念性而忽略其现实性，但是只要民法典中占有制度还存在，所有权的现实性特质就会一直以另外一种方式保留。罗马法上的占有（possessio）是指可以充分处分物的、同物的事实关系，它同时要求具备作为主人处分物的实际意图。"占有"这个词的含义是指真正掌握（signoria），即一种对物的事实上的控制（dominazione）。② 马克思认为："私有财产的真正基础，即占有，是一个事实，是不可解释的事实，而不是权利。只是由于社会赋予实际占有以法律的规定，实际占有才具有合法占有的性质，才具有私有财产的性质。"③ 关于罗马法上的占有的理论，有萨维尼和耶林的区别，其区别的关键在于对占有的要素"体素"（corpus）和"心素"（animus）中"心素"

---

① 参见梅夏英《物权法·所有权》，中国法制出版社，2005，第66页。
② 参见〔意〕彼德罗·彭梵得《罗马法教科书》，黄风译，中国政法大学出版社，1992，第270页。
③ 马克思、恩格斯：《马克思恩格斯全集》（第一卷），人民出版社，1956，第382页。

的理解，萨维尼认为是"所有的意思"，耶林认为是"持有的意思"，① 无论如何都认为占有是一种事实。德国人主张的是一种所有者或者将要成为所有者的人的占有，而他占有此对象成为他的意志，这样，该对象就成为他的自我的一部分，是他的自由的外在表现。德国关于占有的学说虽然是在继受罗马法的基础上建立起来的，但实际上吸收了很多日耳曼法 Gewere 的特质，在所有法国北部的习惯法中，所谓"关于动产之占有，有所有权效力"者，乃一致公认之原则。② 在对占有的保护上，萨维尼强调占有必须是以所有人的意思所为的占有，因而排除承租人、使用借贷人以及他物权人享有的对于物的真正的占有，同时也排除保护。但是他基于历史因素和便利因素不得不承认四种例外情形，③ 而英美法系基于现实的需要，在承租人、使用借贷人等情形中也承认占有的存在。无论是德国人的理论推演还是美国人基于现实的考虑，都对占有采取普遍的如同权利的保护，这正是日耳曼法 Gewere 所具有的特质，近代物权法占有制度正是所有权现实性特征的反向保留。

所有权现实性地在特定制度上保留其功能存在，表明所有权概念在任何时候都不是整体完美的，而总是在发展变化和适应社会需要的，即使法学理论以观念性来限定近代私法上的所有权概念，也只是一种理论上的权宜之计，并非全面和完整的概括，所有权的历史性格必须结合发展变化的社会经济状况去动态地把握。

第二节　绝对所有权观念的检讨

近代私法所有权的观念性在理论上表现为"所有权绝对"的原则，它和"合同自由"以及"过失责任"并称为近代民法的三大原则。绝对所有权最初的概念内涵应该包括两方面的内容：一方面是所有权的绝对不能侵

---

① 参见陈朝璧《罗马法原理》，法律出版社，2006，第339~340页。
② 参见〔美〕孟罗·斯密《欧陆法律发达史》，姚梅镇译，中国政法大学出版社，2003，第94页；〔独〕Karl Kroesche『ゲルマン法の虚像と実像』，石川武監訳，創文社1989年，二六七頁。
③ 参见〔德〕萨维尼《论占有》，朱虎、刘智慧译，法律出版社，2007，第321、335页。

害，强调所有权是神圣不可侵犯的；另一方面是所有权人对自己所有的物有使用、收益、处分等不受限制的自由，甚至包括滥用的自由，从这个方面来说绝对所有权可以表述为"自由所有权"。自19世纪末叶以来，包括"所有权绝对"在内的近代民法的三大原则不断受到来自理论界的各种批判，在具体制度上则表现为所有权人的自由受到种种新制度的限制，"所有权绝对"作为民法基本原则的地位已被动摇。① 但是在私法实践中却表现出两种相反的倾向：一是所有权制度进化对"所有权绝对"原则的修正甚至是倾覆；二是"所有权绝对"仍然影响人的法观念和具体物权制度的构建。笔者意图以近代私法所有权的历史变迁为视角，对绝对所有权观念存在的历史基础、绝对所有权观念和社会现实背离的表现与原因进行探究，并在检讨绝对所有权观念的基础上对现代私法的所有权观念的发展方向提出个人看法。

一 从罗马法的个人所有权到近代私法的绝对所有权

（一）罗马法的个人所有权

从历史渊源来说，绝对所有权观念是受到罗马法的个人本位所有权观念影响，并以近代注释法学派的罗马法理论为基础而形成的，但是罗马法的个人色彩所有权并不等同于近代绝对所有权。近代罗马法学者一般把所有权定义为"所有人于事实上及法律上的可能范围以内，对于所有物行使的最完全、最绝对的权利。"② 而实际上这种有关罗马法所有权定义的说法都是后世罗马法学家的论述，因为罗马法的所有权并非一以贯之的概念，它是一个发展的历史范畴。在罗马古代还没有所有权观念，只有对羊群和奴隶等动产的朴素的拥有观念。③ 罗马法早期对所有权的称谓是mancipium，并不包含完全、绝对权利的含义。罗马帝国晚期，具有绝对意义的

---

① 参见刘得宽《民法诸问题与新展望》，中国政法大学出版社，2002，第58页。
② 陈朝璧：《罗马法原理》，法律出版社，2006，第252页。需要注意的是罗马法原始文献中没有所有权的定义，有关罗马法所有权定义的说法都是后世罗马法学家的论述。
③ 罗马古代的财产，拉丁文为pecunia或pecunia familia。pecunia是羊群的意思，pecunia familia是羊群和奴隶的意思，可见当时的财产是不包括不动产的。参见陈朝璧《罗马法原理》，法律出版社，2006，第256页。

proprietas（所有权）作为对物的最高权利的技术性术语，主要相对于 usus-fructus（用益权）被罗马法学家加以使用。另一个称谓 dominium 则更为古老，但不具有技术性，主要用来指"家父"的一般权力或对任何主体权利的拥有。① 在优士丁尼以前的法中，罗马法还区分"市民法上所有权"（dominium ex jure quiritium）和"万民法上所有权"（dominium ex jure gentium），所谓"市民法上所有权"，必须是罗马人民始得享受之，其标的物必须为"罗马物件"，其移转也必须依罗马的方式，因为所有权与"家父权"、"婚姻权"等，同为市民法所规定的权利。"万民法上所有权"则是赋予罗马人之外的外国人的所有权，其保护方法与"市民法上之所有权"不同，直到"程式诉讼"时期，保护各种所有权之方法与其效用渐趋一致，所有权才没有了高下之分。② 通过以上罗马法学家们的论述可以得知，罗马法上的所有权是从罗马帝国当时个人占有财产的经验性总结开始形成的，在法律理论构成上仍然非常模糊，罗马法学家所说的"所有权"只是对罗马法发展过程中某一个阶段土地等财产上权利状况的概括。罗马法个人所有权的发展过程可以描述为两个阶段：第一个阶段（或称为萌芽阶段），是对羊群和奴隶等动产的天然占有产生了经验性的"所有权"，但是这种"所有权"并非法律上的个人所有权，而只是一种"拥有"的观念，因为这些财产的归属是不能用法律观念来维护的，只能是一种自然的经验性的"拥有"，很难说这里有权利在起作用；第二个阶段（或称为形成阶段），当土地能够成为财产归属个人的时候，权利主体只有对它的完全占有与控制才能发挥土地的经济效用，在观念上把土地视为如羊群或奴隶这样的财产来拥有，形成了个人所有权。可以说罗马法所有权概念的形成与土地作为不动产的形成是同步的。从根本上说，"所有权起源于人的需要、人的欲望，体现人的本性和人的意志"，③ 罗马法个人所有权的发展过程反映了对物利用的社会要求，即无论是羊群等动产还是土地等不动产都是可以由个人单独拥有并用以交易的。从近代私法的视角来看，罗马法

---

① 参见〔意〕彼德罗·彭梵得《罗马法教科书》，黄风译，中国政法大学出版社，1992，第196页。
② 参见陈朝璧《罗马法原理》，法律出版社，2006，第253页。
③ 马新彦：《罗马法所有权理论的当代发展》，《法学研究》2006年第1期，第117页。

的个人所有权常被解读为"绝对所有权",罗马法"绝对所有权"的完整性与抽象性决定了它是一个无所不包的权利束,既与商品的二重性相关,包含实物形态所有权和价值形态所有权,又与物权法的公示制度相连,包含法律形态所有权与实益形态所有权,诸种形态的所有权的统一构成大陆法完整意义上的绝对所有权。①

但是学者们似乎忽略了上述说法只是从近代私法的视角对罗马法所有权观念的解读,而不是罗马法所处的历史时代的真实状况,罗马法时代的商品经济还只是一种较原始和低级的形态。"罗马法的倡导者们常常认为,罗马法的根本价值在于以其特有的纯净形式,蕴涵了永恒的正义规则,因而赋予自身以自然法的秉性。"②实际上我们不得不承认,"即使是罗马法也不过曾是实现共同体生活的一种理性秩序的手段,因而不能不看到它本身的存在变化对罗马时代的社会、经济和文化条件的依赖。"③结合这些条件,并考虑罗马法所有权的个人性,应该看到它体现的是商品的天然属性,即拥有商品的人的平等是和商品交易天然平等的特性紧密相连的,尤其是土地所有权能够同其他财产一样可以买卖和交换。近代罗马法学者之所以认为罗马法的所有权是绝对的、完整的,是因为它自始便是个人主义的,社会不仅为它创造了自由行使权利的环境和空间,而且社会需要自由的权利带来的光芒、希望、进步和发展。④个人主义的核心在于,所有权体现的是个人与实体物的紧密结合,所有权的最大价值在于确定实体物的归属。而且罗马法的所有权具有相同的内容,并不会因时因地而有种类阶级的差别,所有人对物有圆满的法律上的支配力,所有人可以排斥他人为物的使用收益。所有人在物上设定用益权等他物权,只能就物于某一方面,为一部分的利用,并且在期限届满后,所有权回复其圆满的支配力。

(二) 近代私法绝对所有权的形成

古代日耳曼人征服欧洲后从游牧社会进入农耕社会,基于其游牧传统

---

① 参见马新彦《罗马法所有权理论的当代发展》,《法学研究》2006 年第 1 期,第 121 页。
② 〔德〕萨维尼:《论立法与法学的当代使命》,许章润译,中国法制出版社,2001,第 22 页。
③ 〔德〕茨威格特、克茨:《比较法总论》,潘汉典、米健、高鸿钧、贺卫方译,法律出版社,2003,第 214 页。
④ 参见马新彦《罗马法所有权理论的当代发展》,《法学研究》2006 年第 1 期,第 121 页。

和适应封建农业社会的需要，在土地上建立独特的以 Gewere 为基础的物权制度，强调对土地的现实占有。① 日耳曼法通过封建的身份关系来维系土地上的物权关系，它的物权制度表现出的是一种团体性和现实性。在资本主义初期，为了扫除发展道路上的封建主义障碍，启蒙思想家强调主体人格的独立和自由，尊重个人的权利，把人的财产与人格尊严相联系，认为财产权是人格权的延伸和拓展，侵犯了主体的财产权就构成了对主体的人格尊严的侵害。"人从自然和社会的枷锁中解放出来而获得了全面的自由。于是，取得、占有和自由地使用财产的权利便成为历史和人生的主题。"② 理性主义、个人主义、自由主义成为近代资本主义社会的普遍思潮，在法律上表现为所有权绝对、契约自由、自由竞争、自由贸易的要求，进一步促进了近代资本主义经济的繁荣和主体人格独立化。物权法的核心始终围绕所有权的存在状态及行使的规范，着眼于最有效地保护财产的静态归属，保护财产所有权本体的完整性，在效力上则表现为所有权被彻底优化。近代私法的物权法理论以维护所有权的绝对性和优势地位为自己的核心使命，在法律上赋予所有权神圣不可侵犯的至高无上的地位，人们对所有权概念推崇备至，从而形成了对所有权概念的崇拜心理。因此，近代私法的物权法注重物的归属关系，维护权利主体对所有物的占有和支配，而忽视了物的动态实现方式。"所有权绝对思想，对于近代财富之形成、经济之繁荣，确属居功至伟，其有仅为 19 世纪资本主义发展之原动力，至今仍为民主主义社会之主要经济架构。"③

19 世纪初的法国法学家们浸淫在民法典所塑造的个人主义与自由主义的氛围里，毫无保留地接纳所有权绝对原则，《法国民法典》第 544 条第一次以制定法的形式阐明了所有权的绝对性。它规定："所有权是对于物有绝对无限制地使用、收益及处分的权利，但法令所禁止的使用不在此限。"这与 1789 年 8 月 26 日法国的《人权宣言》第 17 条的内容一脉相承，反映了当时人们认为所有权是与生俱来的、上天赋予的对财产的绝对

---

① 参见〔日〕川岛武宜『所有権の現実性』，「川岛武宜作品集第七卷」，岩波书店 1981 年，三四三頁。
② 肖厚国：《所有权的兴起和衰落》，山东人民出版社，2003，第 150 页。
③ 谢在全：《民法物权论》，中国政法大学出版社，1999，第 116 页。

支配的权利的观念。这时候的所有权观念反映的是绝对所有权最初的概念内涵，即所有权是绝对不能侵害的，强调所有权是神圣不可侵犯的，同时所有权人对自己所有的物有收益、处分等不受限制的自由，甚至滥用的自由。《法国民法典》整个第二编"财产以及对于所有权的各种限制"都是以所有权为中心来构建的，因为土地等不动产在当时经济中占有重要地位，关于不动产的规定占据了大多数条文，而关于动产的规定相对较少。《法国民法典》规定的绝对所有权的中心思想在于使土地等不动产归属于个人，除去依附于土地之上的封建身份关系，使土地在具体的所有人手中发挥最大的经济效用。其后的《德国民法典》也基本坚持了绝对所有权观念，但是对绝对所有权概念的最初内涵进行了些许的修正，主要体现在对所有权权能的理解上。《德国民法典》第一草案说明书可以进行所有权权能的解释，此种解释符合自19世纪以来的一种要求，即从不同的专业学科和意识形态的立场出发所坚定追寻的要求：私法的所有权保护包含积极的用益权能和处分权能，但是不包含不使用权能、破坏权能、令（所有权）荒废的权能或不保护"不作为的使用"（unterlassene ausübung）。① 即明确除去了所有权可以滥用的自由。《德国民法典》的物权制度仍然是以土地等不动产为中心，但是具体制度中所有权的比重下降，用益物权和担保物权取得重要地位，在坚持绝对所有权观念的前提下，以权能分离和所有权的限制来解释这种物权体系。

私法学者多认为近代私法的所有权观念与制度，究其实质乃是罗马法所有权观念与制度在近代私法上的继受与再观。② 笔者认为这种说法没有根据，一方面是前面所阐释的原因，即罗马法的个人所有权的内涵与近代私法的绝对所有权的内涵在本质上是有区别的；另一方面是因为虽然近代法学的发展是从欧洲的所谓"三R运动"③ 开始的，具有所谓继受罗马法

---

① 参见〔德〕罗尔夫·克尼佩尔《法律与历史——论〈德国民法典〉的形成与变迁》，朱岩译，法律出版社，2003，第262页。
② 参见梁慧星、陈华彬《物权法》，法律出版社，2010，第108页。
③ "三R运动"是指罗马法的继受（Revival of Roman Law）、文艺复兴（Renaissance）和宗教改革（Reformation），由于这三个词首字母均为R，所以三大运动又被合称为"三R运动"。参见王亚平《浅析中世纪罗马法研究首先在意大利城市兴起的原因》，《东北师范大学学报》（哲学社会科学版）2002年第5期，第65页。

的内容，但实际上近代私法的绝对所有权与罗马法的个人所有权相去甚远，很多罗马法的制度，包括所有权都是放在近代私法的语境下重新做出的解读。"近代法上的所有权与其主体有无现实支配没有关系，它是对客体的观念的归属，即对物有支配可能性的观念的关系。"① 而罗马法上的所有权虽然也具有实体物自身在空间上的回复性，但其回复是通过各种"对物诉讼"来实现的，缺乏近代私法上所有权的观念性及绝对性。②

除了大陆法系典型的绝对所有权观念，英美法系财产法在近代也表现出一种绝对所有权观念。现代一些学者认为："无论是概念上还是功能上，英美法都不需要一种绝对所有权的观念。而双重所有权的机制，且不谈实践的意义，首先在理论上，在历史形成的制度背景下，则是完全合乎逻辑的。"③ 这种说法从所有权观念的历史发展路径来看略有偏颇，美国学者贝勒斯认为，"广义的完全所有权是西方社会所共有的观念，也是多少世纪以来法律所关注的对象。传统上，财产被分析为涉及三项权能，即排他占有权、使用的自由以及处分的权力。"④ 美国学者伯尔曼也认为，"所有权指的是对所拥有的东西都具有绝对的、不可分割的、排他的权利。"⑤ 而且布莱克斯通的绝对所有权的定义（对某一物独自的和专制的占有的权利）在英美法系也曾经很有影响力，在 19 世纪初，财产被理想化的定义为对物的绝对的支配。但是与绝对化定义不符的"例外"却充斥了整个财产法，对布莱克斯通的财产概念的物质属性和绝对支配的例外越来越多地被纳入法律之中。⑥ 绝对支配的财产概念受到了攻击，在整个 19 世纪，法院发现，不管是依据自然法要保护的利益还是依据工具派的有利原则要保护的利益，如果没有对别人行动的不恰当的限制，就不可能受到绝对的保护。

---

① 〔日〕川島武宜『所有権法の理論』，岩波書店 1987 年，九四頁。
② 陈朝璧：《罗马法原理》，法律出版社，2006，第 283 页。
③ 冉昊：《"相对"的所有权——双重所有权的英美法系视角与大陆法系绝对所有权的解构》，《环球法律评论》2004 年冬季号，第 455 页。
④ 〔美〕贝勒斯：《法律的原则》，张文显、宋金娜、朱卫国、黄文艺译，中国大百科全书出版社，1996，第 98 页。
⑤ 〔美〕伯尔曼：《法律与革命》，贺卫方、高鸿钧、张志铭、夏勇译，中国大百科全书出版社，1993，第 381 页。
⑥ 参见〔美〕肯尼斯·万德威尔德《十九世纪的新财产：现代财产概念的发展》，高新军译，《经济社会体制比较》1995 年第 1 期，第 36 页。

需要注意的是，上述对所有权演进的描述主要表现在土地等不动产领域，在典型动产（如日常生活用品）领域绝对所有权观念仍然根深蒂固，这与对一般动产的利用形态相对简单有关。

二 绝对所有权观念与社会现实的背离

（一）绝对所有权观念与社会现实背离的表现

绝对所有权观念表现为在制度上构建一个保护所有人对物的权利，减少了个人自我维护的成本。这种制度要求最初有相对简洁合理的逻辑，但是却不断受到来自社会现实的否定。即使在罗马法时代，不断发展的具有一定绝对性特点的个人所有权就导致了土地占有和利用的矛盾，但是古罗马人通过在保留所有权的同时给他人在私有土地上设置他物权来解释个人所有权下物的利用关系，从而形成所有权与他物权的物权体系。

近代私法从一开始便发现自由主义的绝对所有权行使会导致一些不容忽视的消极后果：滥用所有权人的地位、财产的相对集中导致物的利用的社会效率低下。近代私法通过具体制度的设计来弥补绝对所有权带来的消极后果，主要体现在对所有权人的自由用法律的强行规定予以限制，如《法国民法典》第544条就规定了所有权的行使不得违反法律的规定，《德国民法典》及其以后的民法典更是规定了相邻关系等来限制所有权人的自由。近代私法还用"弹力性"来解释所有权，即分散的诸权能能够重新聚合为所有权。但是重新聚合所有权必须有一个明确的指向和得以附着的依托，即弹力源，而事实上现有的所有权的任何权能都可能与所有人分离，由非所有人持有，使所有权完全架空，弹力失去其源泉。

绝对所有权观念与社会现实背离的突出表现是基于绝对所有权观念而产生的物权制度和物权原则与社会现实的背离。土地所有权人总是要利用其事实上强有力的地位及法律上的绝对自由，尽可能地强化其支配地位，日本就因此对土地的利用关系极少设定用益物权，大部分是设定租赁契约。① 租赁权与用益物权相比，其流通性较差，只能采取转租的形式，而

---

① 参见〔日〕我妻荣《债权在近代法中的优越地位》，王书江、张雷译，中国大百科全书出版社，1999，第12页。

且对权利人来说效力较低。就土地来说,这种方式的利用效率也是较低的。卡勒尔认为,所谓所有权的概念,从法律角度来说是某人对于物的完全的法律权力。换句话说,是在物上行使的"完全的处分权力",也就是说其内容是完全的、整体的,不是各种权能的集合。在法律上,所有权构成了恰似一个小宇宙的绝对的、普遍的法律制度。[①] 在前资本主义时期,土地所有权是使其主体事实上得到使用与收益,但是随着时代的发展,实际对土地进行使用收益的人很少是所有权人。从绝对归属的角度来看,归谁所有谁就可以对自己的财产进行任意的处分,但实际上来自公法的限制和私法的功能肢解,归属和利用在具体的权利制度层面发生分离,出现了所有人对其不动产仅有所谓归属而无法支配的"空虚所有权"状况,在"所有权保留"等现代新型交易形式中,所有权更是可能在一段时期内二者皆无。

(二) 绝对所有权观念与社会现实背离的原因

绝对所有权观念与社会现实背离既有概念本身的内在缺陷,也有社会历史发展的外部原因,其中社会经济的变迁导致的不适应是最主要的原因。

首先,绝对所有权概念内涵的近代法阐释存在缺陷。在近代民法中,绝对所有权被阐释为强调所有权人的意志及于所有物的全部,利用他人之物者的地位,完全以所有权人的意志确定,所有权人可以将其所有权作为单纯、自由的权利而任意利用。而他物权人行使权利利用物,要受到所有权人意志的牵扯,绝对所有权保证了所有权人的个人自由,却限制了他物权人的自由,这是因为绝对所有权观念下物的利用是整体的,而社会现实却不断把绝对所有权作为一个权利束予以分裂和破碎。以土地等不动产为例,不动产所有权具有天然的相对性,严格地讲不动产绝对所有权自始即不存在,从罗马法开始就已经通过在土地等不动产上设定他物权而实质上否定了原始意义上的不动产绝对所有权,近代以来私法又对不动产所有权

[①] 参见〔日〕我妻荣《债权在近代法中的优越地位》,王书江、张雷译,中国大百科全书出版社,1999,第250页。

的行使设定公法和私法上的限制。所有权的主体,不会通过劳动或其他任何作用在经济上处理其客体。所有权人在一定期间内,通过把自己的权利让给别人,即通过剥夺自己而行使权利。所有权人通过不使用客体来利用它,即通过把客体作为他人的所有,即自己自动停止所有,而仅仅通过取得债权名义得到其为所有权人的满足。所有权人取得纳贡而剥夺自己。而且,自己也承认剥夺所有权本身是一种必然,承认绝对性没有社会作用。权能是相对的,没有一种权利(即使如所有权)是先定的绝对的高于或低于其他权利的,而只能在与其他权利的具体比较中决定在当时的场景下哪一种权利更应获得保护。①

其次,社会经济的发展导致绝对所有权观念的不适应。前文已述及,近代私法以倡导继受罗马法所有权观念为起点,为适应近代资本主义经济的发展而创设了自由主义的绝对所有权概念,并以绝对所有权为核心构建了所谓的"权能分离论",权能分离论产生于绝对所有权占据主导的大陆法系产生之初,在那个时代对于物的利用方式相对单一,在权利配置方面强调对物的完全的占有和消费。而且由于受封建的物权状况影响,保护绝对所有权的自由成为物权法的首要功能。但是物的利用并非只有绝对所有权能够满足,对于物上多重权利的现实需要,则在坚持绝对所有权观念的基础上使所有权的权能分离。所有权和其他物权所串起的不仅仅是参加债之关系的两个当事人之间的联系,更重要的是,"所有权和物权绝对地、完全地作用于每一个人。以一种既定的方式,所有权和其他权利成立了一个垄断。在营利活动和增加社会财富的意义上,即使权利享有者能够理性地使用物权自由,仍需存在这样一种机制,其证明权利的存在并提醒非权利人注意该权利的存在,从而该非权利人能够认识到该权利的存在并'在与市民状态的理念一致中'绝对地、长期地遵从该权利的存在"。② 应该承认,这种财产理念促进了早期自由资本主义市场经济的发展,但也造成了资源在主体之间的不均衡分布。因为所有权绝对原则使得所有权人在利用关系上居于优势地位,其所掌握的大量资源往往难以有效利用,以致闲

---

① 参见冉昊《制定法对财产权的影响》,《现代法学》2004年第5期,第14页。
② 〔德〕罗尔夫·克尼佩尔:《法律与历史——论〈德国民法典〉的形成与变迁》,朱岩译,法律出版社,2003,第248页。

置。这种缺陷在资本主义发展的初期阶段并不是颠覆性的问题，但是当社会经济发展到今天，随着物的利用的多重化和立体化，用绝对所有权和权能分离论来解释不动产利用的现状显然已经脱离了实际。实现财产的多极化利用和社会化利用并不仅仅是物权法演进的方向，也是整个私法发展的轨迹。① 当然这种轨迹并非直线的，其发展与社会经济发展的需要是紧密相关的。苏联在20世纪60年代所进行的苏维埃民事立法法典化中完全废除了限制物权制度。② 就是因为在计划经济体制下，财产的流转和利用形式相对简化，因而不仅不需要复杂的限制物权体系，而且所有权制度也与绝对所有权制度相去甚远。

最后，利用法律经济学的观点可以从经济学的视角分析绝对所有权与社会现实背离的原因。经济学上以资源的稀缺性来解释所有权。根据科斯定理，"在交易费用为正的情况下，不同的权利界定和分配，则会带来不同效益的资源配置。有效的权利界定和分配是能使交易费用的效应减至最低的界定和分配。这些效应包括交易费用的实际发生和由避免交易费用而作出的无效益的选择。"③ 效率最大化成为所有权存在的合理性依据，所有权只不过是降低交易成本的一种手段或工具而已。所有权的制度安排取决于其对交易费用的影响。所有权制度的调整对象是经济关系。所有权制度是生产关系在法律上的表现，它规定了生产和生活资料的归属，界定交易主体之间的权利界限。自然状态下的财产是不存在的，财产自其产生时就表现为具体法律制度所保护的各项权利与利益。由于所有权内容的经济性，在其调整手段方面也体现出较强的经济性，所有权制度建立的目的是运用国家强制力来保障个人财产，这种保障有助于交易，并使交易成本及损害降到最低，这种保障为每个人提供扩大收益的激励，刺激人们在所有物上进行投入，从而促进整个社会经济效益的增长。由于资源稀缺性的社会表现日益明显，现代私法上所有权超越了对人的自由的强调，对以财产的归属为中心的绝对所有权观念进行了反思，转而强调对物的利用，包括

---

① 参见高富平《中国物权法：制度设计和创新》，中国人民大学出版社，2005，第146页。
② 参见〔俄〕E. A. 苏哈诺夫《限制物权的概念和种类》，张建文译，易继明主编《私法》第5辑第2卷，北京大学出版社，2005，第387页。
③ 张文显：《二十世纪西方法哲学思潮研究》，法律出版社，1996，第215~216页。

使用价值和交换价值的全方位利用,从制度上看大陆法系的他物权制度取得空前发展,尤其是担保物权制度的发展更是超越了人们的想象,甚至传统私法上认为属于债权的一些权利如不动产租赁权也获得了相当于物权的效力。在这种境况下,所有权的概念内涵必须发生变更以适应所有权和利用权的新型关系,正如狄骥所说,"所有权是用以适配一种经济需要而成立的法律制度,和其他各种法律制度一样必须随着经济需要的本身而演进。"①

综上所述,无论从概念内涵阐释的缺陷还是社会经济变迁的原因来考虑,"所有权绝对"都不应该作为民法的基本原则。正如美国学者霍姆斯所说,"一项原则,如果坦白承认自己与便利和现实的立法过程不一致,它还能剩下什么。关于法律理论的第一要求就是,它要适应事实。它必须解释我们观察到的立法的过程。"② 或者还有另一条路径,就是应该对"所有权绝对"进行重新解读和定位。

三 绝对所有权观念与现代私法所有权

(一) 绝对所有权不能被彻底否定

虽然近代法上"所有权绝对"内涵已经不适合作为民法的基本原则的定位,但是绝对所有权观念的影响力在一定的时期内却不能清除,这固然是因为绝对所有权观念在传统私法理论中根深蒂固,但更主要的原因是绝对所有权还有一定的存在空间。虽然前文论述到土地等不动产所有权从来就不是绝对所有权,实际上这种说法是就不动产所有权的整体而言,就单个私人对不动产的所有来看也可能是绝对性的所有权,它与对物的利用方式有关,如果对物的利用具有全面支配性,则可以成立绝对所有权观念的存续,例如我国农村私人对房屋的所有权,一般是以个人全面支配为目的的,不存在权利束的分裂,而在私人的观念上对房屋的所有与对一般动产的绝对所有应该是一样的。

---

① 〔法〕莱昂·狄骥:《〈拿破仑法典〉以来私法的普通变迁》,徐砥平译,中国政法大学出版社,2003,第139页。

② 〔美〕霍姆斯:《普通法》,冉昊、姚中秋译,中国政法大学出版社,2006,第186页。

或者从另一个角度看，绝对所有权观念不能被彻底否定不是因为物权立法规定了"绝对所有权"，而是因为传统物权理论构筑的物权体系与绝对所有权密切相关，不动产所有权虽然受到来自公法和私法多方面的限制，但是对于像一般个人消费物这样的典型动产的利用，仍然是一种"绝对所有权"的观念。随着社会经济的变迁，商品生产和商品流通的规模越来越大，加上困扰当代社会的人口、资源和环境问题，使曾经崇尚个人自由、偏重单纯保护私人权利的以所有权为中心的传统物权理论的基础趋于动摇，但即使在这种境况下，绝对所有权仍然有其生存的空间，社会经济的发展总是表现出不平衡性，对于单个物的所有权仍是一种绝对的所有权。也就是说，即使物权法对物的利用日益多层次化，但是对于有体物多少会有一个物完全归属于一个人的情况存在，就像从来都没有完全绝对的所有权一样，即使不动产也不可能总是对物多层次的相对的利用。

（二）对绝对所有权观念的修正与重新阐释

对绝对所有权观念的修正在其概念诞生之初就已经开始，当社会经济的发展逐渐进入频繁进行物的交易和在一不动产上设定多重权利时，绝对所有权观念的致命缺陷就暴露无遗了。近代一些法学家早就已经从绝对所有权的源头上去否定它的存在，比如德国学者耶林在他的《作为达成目的之手段的法律》（也有译为《法的目的》）里所阐述的，"没有什么绝对财产……不存在可以不考虑公共利益的私的所有权。历史已然向所有民族教导了这一真理。"在他那里，法律是"实现了的个人和社会的联合"，负载着保障共同体生活条件的目的。耶林坚持认为，生活条件的不断变化使对共同利益的定义以及准确界定个人权利的范围成为不可能之事，故而财产是相对的。[①] 法国学者狄骥于20世纪初叶在其名著《〈拿破仑法典〉以来私法的普通变迁》中，根据其社会连带思想提出作为社会职务的所有权，他认为所有权不再是一种主观权利，而变成财物持有者的一种社会职务，所有权的法律制度应该适应经济上的一般需要。[②] 现代各国立法普遍对绝

[①] 转引自肖厚国《所有权的兴起和衰落》，山东人民出版社，2003，第200页。

[②] 参见〔法〕莱昂·狄骥《〈拿破仑法典〉以来私法的普通变迁》，徐砥平译，中国政法大学出版社，2003，第138页。

对所有权概念进行修正，吸收社会化的所有权思想，其中最著名的就是德国通过引用作为宪法的《德国基本法》第14条的规定，"所有权承担义务，它的行使应当同时为公共利益服务"，从而实现在私法上对绝对所有权的观念予以社会化修正。而"所有权承担义务"已经成为一项原则在世界范围内得到承认和应用。① 在法律规定的范围内对所有权予以必要的限制，目的不在于剥夺所有权人行使权利的自由，而是使所有权人行使所有权的自由更加合理、更加充分。因为自由始终是推动人类进步的价值动力，是人类文明的瑰宝，法律追求自由价值所期盼的结果不是自由本身，而是通过自由所达到的理想。② 日本学者我妻荣认为，对绝对所有权的修正是直接或间接援用了日耳曼法的制度。③ 对绝对所有权观念修正的过程包含了对日耳曼法以物的"利用"为中心的物权制度中许多内容的借鉴。"复兴日耳曼法理论的动力，当然是近世经济发达的新的需要，但也不能忘记借用古老理论作为新需要手段所起的作用。"④ 但是需要注意的是，对日耳曼法的一些制度的援用并不是对日耳曼法物权理论的原始回归，而是理论上的一种全新的超越，其根源在于社会经济发展对于所有权观念更新的要求。前文已经论述了日耳曼法的物权制度中是没有和近代私法所有权等同的"所有权"观念的，而且其权利结构还表现出了很强的封建主义身份性，而对绝对所有权观念的修正是不可能再回归到封建主义时代的。

对绝对所有权观念的修正是一个渐进的过程，在近代私法理论中归属和利用最初是浑然一体的，归属之后方可支配利用。生产力的发展使社会进入了消费阶段，在实物生产上呈现供大于求的状态，生产的终极目的不再是通过取得归属实现利用的目的，而是取得交换价值，于是发

---

① 关于"所有权社会化"学说是否合理的问题，笔者在后文将专门论述，在这里介绍"所有权社会化"学说只是为了论证通过限制所有权来修正绝对所有权观念已经成为历史的必然。
② 参见马新彦《罗马法所有权理论的当代发展》，《法学研究》2006年第1期，第118页。
③ 参见〔日〕我妻荣《日本物权法》，有泉亨修订，李宜芬校订，五南图书出版公司，1999，第5页。
④ 〔日〕我妻荣：《债权在近代法中的优越地位》，王书江、张雷译，中国大百科全书出版社，1999，第35页。

生了"所有权向物的价值的逃逸",对实物所有权占有归属的强调转而让位于抽象的经济价值,所有权不再具有优于用益物权和担保物权的地位,例如德国在1919年通过公布实施《地上权条例》,使土地的所有人在土地之上设定地上权而授权他人进行建筑,在地上权的有效期间内土地所有人享有的是按约定收取年租的权利,但丧失了土地的现实支配,从而变为"虚有人"。

对绝对所有权观念的修正还表现为对传统物权制度和物权法基本原则的突破。苏永钦先生曾举了一个例子,就是通过共有关系的设定突破传统物权法定主义,即利用共有关系的潜在可变性,共有人可以自由约定共有物的利用关系,按照我国台湾地区现行法律,这种共有关系可以利用登记制度使其发生对世效力。由于共有关系是可以自由约定的,灵活的交易者会利用这种约定来按照自己的意愿为交易相对方在自己所有的物上以设定共有关系的方式设定物权,从而突破了物权法定主义的限制。甲有房屋一栋,乙希望取得30年的使用权,现行法除了租赁没有物权性质的用物权,甲就可以把用屋权"换算"成应有部分,比如让与1/2的所有权给乙,使其负有分期给付对价的义务,且此义务订定于分管契约中,即由乙使用房屋,每月偿付甲若干金额,30年内禁止分割,并定于届满30年时"分割",甲即取得全部所有权。此"分管、禁止分割及分割契约"对甲或乙的后手同样有拘束力,甚至甲或乙将其应有部分设定抵押、契约的相关规定也对未来的拍定人有拘束。甲、乙实际上在该屋上创设了法律上所没有的用屋物权。[①] 这种用屋物权是超越了物权法定的新的物权,它在实质上分割了甲原有的房屋所有权,用屋物权和甲现存的所有权都不是具有绝对所有权性质的权利。

(三) 现代民法所有权观念的发端

现代所有权通过具体制度的创新修正绝对所有权观念而逐渐形成新的所有权观念,这种所有权观念是对绝对所有权概念内涵的修正,也是观念上的超越。这体现在一些新的物权制度中,例如现代大陆法系的信托制

[①] 参见苏永钦《民事立法与公私法的接轨》,北京大学出版社,2005,第232页。

度。信托本为英美法系的制度，但20世纪开始普遍被大陆法系各国所移植，在信托中委托人通过订立信托合同将财产移转给受托人，受托人以自己的名义为受益人的利益或者特定目的来管理和处分财产，在这里体现了一种所有权分化的思想，也可以说是"相对所有权"的观念，实际上受托人和受益人都没有绝对意义上的所有权，多数国家在处理信托和既有物权体系的关系时颇觉棘手，不惜提出各种离奇的学说去解释它以适应传统的绝对所有权观念。而某些立法已经将新的所有权观念用于所有权的定义，不再拘泥传统的绝对所有权观念。如《魁北克民法典》第947条就规定，"所有权为使用、收益以及完全和自由地处分财产的权利，但必须遵守法律为行使上述权能规定的范围和条件。所有权可附有期限和条件，可发生功用所有权与空虚所有权的分离。"

当然，更多的立法并没有实现用新的所有权观念更新所有权的定义，新的所有权观念主要体现在具体制度的更新上。前文论述的《德国民法典》即如此。我国《物权法》第39条规定的所有权定义为，"所有权人对自己的不动产或者动产，依照法律规定享有占有、使用、收益和处分的权利。"这显然是一种绝对所有权观念的所有权定义，但是在《物权法》具体的所有权制度上却体现出对绝对所有权观念的否定，典型的是农村集体土地所有权。按照第39条的规定，农村集体土地所有权是农村集体对集体的土地享有占有、使用、收益和处分的权利。按照物权法第59条的规定代表集体行使集体所有权的应该是村委会等集体组织，但是村委会等集体组织并不现实支配土地，集体的土地随后都通过设定土地承包经营权和宅基地使用权的方式转到作为集体成员的农民手中，作为所有权主体的集体享有的只是一种"相对所有权"，作为代表集体行使集体土地所有权的村委会等集体组织在现实中体现的往往是公法上的职责，如农村土地的规划和水利等公共设施的维护等。有学者认为，我国农村集体土地所有权的主体是不明确的，因为真正的土地所有权人没有使用自己的权利。[1] 笔者认为之所以产生这种结论是因为这种观点是站在传统的绝对所有权的视角上看待集体土地所有权的。实际上，集体土地所有权是"相对所有权"，集体

---

[1] 参见周林彬《物权法新论：一种法律经济分析的观点》，北京大学出版社，2002，第369页。

和集体成员对所有权予以质的分割，集体享有的是带有管理性质的处分等权能，而使用和收益等权能作为一种常态通过设定用益物权分属于集体成员，集体和成员都不能享有绝对所有权意义上的所有权。完善集体所有权制度不在于去寻找绝对所有权意义上的所有权人，而是要完善集体行使管理和处分的组织规则和土地使用权制度，这才是现代我国农村集体土地所有权存在缺陷的症结所在。

综上所述，由于社会经济的变迁，现代私法应该重新理解和定位绝对所有权的观念，有必要针对绝对所有权观念的种种缺陷，用更新所有权观念的方式来弥补，从而实现物权制度体系和物权观念的双重进化。

第二章
物权客体对所有权观念变迁的影响

第一节 时代变迁与物权客体的重新界定

"人们不习惯从行为的角度来理解权利,而喜欢从物的角度来形象地理解权利。"① 随着社会经济的发展,传统物权法以有体物为中心而调整范围过于狭窄的问题日益凸显。首先,随着融资需求的增强,以权利为客体的担保物权在金融担保领域广泛应用;其次,因应信息时代和知识经济发展的要求,诸如无体的知识产权等不断在民法解释上作为新的"物"进入物权法调整的范围,这些所谓的"物"的所有无法靠所有人自己对物本身进行标示符号来加以支配和占有,而更多的是通过法律赋予人们"独占的权利"来显示其权利的存在。随着民法解释上对物权客体范围的不断扩张,所有人对物的支配更多地强调"价值上的支配"。这种变化既不是异质因素对传统物权法完美体系的侵入,也不仅仅是物权法本身的发展,而是社会经济发展与物权法理论发展双重作用的结果,笔者在这里通过对物权客体范围的变迁逻辑的分析,试图在理论上以相对弹性的"财产"概念代替以自然属性来标示的"物"的概念,从而对现代社会经济背景下的物权客体予以重新界定,这有利于解释现代物权法制度中新型物权客体所体现的价值化、观念化和虚拟化的特征。

---

① 王涌:《所有权概念分析》,《中外法学》2000年第5期,第525页。

一　物权客体范围变迁的内在逻辑

讨论物权客体变迁的内在逻辑，需要从不同时期民法学对物权客体范围界定的比较入手，而且不能仅仅停留于此，决定物权客体范围演进的内在逻辑是不断发展的社会经济，这也是导致任何时代的物权客体的界定都与例外的规定结合在一起的原因。

（一）罗马法时代物权客体的范围

古罗马的法学家创造性地将物分为有体物（res corporales）和无体物（res incorporales）。前者是指实体存在于自然界的物质，为人的五官所能感觉的东西，如土地、房屋等；后者由权利组成，如财产继承权、用益权、使用权、债权等。罗马法学家盖尤斯在其著述《法学阶梯》中，就使用了包含无体物在内的广义的物的概念。根据盖尤斯的这种观点，继承法、债权法也属于"物的法"。[①] 这种拟制性的做法表明：在罗马法时代，物法中的"物"应仅以具有实体性的有体物为限，实体性是物权客体的要件，客体物的有体意味着有形，无体的权利只能通过拟制为有体物而成为权利客体。在罗马社会，物权标的物都是可感知的、可触觉的。"物，在具体的和特定的意义上（与物权相联系），是指外部世界的某一有限部分，它在社会意识中是孤立的并被视为一个自在的经济客体。罗马法物权的标的只能是这种意义上的物，即实体的物，罗马法上也称它为'物体'（cotpus）。"[②] 在古代社会，抽象的思维不发达，往往以物来表示权利，人们从来不说某人拥有所有权或拥有多少所有权，而只说他拥有财产或拥有多少财产。这种通过物来表现和理解权利的朴素思维定式也延伸至法律领域，

[①] 参见〔澳〕Georg Klingenberg『ローマ物権法講義』，竜沢栄治訳，株式会社大学教育，2007，一頁。

[②] 〔意〕彼德罗·彭梵得：《罗马法教科书》，黄风译，中国政法大学出版社，1992，第185页。罗马法中没有抽象化的主观权利，所以有体物和无体物的区分与近代私法功能类比来说，就是区分权利对应的现实支配的物和仅为主观抽象的权利之间的关系。在近代社会以前，社会观念中认为可为人利用的有价值的东西多为有体物。最早成为人类支配对象的是劳动工具、狩猎和采集得到的食物等动产；进入种植业或农业时期，土地、房屋、树木等不动产成为所有权的客体。将所有权客体定位在有体物与当时人类社会将所有权与占有混同的观念有关。

在私法相对发达的罗马法中，占有通常用来指所有权，"占有所代表的就是所有权的形象和其全部内容"。① 物权制度在这种观念影响下，表现为将所有权牢固地限定在能够为人所占有的有体物上。②

罗马法限定的物权客体范围在近代私法的立法上仍有所保留，1811年制定的《奥地利普通民法典》虽然晚于《法国民法典》，但是比较完整地保留了罗马法传统，在广义上使用物的概念，进而把物法分为"物的物法"和"人的物法"（债权法）。③ 但是，狭义的"物法"仅以有体物及其物权为对象。《奥地利普通民法典》第285条规定："任何在人以外的并且用做人的使用的物被称作法律意义上的财产。"第292条规定："根据其性质的不同，财产可以分为有体的与无体的，动产和不动产的，消耗的与不可消耗的，可估价的与不可估价的。"从这两条的规定可以看出，《奥地利普通民法典》没有像后来的《德国民法典》那样把物权和债权区分开，其对"物"的概念的使用是非常宽泛的，而仅仅和现代物权法对应意义上的物应该是仅限于有体物的，其称为无体物的应该是和现代私法的债权等权利相对应，这与物权与债权二分下的民事立法有显著的不同。

（二）近代私法物权客体的范围及其扩张

近代私法物权客体的范围是在继受罗马法的基础上确立的，但同时又有其伴随社会发展而进化的特点。另外需要注意的是，无论是近代私法上的《法国民法典》，还是《德国民法典》都在适应社会发展的过程中不断扩大其概念的内涵，所界定的"财产"或"物"的概念都是不断进化的概念。

1. 《法国民法典》中的"财产"的概念

《法国民法典》回避了罗马法中有体物和无体物的说法，没有使用

---

① 〔意〕彼德罗·彭梵得：《罗马法教科书》，黄风译，中国政法大学出版社；1992，第272页。
② 物权客体限于有体物是和人类社会所处的发展阶段密切相关的，人利用自然的能力的限制，决定了人的思维能力也被限定在一定范围内。王涌先生就一针见血地指出："物权有体化的倾向，是与法律发展早期人们的实体化思维方式有关的，是法律史上的儿童思维的一个遗迹。"王涌：《私权的分析与建构》，中国政法大学1999年博士论文，第92页。
③ 参见〔澳〕Georg Klingenberg『ローマ物権法講義』，竜沢栄治訳，株式会社大学教育，2007，一頁。

"物"的概念，而使用了"财产"这一法律用语，这种做法避免了使用无体物概念，使得对财产的分类更具有实践上的意义。① 《法国民法典》将对他人之物的权利、要求返还财产的诉权等均视为民法上的财产（物）；凡是以不动产为客体的权利——用益权、地役权、返还不动产的诉权——均为不动产；凡是以请求偿还到期款项或动产为目的的债权和诉权均为动产，公司的股份及其他收益权利凭证也为动产。② 《法国民法典》虽然在形式上回避了罗马法的有体物和无体物的说法，但是在实质上仍然坚持了罗马法的做法，其"财产"的概念实际上仍然是以有体物为基础定义的，并以不动产和动产的区分来构筑体系，而且把罗马法称为无体物的客体或归入不动产或归入动产。③ 当然《法国民法典》这种相对模糊的做法为其后将无体财产纳入客体范围留有一定空间，现代法国民法中"广义上理解的无形财产的扩张已经使我们的法律产生了新的特点"，④ 在阐释"财产"概念的时候，已经抛弃了有体物的范围界限，扩张到包括各种无形财产的更广泛的范围。⑤

---

① 《法国民法典》第516条规定："一切财产，或为动产，或为不动产。"第517条规定："财产之作为不动产，或依其性质，或按其用途，或依权利的客体。"第527条规定："财产之作为动产，依其性质，或依法律的规定。"并特别规定无指示说明时动产不包括现款、珠宝、应收取的债款等物品，以及出售房屋同时出卖其中现有的一切物品时动产不包括应收取的债款或以其他证书形式存放于房屋内表示的其他权利。类似《法国民法典》使用"财产"概念的，还有《意大利民法典》。《意大利民法典》第810条规定："所有能够成为权利客体的物品都是财产。"

② 《法国民法典》第526条规定："下述权利，依其客体，为不动产：不动产的使用收益权；以土地供役使的权利；目的在请求返还不动产的诉权。"第529条规定："以请求偿还到期款项或动产为目的之债权诉权，金融、商业或产业公司及股份，即使隶属此等公司的企业拥有不动产，均依法律规定为动产。此种股份与持份，当公司存续中，对每一股东而言，视为动产。对国家或个人所有永久定期金或终身定期金收受权，依法律规定亦为动产。"

③ 对于"财产"的理解有两层意思，通常的第一层意思是指供人使用并且通过使用或者交换，可以满足人的需要的物。第二层意思在法律上更为抽象、更加特定的意义，指的是"现在的与可能存在的，为自然人或法人带来利益，主要与人及其财产权相关联的权利"，或者是相对于物的权利。其中第一层意思是财产的最基本层次的意义。参见〔法〕弗朗索瓦·泰雷、菲利普·森勒尔《法国财产法》，罗结珍译，中国法制出版社，2008，第52页。

④ 〔法〕弗朗索瓦·泰雷、菲利普·森勒尔：《法国财产法》，罗结珍译，中国法制出版社，2008，第81页。

⑤ 〔法〕弗朗索瓦·泰雷、菲利普·森勒尔：《法国财产法》，罗结珍译，中国法制出版社，2008，第97~115页。

2. 《德国民法典》中的"物"的概念

《德国民法典》没有采用《法国民法典》做法，而是直接使用并规定了"物"的概念。《德国民法典》第 90 条规定："本法所称的物为有体物。"该条文的宗旨在于给物下个确定的定义，规定了物的种类，即该法所说的"物"并非所有的物或者是一切物，而仅是有体物，不包括无体物在内。"物为有形之客体（《德国民法典》第 90 条），也就是说，物是有形的、可触觉并可支配的。依此标准，其他所有的财产形式，均被排除在物权法适用范围之外：各种表现形式的债权、无形财产权（专利权、商标权）属于债法（《德国民法典》第 413 条），或在特别法中适用专门规定。计算机程序因缺少有体性也不是物，但它们因储存于数据载体中而获得可把握的形式时，却成为物。"①

虽然和《法国民法典》相比，《德国民法典》在处理物权客体方面存在不同，但是这种不同并没有本质的差别，《法国民法典》以"财产"来称物权客体，并不是因为考虑了用有体物来界定物权客体的范围的局限性，而是因为没有在理论上对物权和债权进行区分，这和《奥地利普通民法典》所规定的物的范围的原因类似。而《德国民法典》把物权客体原则上限定为"有体物"，正是立足于物权和债权的区分对物权客体进行理论上界定的结果，虽然在权利质权上也承认"权利"作为物权客体，但这只是一种原则之外的特殊规定，并没有改变整个物权法领域以"有体物"来限定物权客体的现实。相对于《法国民法典》的"财产"概念的模糊，《德国民法典》的"物"的概念内涵清晰，这也加大了其后制度发展中物权客体范围扩张的难度。

3. 《日本民法典》中的"物"的概念

因为《日本民法典》是受《法国民法典》和《德国民法典》双重影响的，而且《日本民法典》一开始是一个纯粹移植外国法的产物，其能够在本国很好地适用，足以证明其制定的合理性，所以在此有必要对表现近代私法特点的《日本民法典》的物权客体规定予以阐释。日本明治时代前后制定的新旧民法正好把法国民法典和德国民法典关于"物"的概念的两

---

① 〔德〕鲍尔·施蒂尔纳：《德国物权法》（上册），张双根译，法律出版社，2003，第 22 页。

种不同含义的使用表露无遗。日本现行民法把物限定为有体物，但是受法国影响的旧民法中无体物也包含在物的概念中。日本旧民法财产编第 6 条规定：（第一项）物有有体物和无体物。（第二项）有体物是人的感官能感知的物，如土地、建筑物、动物、器械。（第三项）无体物是只能通过智力理解的东西，如下：第一，物权以及人权；第二，有关著述、技术以及发明的权利；第三，作为继承开始时的遗产、解散中的公司或者清算中属于共同的财产以及债务的总和。而其后的新《日本民法典》虽然在具体制度的理念上仍较多地受到法国法典的影响，如关于物权变动模式的规定和优先权的规定等，但是关于物权客体则采取和德国一样的立场。其第四章名为"物"，第 85 条规定，"本法所谓物是指有体物"。学说上也认为，物权的客体原则上是物，唯在担保物权的领域有以"权利"为对象的。①《日本民法典》第 85 条所说的"有体物"是实质占据空间的一部分、通过五官能够感知的物质，即固体、液体、气体。因此，电、热、光等能量不包含在物中，著作、发明这样的无体财产也不包含在物当中。②

（三）小结

综上所述，从罗马法到近代私法的物权客体范围的演进，确立的是以有体物为标准的物权客体的范围，有体物之外的"物"或被严格排除在物权客体之外而以特例规定设定物权，或以拟制手段纳入物权客体范围，在理论和立法上，物权客体的范围是相对清晰且封闭的。

从罗马法时期到近代私法《法国民法典》时期关于物权客体范围的规定根源于社会的发展状况，资本主义的最初发展要求对抽象的人要解放，封建主义的人身依附关系被逐渐打破，这集中体现于《法国民法典》诞生前后的各种哲学思想上，这些思想对客体的界定与作为近代私法的渊源的罗马法并不相同，在罗马法时期，生物意义上的人——奴隶也可以作为物权客体，而此时的自然权利学说则认为生而平等的人不再可以被当做物而被拥有。洛克认为："土地和其中的一切，都是给人们用来维持他们的生

---

① 参见〔日〕四宫和夫・能见善久『民法総則』，弘文堂 2005 年，一三四頁。
② 参见〔日〕加藤雅信『民法総則』，有斐閣 2002 年，一七八頁。

存和舒适生活的。土地上所有自然生产的果实和它所养活的兽类,即是自然自发地生产的就都归人类所共有,而没有人对于这种处在自然状态中的东西原来就具有排斥其余人类的私人所有权","财产的主要对象,现在不是土地所生产的果实和所依靠土地而生产的野兽,而是包括和带有其余一切东西的土地本身"。① 洛克之后的康德的哲学思想也体现了这种状况。康德认为,"任何一个属于我的意志选择的外在的对象",即"一种具有形体的外在于我的物"都可以作为所有权的客体。② 康德之后的黑格尔进一步发展了该思想,着重强调人是主体以及人的自由意志。黑格尔认为:"所有的物都可变为人们所有,因为人就是自由意志,作为自由意志,他是自在和自为地存在着的,至于与其对立的东西是不具有这种性质的。因为每一个人都有权把他的意志变为物,或者把物变成他的意志,换句话说,他有权把物抛弃而改变为他自己的东西。"③ 这些哲学思想通过人和物的对立来强调人的自由意志,人只能作为主体而不能成为客体,与人相对立的即为客体,而这个客体范围限于有体物,欲使有体物之外客观存在成为物权客体则须采用拟制方法将其归入有体物之一种,其共通的内在属性是具有自然属性,这种对物权客体的界定实际上抹杀了物权客体范围与社会经济发展状况的关系。

二 物权客体界定的困境与"财产"概念的广泛应用

(一) 物权客体界定的困境

从罗马法直至近代私法,大陆法系传统下所谓物权客体即为物,而物应该指的是有体物,但随着市场经济的发展,许多财产权利进入交易领域,从而成为他物权的客体。财富证券化、权利化的发展趋势,促使"物"的概念原有的地位不得不为"财产"的概念所取代,而"财产"概念的范围既包括了物又包括了权利。无论动产还是不动产,无论有体物还

---

① 〔英〕洛克:《政府论》(下篇),叶启芳、瞿菊农译,商务印书馆,1964,第18~24页。
② 参见〔德〕康德《法的形而上学原理——权利的科学》,沈叔平译,商务印书馆,2001,第55~57页。
③ 〔德〕黑格尔:《法哲学原理》,范扬、张企泰译,商务印书馆,1961,第53页。

是无体物（证券），无论所有权还是其他权利，都可以被包括在这个概念之中。网络空间中的虚拟财产究竟能否成为私法上的权利客体已经成为学者研究的热点，而且相关纠纷已在现实中出现。① 按照惯性思维和传统的财产权观点，游戏参与者在网络游戏中获得的财物、身份等完全是虚拟的，只是特定游戏中的内容信息，如同在比赛中取得的分数，本身不具有价值，但是在网络已经广泛渗透到社会各方面的今天，人们通过网络进行商务、消费、创作等多种活动，其中产生的数据普遍被认为是有价值的，网络游戏参与者在游戏规则范围内通过特定的行为获取的虚拟财物，也当然具有价值。但是这种所谓的虚拟财产却不符合传统物权法的原理，是不能用物权法来进行法律规制的。然而，我们必须正视的一个现实是，在一般人的观念中，虚拟的财产因其具备交换价值和一定的使用价值，与传统物权法所谓的"财产"没有本质区别。

　　人们理论上对物权客体内涵的理解与实际在法学建构中应用的物权客体出现了不协调，这个问题在制定《德国民法典》的19世纪还没有突出表现，因为当时的社会和经济发展状况决定这种矛盾只在有限的范围内存在，采用原则之外的法律特殊规定的方法就可以化解。然而当有体物概念内涵之外的东西不断在实际中成为物权的客体时，法律体系就再也不能用特殊规定的方式简单处理，来回避这个矛盾的存在了。也就是说，物权法不得不承认无体的"财产"也可以成为物权客体。有学者认为应当将各种有形财产和无形财产抽象出来以涵盖物权、债权、无形财产以及其他民事财产权利形式，在民法典总则编之外设立独立的财产权总则，财产权总则在保留物权法、债权法一般规制的同时，又规定知识产权和其他无形财产的一般规则，充分体现财产权制度的统一性。② 但是这种观点没有得到多数学者的响应，因为这涉及观念的变革，而不是简单的制度更新。物权客体界定的困境是因为仅仅依据自然属性来区别物和权利，这仍然是一种区分人和物的近代自由主义的思维，在现代仅仅标明自然属性已不足以划清

---

① 参见彭晓辉、张光忠《我国网络游戏中"虚拟财产"的法律保护问题》，《中南财经政法大学学报》2004年第3期，第123页。
② 参见马俊驹、梅夏英《对我国未来民法典设立财产权总则的理由和基本构想》，《中国法学》2003年第3期，第29页。

物权客体的界限，当权利（如股权等）成为他物权客体的时候，是否能够确定权利性质和典型物权客体的有体物具有共通的自然属性呢？答案显然是否定的。

（二）"财产"概念的广泛应用

法学上对"财产"概念的使用虽然较为普遍，但并不都是作为一个精确的法学概念来使用的。① 如前文述及，《法国民法典》使用的"财产"概念，有别于罗马法时代盖尤斯的"有体物"和"无体物"的概念。这是这一时期抽象的主观权利发展的结果。现代我国学者在研究法国民法的时候，一般都将《法国民法典》中所谓之财产等同于"物"，只是《法国民法典》的这个"财产"概念因其界定的模糊而比《德国民法典》等后世之民法典的"物"的概念所能容纳的范围要广，这并不是像郑成思先生所说的那样是《法国民法典》的做法更科学，② 而是当时没有达到德国物权和债权二分法理论中物权客体的精确性。

《法国民法典》之后的《德国民法典》也使用了"财产"（Vermogen）的概念，但是其既没有对"财产"下一个明确的定义，也没有在使用上做严格的限制，这与德国"潘德克顿"法学一贯重视概念的做法颇有出入。应该说《德国民法典》并没有将财产作为一个基础性的概念看待。尽管如此，对于财产仍然有着一些比较原则性的认识，如财产应该是属于某一个

---

① "财产"是人们日常生活中常用的词汇，可以说是人们耳熟能详的一个词语。在哲学、经济学、社会学和法学上，"财产"一词也作为术语而被广泛使用。可是财产又是一个让人迷惑的概念，不同学科虽普遍使用，但是对于"财产"的界定是不同的，仅仅从法学上看，大陆法系和英美法系对"财产"就有不同的认识，甚至在同是大陆法系的德国和法国之间、同是英美法系的英国与美国之间，关于财产的含义都存在差异。可以说，财产是一个范围多变且极难把握的概念。

② 在1804年的《法国民法典》第二编第一章中，并没有特别规定作为现代无体财产的知识产权，而郑成思先生所说的"法国民法典中的财产概念分广义和狭义两种。广义财产（patrimoine）的概念出现于第878条，涉及继承中的财产分割。广义财产的基本精神则体现在第2092条，即通过规定所有财产（包括现在与未来）都应用来清偿债务，建立了包括债务在内的财产概念。"这些内容属于《法国民法典》的第三编，从功能类比上看应该不属于物权。参见郑成思《物权、财产权与我国立法的选择》，法学评论网，http://www.fatianxia.com/paper_list.asp? id=13488，2009年4月6日登录。

人的,"这些东西的特征,仅仅在于它们都属于同一个人所有";①财产应该是一个人全部有价值的物与权利的总和。《德国民法典》之后的民法对"财产"概念的使用,多是指在一定目的下结合的财产的总体的意思。与此类似,《日本民法典》虽然也没有明确规定"财产"概念,但是在理论和实践中认可"精神产品"、"物"、"债权"等作为构成企业的财产的总体存在。②

(三) 内生性制度中"财产"概念的应用③

所有权制度是作为内生性制度存在的,在所有权制度的变迁过程中,"财产"概念被广泛而随意地适用,这是因为"财产"概念本身的通俗和不易界定,使其作为一个包容性极强的概念而被使用。"财产"这个名词成为私法理论中承担"逃避责任"的一个名词,即使《法国民法典》把"财产"作为一个正式的法律术语予以规定,也没有赋予其确定的内涵,而只是用其来涵括所有权、用益物权和其后产生的知识产权在内的不同种类的私权的客体,换句话说,《法国民法典》使用"财产"概念,不是因为"财产"概念内涵确定,恰恰是因为它的内涵模糊不确定并且通俗,才被应用于民法典,因为当时的理论没有创造出可以替代它的相对精确的概念。随后的《德国民法典》虽然创造了物权和债权二分的精确的理论体系,从而也在民法典中放弃了"财产"概念的使用,但是社会经济的发展很快就将《德国民法典》理论所创造的完美体系打破,"财产"概念在社会的不断发展中因为其自身的不精确性而不断获得作为内生性制度应用的机会。

英美法系对财产权客体的处理相对灵活。劳森和拉登认为:"如果合同所创设的权利可以转让,法律就将其作为一种财产来对待。其实,在英

---

① 〔德〕迪特尔·梅迪库斯:《德国民法总论》,邵建东译,法律出版社,2000,第889页。
② 参见〔日〕四宫和夫、能见善久『民法総則』,弘文堂2005年,一三四页。
③ 内生性制度是经济学上使用的分析工具,青木昌彦在其进化博弈论的比较制度分析中运用了内生性制度概念,即那些不是由什么人有意设计的,而是适应环境、社会变化的新结构不断被发现,并更为理想的结构被保存下来,在所谓"适应性进化"的过程中产生的制度。参见〔日〕青木昌彦《比较制度分析》,周黎安译,上海远东出版社,2001,第10页。

国法中就将其称为'物',虽然它使用的是古老的法语'诉体物(chose in action)'这一术语。"① 因此,在英美法系中,财产不包括债权,但包括对可转让债权的支配权利。英美法系将财产权定位于一种可处分或转让的权利,而置于这种权利之下的可以是有体物、无体物或另外一种权利,包括债权。"只有通过在社会成员间相互划分对特定资源的使用的排他权,才会产生适当的激励……这一原则适用于任何有价值的资源。"② 即任何资源都可以而且应当为私人所拥有。按照霍布豪斯的说法:"在发达的社会中,某个人的财产不只是他控制和享用的东西,不只是他可作为劳动之基础和有序活动之载体的东西,而是他能够用以控制别人、使它成为别人劳动和他自己所命令之行为的载体的东西。财产的抽象权利容易忽视这些看似不重要的区别。例如,建立在劳动者对他的产品的权利之上的财产权理论就完全忽视了这样的事实,即随着工业的发展,现在,财产权最显著的职能是为别人的利益而拿走某人的劳动产品。财产权的历史和哲学,都把该制度对社会生活的这两种关系,看做了一个整体。一方面,财产是恒定、有序、有目的和自我指导之活动的物质基础。从整体上讲,这种财产是所有者本人直接或与其最亲近的人一起使用或享受的。另一方面,财产权是一种社会组织形式,借此,那些不拥有它的人的劳动,受到拥有它的人的享受的指引,并且是为了满足后者之享受的。在此种意义上,所有者的控制实质上是对劳动的控制。"③ 英美法系对财产以及财产权的认识颇值得我们在认识大陆法系"财产"概念时借鉴,即不是把"财产"看成精确和封闭的概念。

三 价值化趋势下物权客体的重新界定

物权的客体经历了一个从有限到广泛,从有体扩展到无体,从强调实体到强调价值的发展过程。在罗马法时期虽然有无体物的概念,但是其物

---

① 〔英〕劳森、拉登:《财产法》,施天涛、梅慎实、孔祥俊译,中国大百科全书出版社,1998,第3~4页。
② 〔美〕理查德·A. 波斯纳:《法律的经济分析》,蒋兆康译,中国大百科全书出版社,1997,第40~41页。
③ 〔英〕霍布豪斯:《财产权的历史演化:现实的和事实的》,翟小波译,公法评论:http://www.gongfa.com/caichanquanhuobuhaosi.htm,2009年4月8日登录。

权客体实际上限定于有体物，与此相反，虽然《德国民法典》第 90 条限定物权的客体为有体物，但是从具体物权制度的构造看，不属于有体物范围的权利也可以成为物权的客体。换句话说，虽然《德国民法典》原则上只承认有体物为物权客体，但是在具体制度中却通过使用特殊规定的方法，实际上把不属于有体物范围的权利也纳入物权客体的范围，这是实用主义法学的表现。而在现代物权法上界定物权客体，不仅需要把握物的自然属性，更重要的是能够使价值化、观念化和虚拟化的新类型的"财产"进入物权客体的内涵之中，而不仅仅是作为特例而存在。在这里，我们主张以"财产"概念代替"物"的概念来指称物权客体，以使物权客体具有更强的时代包容性，① 这实际上是对《物权法》第 2 条规定的理论概括，《物权法》第 2 条第 2 款规定："本法所称物，包括不动产和动产。法律规定作为权利物权客体的，依照其规定。"把第 2 条所称的"物"和法律特别规定的能够成为物权客体的"权利"用统一的"财产"概念予以界定，对于《物权法》制度适用中的体系性解释具有更强的合理性。

（一）以"财产"概念指称物权客体的合理性

1. 物权客体价值化的趋势

物权客体的价值化是从他物权制度的发展开始的。随着社会经济的发展，近代物权法制度体系出现所谓从"所有到利用"的变迁，即用益物权和担保物权等他物权制度迅速发展，现代各国为了适应经济的发展，普遍在民法典之外制定了规定他物权的特别法，如日本有关土地用益物权的特别法。② 即使在民法典上严格把物权客体限定为有体物的德国，他物权也得到充分发展，除了在法律上创设了让与担保、所有权保留等非典型担保以外，物权法也突破其"权能分离"的理论，发展了设定于权利之上的用

---

① 有学者主张以统一物的概念来整合现有物权客体，认为物是指具有自然属性的物权客体。这种观点没有揭示物权客体变迁过程中隐含的逻辑，即不是自然属性决定物权客体的范围，而是是否有价值决定某种客观存在能否成为物权客体，正因有价值才需要确定这种客观存在的归属和利用。仅把物权客体看成具有自然属性的客观存在的观点没有脱离传统民法以有体物界定物权客体的窠臼。参见杨立新、王竹《论物权法规定的物权客体中统一物的概念》，《法学家》2008 年第 5 期，第 77 页。

② 参见〔日〕加藤雅信『物権法』，有斐閣 2005 年，三一七至三一九頁。

益物权和担保物权。① 从作为传统物权客体的有体物来看，出现了多极利用的倾向，所谓财产的多极利用就是一个物上存在多个利用主体，共同分享同一物的利益。需要注意的是这种多极利用根据物权客体分类表现出不同的特点。高富平先生认为，"传统物权法的用益物权甚至担保物权主要针对不动产，而动产领域的多极利用则逐渐地由其他法律制度实现了。从最简单的有偿借用、租赁、合伙，到复杂的投资设立公司、票据、信托等，无一不是许多主体共同分享同一财产利益的一种制度安排。而支撑这些财产多极利用的法律关系，被认为是债权关系，如合伙关系、雇佣关系、委托关系等。如果说个人独资企业、合伙企业仍然可以用财产所有权解释的话，那么公司制度便演变为一种制度化安排（法人制度）。这种演进实质上体现了法律制度寻求财产多极化利用和社会化利用的努力。"② 这种发展趋势与近代民法物权的"谁所有、谁利用"的制度安排相悖，多极利用下所有权的观念性得到深化，而实物特征被淡化，现代他物权制度的构建更注重直接赋予利用人以物权，通过协调多极利用人之间的关系来确保秩序，而协调关系的最基本的出发点就是对同一物权客体上价值的分割。在多重利用关系的现实下，有学者认为所有权的客体是特定的有体物，用益物权的客体是有形态的财产，担保物权的客体是具有市场流通性的经济财产。③

近代私法上由于物只能归属于所有权人，导致用益物权不是对所有权客体利益的分割，而是因所有权人将自己的权利暂时让渡他人所形成的，由此形成的权利只是对他人物的权利。这种权利是不能与所有权相提并论的。因为用益物权被认为是所有权的派生，是所有权部分权利的让渡，因而所有权总是高于被派生的权利，这些权利最终要反弹或复归于所有权人。"在现代社会，人们对物权需求已经从享用（使用价值）转向流转（价值）。除了农村土地、其他资源性土地，以及满足基本生活需求的物质

---

① 主要包括权利上的用益权和权利上的质权。参见〔德〕鲍尔·施蒂尔纳《德国物权法》（下册），申卫星、王洪亮译，法律出版社，2006，第717页以下。
② 高富平：《从实物本位到价值本位——对物权客体的历史考察和法理分析》，《华东政法学院学报》2003年第5期，第4页。
③ 常鹏翱：《民法中的物》，《法学研究》2008年第2期，第39页。

资料外,人们不再'为拥有物而拥有物',不再囤积财物,而是在不断的买卖(流通)中实现增殖,在出租或其他经营中赚钱。除了日用消费品外,金钱成为人们积蓄财富的形式和手段。因为金钱不仅可以方便地购到自己所需要的物,而且可以方便地进行投资活动,如贷于他人获利、投资于证券市场或企业获得利润。可以说,在现代社会,人们大多是以资本的方式运作自己的财物的,而金钱是资本的最好表现形式。这样,物的价值主要体现在它能够为人创造多少价值(货币),而不在于是否可以永久地拥有该物或使用该物,追求价值和价值增值成为人们行使所有权的目的。"①

物权客体范围的变迁过程隐含这样的一条逻辑:客体从现实的存在变为抽象的观念存在,"物"成为一种拟制的存在。所谓拟制的存在就是说作为物权客体并非是对某种对象的简单描述,而是渗透了人的主观认识和判断。而支持这种变化的根据就是人对某种价值的观念控制而不是局限于对实物的现实占有。因此,对于物权客体的界定也需要从抽象的价值的角度把握,而不是从自然属性去区分,无论是有体物还是新时期的"虚拟财产",都因为价值这一属性实现了内在的统一,这不是现实性较强的"物"的概念所能够包容的,只有"财产"这一曾经界限模糊的概念能担此重任,当然,对其内涵的界定不能停留在《法国民法典》制定时期那种不精确的概念,而应类似于英美法系的"财产"的概念。

2. "财产"概念的时代包容性

社会经济发展对价值的追求导致各种权利最终与实物分离,成为独立可以流转的权利,因而对物的所有权转化成为一种对价值的支配权、收益权。物权法保护也以追求利益或价值回报为目的,而不以维持对实物的所有为目的,使物在流转中升值,要使物在社会化、组织化利用中收益。任何财产权利均内含某种利益或价值,只要满足独立存在且有表现自己的外观即可以成为物权客体。有的学者将财产的客观条件限定为

---

① 高富平:《从实物本位到价值本位——对物权客体的历史考察和法理分析》,《华东政法学院学报》2003年第5期,第9页。

效用性、稀缺性和可控性，颇值得赞同。① 抽象的主观权利如果符合上述条件也可以成为物权客体，权利的独立主要表现在权利可以脱离客体或脱离其基础关系而存在和转让给他人，但并不直接或不一定将客体物转让给他人。而权利之所以可以脱离客体物独立转让，是因为这些权利均负载于权利凭证之上，这些权利凭证成为权利存在的外观。也可以说凭证是这些权利的载体，它使权利脱离原物或基础关系而独立存在。在这种发展趋势下出现的极端的形式中，对价值的追求已经不再需要任何载体，甚至价值本身也不是从实物中分离出来的，而是对生活中任何有价值的东西进行物权形式的交易。例如，在法国出现的网上交易驾照分值，驾照分值本身是具有身份性的东西，法律也不允许进行交易，但是通过一定的形式设计，即买家付款后，卖家在超速罚单上填写自己的姓名和驾照编号，便可"偷梁换柱"，代人受过，而法国交通管理部门仅根据罚单扣除驾照分值，很少核对驾照是否属于违章者本人。② 虽然这个例子违反公法规范，也不符合物权法的交易规则，但是它可以从另一个角度证明在价值化的趋势下，人对权利客体观念发生转变，超越有体物的交换价值已经成为人们所追求的目的。现代社会经济发展的进程要远远快于罗马法时期甚至近代民法典制定的时期，层出不穷的新型物权客体不断进入物权法的领域，"财产"成为传统物权客体和新型物权客体共同的名词，因为它们都体现价值的属性，而正如前述，"财产"概念模糊的特点使它能够不断将新生事物根据归属利用的需要而纳入物权客体的范围。

(二) 价值化趋势下物权客体的限制

价值化趋势下的物权客体范围并非任意扩大。首先，物权客体除了可支配性外，还有非人格性这一重要的属性，这是近代私法的一个重要思想，不仅生物意义上的人本身不能成为客体，而且与人格相关的对象通常

---

① 效用性是指财产对主体的有用性；稀缺性是指满足主体需要的物品的自然有限性；可控性是指满足主体需要的稀缺物品，必须是主体可能以某种方式控制，并能够以合理方式排除他人使用的属性。参见刘少军《法财产基本类型与本质属性》，《政法论坛》2006 年第 1 期，第 162 页。

② 参见《法国网上交易驾照分值》，http://www.cnfrance.com/html/jingcai/2007/0719/1313.html，2009 年 4 月 18 日登录。

都不能成为权利客体。① 这一原则不因法学的发展而有丝毫动摇。但是需要注意的是，某些与人格相关的东西在与人分离之后能否成为物权客体值得分析，如血液和精液等。正如徐国栋教授指出的，"精子和卵子的案例说明，人与财产的二分法不够用，需要两者的中间地带私生活的概念。"② 其次，在价值化的趋势下出现的诸种新的物权客体——各种无体财产——和传统作为物权客体的有体物区别较大，其在经济上利用具有不同于有体物的特点，那么在物权法规制上应该遵循其自身固有的特点，表现为具体制度上的限制。

1. 物权客体的非人格性

近代私法一直把人及人体各部分，包括活体器官，排除在物的概念之外，认为人对其身体的支配属于基本人权，而不属于财产权的行使，现代私法仍然遵循这一原则，认为人的身体作为人的主观意志依存与支配的对象，直接与主体合一。③ 然而，科学技术的发展和进步给人类社会带来了诸多新生事物，如试管婴儿、克隆人、人造器官等，同时也对传统的物权法理论提出了挑战。人的身体之所以不被认为是物，在于依附其上的生命、思想、情感等意识因素和人格因素的存在，在于人是民事主体的主体性地位，所以在这些新出现的问题上遵循的原则要以伦理的标准去判断，或者说依据法律对人格权的相关规定去判断，如果违反了人格权的相关规

---

① 参见〔日〕四宮和夫、能見善久『民法総則』，弘文堂2005年，一三七頁。
② 徐国栋：《现代的新财产的分类及其启示》，《广西大学学报》（哲学社会科学版）2005年第6期，第53页。
③ 洛克认为每个人对自己的身体享有所有权。参见〔英〕洛克《政府论》（下篇），叶启芳、瞿菊农译，商务印书馆，1964，第19页。简·拉丹在论述洛克的财产权思想时说："如果说一个人拥有自己的身体是有意义的，那么根据人格定在理论，身体本质上就是个人的财产，因为身体实在是人格的组成部分。如果身体是财产，那么，客观上它是一种人格财产。"这种说法可以解释身体受侵犯时的赔偿责任，但是身体因为其与抽象人格的结合却是不能交易的，即使人的某些器官可以用塑料替代、某些组成部分（如血液、精液）可以离开身体进入交易领域，却都没有改变与抽象人格结合在一起的人体不同于物权客体的特质，人体是不能交易也不能用价值衡量的。参见〔美〕简·拉丹《财产权与人格》，《公法评论》，http://www.comment-cn.net/data/2006/0511/article_6575.html, 2009年4月7日登录。

定当然是物权客体之外的。①

与此相关的问题是,一直以来人们对曾经存在人的意志的尸体的处理方法都很模糊。日本学者认为,在以埋葬为目的的场合,尸体属于死者的继承人所有,但只能为祭祀等目的,既不能移转这种所有权,也不能放弃这种所有权。人死后,意识因素与遗体相分离,此时的遗体从自然形态上讲完全符合物的特征——存在于人身之外,具有物质形体,在人力支配范围之内,在医学研究、教学等方面具有使用性,但是其人格因素并未完全消灭。即使用于器官移植和研究目的的捐赠,也必须在推测本人意愿的范围内使用,否则其继承人或遗族可以要求返还遗体。② 德国民法就把遗体看做人格的延续部分,③ 即使它是物质也不能成为物权客体。对人的遗体的侵犯也被视为对人格的侵犯。所以关于遗体性质的认定应视所涉及的法律关系的不同而区别对待。在涉及人格权问题时,遗体不是物权客体,不是物,不为死者以外的任何人所拥有。任何对遗体的侵犯即是对死者本人人格权的侵犯。在继承发生时,遗体的管理处分权归全体继承人共有,继承人有权保护遗体完整性及按照习惯处置,如火化、埋葬等。在涉及依遗嘱捐赠或无遗嘱时继承人的合意自愿捐赠问题时,遗体即为物,是民事权利客体。例如某人生前声明捐赠自己的眼角膜、内脏甚至整个遗体,于是眼角膜、内脏乃至整个遗体就成为遗赠的客体。遗体火化后的骨灰与遗体具有同样的属性,亦可作为继承人继承的客体。因遗体是由具有人格因素的人体转化而来的,亲属的精神慰藉及死者的人格尊严均寄于其上,故而权利行使时应受一定限制。一方面,对遗体的处分受死者遗愿限制。死者生前对自己的身体有一定的处分权,比如有权捐出身体的某些器官以救死扶伤,如果死者生前有处分自己遗体的意思表示,则继承人在处分遗体时

---

① 徐国栋先生对人工授精的受精卵的法律地位进行探讨,认为不应该采取主体说和财产说,而应该采取中介说,打破人—物的极端二元制民法材料处理模式,建立人—中介—物的三级处理模式。参见徐国栋《体外受精胚胎的法律地位研究》,《法制与社会发展》2005年第5期,第64页。徐国栋先生看到了主体和客体对立的模糊地带,但其解决问题的方法仍然坚持了伦理的标准。

② 参见〔日〕四宫和夫、能见善久『民法総则』,弘文堂2005年,一三七至一三九页。

③ 参见〔德〕鲍尔·施蒂尔纳《德国物权法》(上册),张双根译,法律出版社,2004,第22页。

就不得有悖；另一方面，对遗体的处分不得违反国家法律和公序良俗。

具有经济价值是作为私法上物权客体的有体物和无体财产共同的本质，在现代社会中，一些不能用手来感知甚至是不能通过人的感官来感知的自然力，如新鲜的空气、电磁信号等，同样具有经济价值，如果这些物质能够为有形的载体所承载，同样能成为物权的客体。此外，有价证券也有一定的物质载体，能适用物权的规则体系，同样能作为物权的客体。物权法上的"物"是一个历史的范畴，它是对既往的生活材料的总结，人类法律史上所形成的"对物之诉"、"对物权"以及近代私法中所形成的"物权"制度，都是对通过占有能表征自身权利的有形体物规则体系的归纳和总结。物权客体范围的发展，主要是对有一定形体的或载体的实体物质的规范和调整。此外，实体物还隐含一个要件，即范围确定，实体物要么占有一定空间，可以通过重量、体积等度量衡来衡量；要么可以通过其载体上的文字所表达的种类、数量来衡量。可以认为，具备以下两个条件即成为物权客体：其一是具有价值（交换价值或使用价值）；其二是独立存在并有表现自己的外观。① 现代信用创制出与实物相脱离的独立的财产权利，成为可交易的"无体财产"。在现代物权法中，无体财产的支配权准用物权法所有权的规则，其交易准用物权移转规则。财产本应是权利与客体的统一体，将财产抽象为权利与客体，只是从理论上分析的一种方便措施。罗马法将用益物权、债权抽象为"无体物"也并没有使其成为所有权乃至整个物权的客体。但是，随着法律制度的完善和发展，许许多多的财产权脱离其客体而独立流转和交易。此时，这种权利成为脱离原客体而独立存在的物，又成为另一层次的物权客体。

2. 物权客体利用方式的限制

对于不同的物权客体的利用方式应有一定的限制，即根据性质的差异，不同的物权客体上可以设定的物权是不同的。即使在近代私法中，虽然物权客体被限定为有体物，不同物权类型所针对的对象也是不同的，权利客体根据权利的种类而不同。所有权的对象是物，用益物权的对象是物

---

① 亦可参照前文所述的刘少军先生的判断标准。参见刘少军《法财产基本类型与本质属性》，《政法论坛》2006年第1期，第162页。

的使用价值，担保物权的对象原则上是物的交换价值。在这种趋势下，有日本学者在解释《日本民法典》第85条时指出，"日本民法总则第三章并不是规定一般的权利客体，而是着眼于作为权利代表的所有权，而仅限于规定所有权的客体。"① 我国《物权法》第2条第2款的规定实际上突破了"权能分离论"的障碍，把他物权的客体予以扩张，与日本学者的解释有异曲同工之妙。

我国城市市区的土地归国家所有，国家又必须将土地分散到民事主体才能使土地得以利用，因为土地所有权本身是无法流转的。在这种情形下，可在民事主体间流转的权利成为真正的物权。在改革开放过程中，我国法律创设的国有土地使用权就是一种替代所有权功能的私权。土地使用权人可以继承、转让、租赁、抵押"土地使用权"，使用权已成为可自主处分的财产。我国的土地使用权不完全是大陆法的用益物权。大陆法系传统的用益物权，包括地上权、地役权、永佃权，没有一种权利具有我国土地使用权这样充分享用权能和广泛的适用范围。② 我国《物权法》规定的建设用地使用权也具有同样的作用，实际上是把土地使用权视为一种无体物或抽象物，以建立以使用权为客体的"自物权"制度。尽管土地使用权仍然是基于土地所有权而设定的，但已经不是无地的个人与地主之间协议设定的他物权，而是基于土地分散利用需要而由制度创设的土地权益，这种土地权益成为广大人民群众可以拥有的"东西"。国家拥有土地的根本目的是在土地上创制这样的权益，从而公平地分配到需要土地的人手中。也就是说，拥有土地不再是目的，合理分配利用土地的权利才是最终目的。这样国家可以针对不同的目的、用途，以及不同的享有对象创制各种的土地使用权，规范各种各样土地使用权的性质、权能等，并设计取得各种土地使用权的条件和程序，使土地使用权成为可以获取和流转的物，进而以此为基础建立我国的不动产物权体系。我国可流转的房地产市场的建立正是得益于可流转的土地使用权，没有可流转的土地使用权就不可能有物权制度。因此，物权制度设计者所要做的事情是，将土地使用权抽象为

---

① 〔日〕加藤雅信『民法総則』，有斐閣2002年，一七七頁。
② 参见王卫国《中国土地权利研究》，中国政法大学出版社，1997，第139页。

我国不动产物权的客体，归并其种类，统一其规范，建立以使用权为基础的不动产物权体系。在我国的土地使用权的体系结构下，物权与作为实体物的土地分离，变成对土地所包含的价值的一种支配，这也符合物权客体价值化的趋势。

总之，物权客体是指存在于人体之外，具有一定的经济价值，能满足权利主体的利益需要，并能为权利主体所支配的客观存在。我国《物权法》第2条虽然对物权客体的界定采用了坚持传统再加以特殊规定的模式，但不影响在理论解释的过程中对物权客体进行重新界定，在理论上以"财产"概念取代传统"物"的概念能够在体系上抽象而有效地统一物权法具体制度所涉及的物权客体的内容。并且能够使传统物权客体的有体物、无体物，甚至是现代逐渐产生的网络时代的虚拟财产等，基于其价值属性而统一成为物权客体，从而使物权法作为规范财产的归属和利用的法律具有开放性的体系，不断容纳因经济发展而产生的对新型物权客体支配的需要，并确保民法体系的动态稳定。另外，实际生活的需要和科学技术的进步不断挑战人与物之间的界分，在不损害人体正常形态和功能完整性的前提下，脱离人体的器官和组织不再承载主体价值，在法律性质上就转化为物，而某些本来存在于人体外部的物也可能通过某种方式成为人体的一部分，这就要求在把握物权客体的价值属性的同时，强调物权客体的非人格性。而即使是针对传统民法界定的物权客体，也因为利用方式的区别应有一定的限制。

第二节　动产与不动产区分的相对化

动产与不动产的区分是近代民法上物权客体最为重要的一种分类。从《法国民法典》开始，大陆法系各国（包括受大陆法系影响的国家[①]）

[①] 按照比较法学家的观点，有些国家虽然近代以来受大陆法系影响较深，但是由于传统社会习惯等影响的存在并不属于大陆法系而属于另外的法系，如中国和日本。参见〔德〕茨威格特、克茨《比较法总论》，潘汉典、米健、高鸿钧、贺卫方译，法律出版社，2002，第121~141页；〔日〕大木雅夫『比較法講義』，東京大学出版会1992年，一四〇至一四三頁。

民法都以动产与不动产的区分作为设计其物权制度的前提，可以说整个物权法基本制度的构建就是以动产与不动产的区分为基础的。英美法系的法律制度虽然在传统上自成体系，但动产与不动产的划分也是学生学习财产法时首先要面对的最为重要的物的分类，因为不动产与动产的区分同样是英美法系进行学术研究时，划分各自研究范围的最为重要的依据。但是在现代，动产与不动产的区分日益受到挑战，主要表现在两个方面：一是很多新的物权客体很难简单地归入动产或不动产，即动产和不动产分类的涵盖性越来越差；二是传统物权法仅适用于不动产的规则被扩展适用于动产，相应的仅适用于动产的规则也被扩展适用于不动产。对于这些问题，现代物权法没有给出明确的回答。要给定一个合理的答案，不是简单对动产与不动产的区分加以完善所能解决的，这涉及对物权客体分类最初宗旨的清楚认识和理念的修正，归根结底是所有权观念的进化。

一　近代民法上动产与不动产区分的意义

（一）动产与不动产区分的历史渊源

早在罗马法时期就已经有了动产和不动产的分类，[①] 虽然这种分类是在罗马法上逐步发展而来的，并且直到罗马法最后阶段才被采用。[②] 早期罗马法区分"要式物"（resmancipi）和"略式物"（necmancipi），这种分类是依据物本身在罗马人观念中的重要程度，要成为"要式物"其移转方式就必须遵循固定的形式，换句话说是依据物是否有重大价值以及其转让是否履行法定形式的标准而进行的一种分类。[③] "要式物"不仅包括土地，还包括奴隶和牛马，而且"要式物"要比"略式物"优越些，这些"要式物"都是用于农业生产的，所以这种分类可以说是和当时交易并不发达的情况相契合的。[④] 帝政后期，交易频仍的需要极大地冲击了这种分类的

[①] 参见〔澳〕Georg Klingenberg『ローマ物権法講義』，竜沢栄治訳，株式会社大学教育 2007年，三頁。
[②] 参见〔英〕梅因《古代法》，沈景一译，商务印书馆，1959，第155页。
[③] 参见〔英〕巴里·尼古拉斯《罗马法概论》，黄风译，法律出版社，2004，第109页。
[④] 参见〔英〕梅因《古代法》，沈景一译，商务印书馆，1959，第155~157页。

基础，到了优士丁尼时期，"要式物"和"略式物"的区分在实践中已经不可行，优士丁尼于是认为"再未从生活中发现这些制度的痕迹，也不理解它们的古代精神"，① 因此便废除了这种区分，仅根据物可否移动这一物理特性将物划分为不动产和动产。这种区分很大程度上简化了交易程序，并且根据分类创设了交易的不同公示方法。这里需要着重提到的是不动产被区分出来，对主观权利的产生具有决定性作用。② 不动产的产生过程就是土地逐渐从随意取用的自然资源中分裂出来作为物权客体的过程，这一过程从罗马法区分"要式物"和"略式物"就已经开始了，它与罗马人主要从事农业生产活动有关，因为农业生产对土地有固定的投入，所以需要确立投资人对土地的持续支配。

如果换一个与古罗马社会不同的生活场景，情况就会完全不同，对于从事游牧生活的社会，动产与不动产的区分就不显得那么重要了。从游牧生活变为定居农耕生活的日耳曼人的生活状况的转变过程正好说明了这一问题。比如早期日耳曼法上的动产与不动产的划分是以是否容易灭失为标准的，容易灭失者为动产，不容易灭失者为不动产。法谚云："炬火所得烧尽之物，悉为动产。"是以木造家屋，不问其有无定着性，悉为动产。③ 这是因为古代日耳曼人原以狩猎牧畜为主要生产方式，辅之以农耕。当时权利的客体限于武器、家畜、衣服、耕作狩猎的用具以及与日常衣食住等有关的物品。此时的物仅有动产，而动产之中最重要的是家畜。及至部落法时代，日耳曼人的生活已步入农业社会，此时的物包括土地及动产，而不动产不包括家屋。到了封建法时代，因封建制度的发达，土地成为财富与权力的渊源，不仅于经济上具有优越性，且于政治上及法律上皆有重大的意义。到了都市法时代，土地始成为完全私有权的客体。家屋亦逐渐发展，但除石建之大建筑外，尚未被视为不动产。④ 由于日耳曼人不同于古

---

① 〔意〕彼德罗·彭梵得：《罗马法教科书》，黄风译，中国政法大学出版社，1992，第191页。
② 罗马法时代还不能说有真正的主观权利，其对物的所谓所有权实际上是一种拥有的观念，而不是近代以来的抽象的权利观念。参见〔英〕巴里·尼古拉斯《罗马法概论》，黄风译，法律出版社，2004，第117页。
③ 参见李宜琛《日耳曼法概说》，中国政法大学出版社，2003，第50~51页。
④ 参见李宜琛《日耳曼法概说》，中国政法大学出版社，2003，第52页。

罗马人的生活方式决定了日耳曼法中不动产观念的确立是一个漫长的过程。因为生活方式而决定动产与不动产区分的例证即使在今天也很容易找到，蒙古草原上的土地虽有其经济价值，却不能成为个人私有的对象，在蒙古国脱离社会主义试图转变为资本主义国家的努力中，有关使土地私有的法律始终不能在国会通过，这与蒙古国人仍然主要以游牧为业密切相关。① 在我国藏族人的观念里也没有"不动产"，"对于牧人来说，土地无疑是非常重要的，没有土地就没有牧场"，但在土地不稀缺，而牧草常常稀缺的条件下，固定地拥有牧场不利于牧民的生活。"对于牧民来说，土地本身不是他们最基本的生产或生活要素，不是'财产'。"② 不仅如此，即使从事农业生产，如果生产力水平低下的话，土地也不可能抽象地作为"不动产"而存在，如从事刀耕火种的印第安人、日本的阿伊努人等，他们对土地的使用一般仅在一年或两年，根本不需要把土地作为一种权利的对象物而持续保有。③ 但是进入农业社会则不然，土地成为最重要的生产和生活资料，古老的土地所有理论与制度构成了早期所有权制度的核心。究其原因，就是因为人对土地利用固定化，一旦土地有了长期固定利用的价值，就会产生稀缺性。由此，从古罗马起直至工业革命时代，土地一直就被认为是最重要的财产，盖因为土地在生产过程中居于特别重要的地位。而随着社会的进一步发展，动产与不动产的区分也相应进化了。

及至《法国民法典》时代，权利观念已经相对成熟，民法上的动产与不动产的区分也取得了基础性的地位。《法国民法典》第516条规定，"一切财产，或为动产，或为不动产。"这一规定是《法国民法典》编纂时期法国社会发展状况的重要反映。《法国民法典》借用了罗马法的基本概念，同时又保留了日耳曼法财产分类的某些特点。在法国古代法上，动产与不动产区分的基本思想是：不动产是贵重的长期存在的且能够产生收益的财

---

① 〔日〕加藤雅信『所有権の誕生』，三省堂2001年，二四至二七页。
② 苏力：《这里没有不动产——法律移植问题的理论梳理》，《法律适用》2005年第8期，第24页。
③ 在从事刀耕火种农业的社会，对土地的利用是有一定周期的，在耕种后土地必须休耕，不能连续耕种，所以往往部落内部和部落之间会有关于土地利用的共同规则，这种规则有利于资源的有效利用，但是与所有权无关。参见〔日〕加藤雅信『所有権の誕生』，三省堂2001年，二八页。

产；动产则具有较低的价值且不能长久存在，动产的价值是"脆弱"的。①可见，法国古代法中动产与不动产的区分标准是一种有所改变的物理标准，"除某些例外的情形，《法国民法典》对动产与不动产的分类标准基本上是物理性的"。②《法国民法典》采用了罗马法的物理标准，同时也保留了以价值概念为标准的动产与不动产的区分。例如对于不动产，《法国民法典》第517条规定，"财产，或依其性质，或依其用途，或依其附着客体而为不动产。"可见，《法国民法典》中所规定的不动产，基本上可以归纳为三类：一是依财产的性质所确定的不动产，如土地与建筑物及其附着物，这是依物理标准所界定的不动产；二是依财产的用途所确定的不动产，如土地所有人为土地之利用与经营，在土地上安置的物件（如与耕作相关联的牲畜、农具等），这里的财产用途，其特定含义是指所有权人通过将一物用于另一物，使之对另一物具有特别用途或专门安排，从而在两物之间确立一种关系；三是依财产所附着客体所确定的不动产，如不动产之用益权、地役权与土地使用权等。后两类不动产的界定基本上采取的是价值标准，因为这些财产通常被视为价值较大的财产。

《法国民法典》之后的《德国民法典》没有对不动产与动产的概念加以规定，而只是反复提到"动产"（第929条、第937条、第946条）与"土地"（第873条、第925条、第1113条），这是因为，"在立法者看来，这两个概念的内容，人人熟知，故法典本身对其未给定义解释。"在动产与不动产的划分中，正确"理解这一对概念的出发点是'土地'。此概念并不等同于土地与土壤在自然界中的清晰分类，而应自法技术的角度，依据土地登记簿内容来对其进行理解。故而，土地是指在被当做'土地'而登记于土地登记簿中的地表的一部分。"③ 在德国民法上，不动产的通行解释是"地产"，即可以纳入不动产登记的土地。而且在德国民法中，建筑物是地产的重要组成部分。《德国民法典》第94条规定，"（1）附着于土地上的物，特别是建筑物，以及与土地尚未分离的出产物，属于土地的主

---

① 参见尹田《法国物权法中动产与不动产的法律地位》，《现代法学》1996年第3期，第107页。
② 尹田：《法国物权法》，法律出版社，1998，第69页。
③ 〔德〕鲍尔·施蒂尔纳：《德国物权法》（上册），张双根译，法律出版社，2004，第23页。

要组成部分。种子自播种时起,植物自栽种时起,为土地的主要组成部分。(2)为完成建筑物而附加的物,属于建筑物的主要组成部分。"《德国民法典》的物权体系没有按照物权的种类来编纂,而是按照动产与不动产的区分来设计物权编。突出不动产法律规范的绝对重点地位,在法典中不动产法的规则远比动产复杂,在条文数量上也占据了绝对的多数。这主要是因为法典的立法者认识到在当时的社会条件下,不动产对个人生活和社会更具有重要性。

近代其他民法典对动产与不动产的区分与《法国民法典》和《德国民法典》大同小异,在这里不一一列举,虽然由于各国的国情不同,在区分的具体标准上可能存在些许差异,但是其区分的意义应该是一致的。

(二)动产与不动产区分意义的总结

1. 动产与不动产的价值差异

因为在历史上不动产一直具有比动产更高的经济价值,所以在法律制度上要采取不同的处理方式。例如作为主要不动产的土地,因其作为最重要的生产手段具有重要的社会政治意义,近代各国民法典都把土地作为重点进行规定,同时由于社会性质的差别对其规定也表现出不同,主要表现在对土地权利的限制上。在近代民法上,由于所有的财产都被商品化了,不动产与动产的本质差异在逐渐缩小,但是两者自然性质上的差异仍很明显。作为物的信用的基础的不动产受到特别对待,可以说近代民法的物权制度体系主要就是围绕不动产而制定的,关于动产的规则只能算是补充。典型的动产与不动产差异有诸多,日本学者总结为以下几点:一是公示方法的差异;二是公信原则的差异;三是其上成立的权利的差异;四是经济价值的差异;五是对无主物处理的差异。[①] 以这五个方面的差异为基础,在物权的制度设计上不动产都受到特别的关怀,比如法国、日本等国的民法就规定动产没有公信原则的适用,而在成立权利方面民法典规定的动产他物权种类很简单,几乎是所有权包打天下,而不动产物权则是多层次的、全方位的用益物权和担保物权体系。

---

① 参见〔日〕四宫和夫、能见善久『民法総則』,弘文堂2005年,一四〇至一四一页。

从近代民法的视角看,"在动产所有权领域,与他人利益及公众利益发生冲突的可能性要远小于不动产领域。而正如我们知道的,不动产所有权的波及面是如此的广泛,以至于随着内容的确定就已经(几乎是自然而然地)规定了有利于邻居和公众利益的约束和限制。与此相反,动产所有权的运用是在所有人的'私生活'(intimsphäre)范围内的事情(用一个标语性的语词),他人和公众利益不会因该人动产所有权的使用而受影响或者说是受到本质的影响。"[1]

2. 动产与不动产区分对绝对所有权观念产生的影响

正是动产与不动产的区分才使得近代民法上个人主义的绝对所有权观念的产生成为可能。在生产力发展到定居农业的水平后,土地被分割占有成为一种历史必然,当然这种分割占有仅凭武力来维持是低效率的,尤其是在一个生活群落内部,为了维持一种具有稳定性的秩序,确立一个土地的分割规则是必然的。近代哲学家在分析所有权的依据时,有先占说、劳动说、个体自由意志说等各种学说,但他们大多忽略了重要的一点,那就是所有权不是先于人类而存在,而是和人类社会的生产力发展紧密相关的,游牧社会、刀耕火种农业社会以及定居农业社会对土地规制是完全不同的。在游牧社会中因为对土地没有投入,对土地的利用也不固定,所以完全没有必要形成主观抽象的所有权;在刀耕火种社会,有一定的耕作周期,特定的土地要经过一个时期被利用或者不被利用,在利用周期中对土地有投入,刀耕火种社会的土地也没有必要被抽象出所有权而归个人所有,但是普遍都具有团体性控制的规则,即表现出土地由村落(或部落)共同体来控制、分配、使用的规则;在定居农业社会,由于对土地有耕作等其他劳务与资本的投入,而且投入是持续、集中进行的,赋予投入者对土地的权利则成为必要。[2] 正如梅夏英先生所说的:"决定个人所有权产生的必要条件是农业社会中最重要的不动产(即土地)的分割,而动产对不动产的分裂却起到了催化作用。"[3] 我国《物权法》第 2 条也沿袭了动产与

---

[1] 〔德〕鲍尔·施蒂尔纳:《德国物权法》(下册),申卫星、王洪亮译,法律出版社,2006,第 342 页。

[2] 参见〔日〕加藤雅信『所有権の誕生』,三省堂 2001 年,八四至八七頁。

[3] 梅夏英:《物权法·所有权》,中国法制出版社,2005,第 16 页。

不动产区分的传统,该条第 2 款规定:"本法所称物,包括不动产和动产。法律规定权利作为物权客体的,依照其规定。"

当对土地分割所有的秩序自觉不自觉地在人类社会中逐渐形成之后,人可以放心地拥有土地,作为土地拥有者的单个主体不需要经常性地用武力来维持对土地的占有时,个人所有权就逐渐自然而然地在人的观念中形成,至于近代以来哲学家们的先占说、劳动说、个体自由意志说等,只能成为具体场合的所有权正当性的解释工具,而不能成为整个社会所有权正当性的根据。也就是说,"只有个人持有土地以后,他才能享有绝对的排除他人影响的支配权,整个社会在个人完全占有土地的前提下才能形成一种占支配地位的绝对所有权的观念。"①

二 近代民法上动产与不动产区分的检讨

(一) 动产与不动产区分的不周延性

近代民法上动产与不动产的区分源于罗马法。"大陆的所有权概念仍受制于拟制的、从罗马法继受而来的划分,其人为地划分社会学上的一体的物。"② 所有财产被严格区分为动产与不动产两类。《法国民法典》第 516 条规定:"一切财产,或为动产,或为不动产。"最初这种区分的科学性在于根据"物"天然的物理性质,有利于区分不同的物的价值差别和利用上的差别。但是在罗马法以及近代民法上容易忽略的一个问题是,这种动产与不动产区分不能涵盖现实中所有的物,典型的例子是货币。近代民法虽然把货币归入动产,但显然这种归类只是一种权宜之计,因为有关货币的规制与典型动产所适用的规则是大相径庭的。早在《德国民法典》制定之前,"萨维尼已经思考货币的非实质化,但是其并没有贯彻非实质化。"③ 一般立法都把货币作为一种特殊的动产来处理,日本早期判例即把金钱作为一般动产来适用民法,但是很快发现在善意取得问题上是行不通

---

① 梅夏英:《物权法·所有权》,中国法制出版社,2005,第 17 页。
② 〔德〕罗尔夫·克尼佩尔:《法律与历史——论〈德国民法典〉的形成与变迁》,朱岩译,法律出版社,2003,第 249 页。
③ 〔德〕罗尔夫·克尼佩尔:《法律与历史——论〈德国民法典〉的形成与变迁》,朱岩译,法律出版社,2003,第 282 页。

的，其后通过学说的影响，金钱所有权因占有而移转的理论被判例所确认，货币被认为是不具有个性的抽象的价值本身。①

现代有价证券使用的扩张无疑是对动产与不动产区分的最大的冲击。有价证券是设定并证明持券人有取得一定财产权利并且能够流通的一种书面凭证，是物的一种特殊类型。有价证券的本质特征是证券上记载的财产权利与证券结合在一起，不可分离。《俄罗斯联邦民法典》第142条对有价证券的定义也揭示了其本质："有价证券是具备规定形式和必要条件证明财产权利的书据，只有在持有有价证券的情况下才可能行使和移转它所证明的财产权利。随着有价证券的移转，它所证明的全部权利亦随之移转。"商品交易的本质是财产权利的交换。但是在证券出现以前，有体物的交易要通过实时交付完成，即通过占有来标示权利交易的完成，而不管交付占有的成本多么昂贵。其他财产权利（即罗马法上的无体物）的交易则更加困难，因为它们所蕴涵的财产价值更不易表现在外，有的财产权所蕴涵的财产价值，如对人权，还需要请求相对人履行这一中介环节才能最终表现出来，这就极大地限制了这些无体财产的流通性。促使证券制度产生和迅速发展的原因有两个：一是社会化大生产的发展提高了积聚资本的能力和要求，这就迫切需要通过发行股票、债券等融资证券来筹措资本；二是社会信用的日益成熟为证券投资提供了良好的社会环境，拥有证券即意味着拥有财富，持券人通过行使证券权利，可以充分地实现其投资保值和增值的预期目的。不管是有体财产还是财产权利，便有了最直接的外观——纸张。而纸张有轻便的特点，于是一定性质和范围的财产便借助纸张这种轻便的载体而快速流通，这正顺应了现代社会的商品经济飞速发展的需要，提高了整个社会的经济效益。财产或财产权利的证券化还有助于物的交换价值和使用价值的分离，为权利质权制度的确立打开了通路。英国学者劳森和拉登曾指出：有价证券最初是作为货物的凭证的，这种文书的转让也就是其代表的货物的转让，即实物的抽象化，然后是将这种抽象实物化，也就是将书写或印刷收据的纸张等同于收据本身。因此，仓单或提单被视为实物的交付。② 在实物抽象化和抽象实物化的

---

① 参见〔日〕四宫和夫、能见善久『民法総則』，弘文堂2005年，一四五頁。
② 参见〔英〕劳森、拉登《财产法》，施天涛、梅慎实、孔祥俊译，中国大百科全书出版社，1998，第17~18页。

过程中，财产的交换价值和使用价值发生了分离，人们可以根据需要对物的两种价值分别予以利用。一方面，人们可以对仓库中或运输中的实物予以支配来利用物的使用价值；另一方面，人们可以在仓单、提单上设定担保来利用物的交换价值，这就为权利质权的确立打开了通路。

鉴于动产与不动产区分的不周延性，有些学者提出在传统物理标准区分的基础上加上程序性标准，即以登记作为辅助标准来区分动产与不动产。① 但是即使采用物理标准加上程序性标准的分类方法，虽然能够解决一些问题，如汽车、船舶和民用航空器等所谓"准不动产"通过登记程序而适用不动产规则，但是不能解决全部问题，如适用物理标准加程序性标准修正的德国民法，将附属于土地或建筑物的物区分为临时目的和永久目的，前者不属于不动产，表明程序标准对物理标准的修正是失败的。应该登记的未必就是不动产，不可动的未必就是必须登记的，除非能够容忍这种混乱，否则不可能同时选择程序性标准和物理性标准。② 现代技术水平早已允许"移动"包括建筑物、构筑物甚至土地在内的任何不动产。因而试图把不动产的概念专门与作为自然客体的土地捆绑在一起是没有意义的。③ 即使就已经采用一定程序标准的立法来看其区分也是不确定的，如在德国民法上，除却土地和建筑物是不动产以外，原本属于动产但因为添附于土地或者建筑物而与其成为了"法律上"的"命运共同体"，以至于在法律上已不能与之相分离，此类动产也属于不动产。如此一来，则德国民法所谓之"不动产"与法国民法的一样，可伸可缩。法官拥有了对于"命运共同体"的解释权也就拥有了自由界定不动产的裁量空间。④ 这显然并没有解决外延不确定的问题，而只是把确定分类封闭性的工作交给了法官的主观能动性而已。

---

① 参见李飞《动产与不动产划分标准之比较研究》，《学海》2003年第3期，第145~146页；刘铁光《动产和不动产划分标准的思考》，《贵州工业大学学报》（哲学社会科学版）2006年第3期，第65~66页。
② 参见孟勤国《物权二元结构论——中国物权制度的理论重构》，人民法院出版社，2004，第二版，第124页。
③ 参见〔俄〕E. A. 苏哈诺夫《限制物权的概念和种类》，张建文译，易继明主编《私法》第5辑第2卷，北京大学出版社，2005，第394页。
④ 参见李晓云《"不动产"概念研究》，《清华法学》第八辑，清华大学出版社，2006，第182页。

（二）不适应经济发展对物权客体分类的要求

以经济价值的重要性来区分动产与不动产已经严重不适应经济发展的状况，某些动产的价值可能超过不动产。事实上，无论从生活上还是法律上，人类之所以要划分动产与不动产，是因为对于人类来说，有些财产很重要，而有些财产不是很重要。重要的财产，需要对其进行特别的控制和管理，也就顺理成章地对其得失变更采用特别的规则加以规制。而那些不重要的财产，人们就不需要对其进行特别的控制和管理，自然也就不需要对其得失变更采用特别的规则。而古罗马之所以要以动与不动的财产的物理性能作为动产与不动产的划分标准，也正是由于那个时代不动的财产刚好是重要财产。而对于当今这个汽车、轮船、航空器乃至宇宙飞船遍布的时代，显然不动的财产不能把所有的重要财产包容进去。而且不动的财产也不再指称所有的重要财产，有些不动的财产显然不是社会的重要财产。对人们来说，社会生活中具有重要意义的物超出了"土地"、"房屋"、"飞机轮船"、"股票债券"。所谓对社会有重要意义的物可以从"人类生活的一般需求"和"特定国家特定时期的需求"两个方面来把握，自然是可取的，但这并不意味着它的操作性强，相反，实现将这种"把握"与具体的"登记目录"对应仍是弥足困难的，登记机关对此根本难以做出任何实质性的工作。

以动产与不动产作为物的主要分类，只是针对单一物而不是集合物。各国立法实践中将许多集合财产（如失踪人的财产、企业财产和营业财产等）作为一个整体的财产看待，从而使其独立成为交易或抵押的对象。因此，集合物在特殊情况下成为物权的客体。坚持传统一物一权原则的观点，否定集合物的概念，但是集合物概念是交易社会的需要。[①] 实际上否定集合物的观点没有看到任何物都是从交易视角被视为一物而不是根据其自然状态的，比如米只能以一定质量和容积来交易，而不能以其自然状态的一粒米来进行交易，一粒米即使被称为一物，但指称一粒米的所有权显

[①] 参见〔日〕加藤雅信『民法総則』，有斐閣2002年，一八一页。

然不如一斤米的所有权更有意义，所以多物一权也未尝不可。① 而所谓现代集合物只是把传统交易视为一物的多个物作为一个集合来进行交易而已。在现行俄罗斯法中，企业作为一个财产综合体，被认为是统一的权利的客体，而且总是属于不动产（《俄罗斯民法典》第132条第1款），而且由于依照一般规则作为该企业构成的不仅有物，还有权利（债务）与专有权等（《俄罗斯民法典》第132条第2款第2节），这就有可能说到作为物权的客体的权利。② 而通过设定浮动担保的方式，使得企业处于变动中的财产总体也成为一个物权的客体。

三　现代民法上动产与不动产的区分

（一）动产与不动产的交错与同化

梅因认为，"罗马'财产法'的历史就是'要式物'和'非要式物'同化的历史，在欧洲大陆上的'财产'史则是罗马化的动产法消灭封建化的土地法的历史，虽然在英国所有权的历史还没有接近完成，但已可以看出，动产法是在威胁着要吞并和毁灭不动产法。"③ 近代民法的发展一定程度上对梅因的预言有所反映，英美法系也在封建体制解体时修订了不动产法（如英国1925年的成文立法），吸收了一些动产的流通方式，简化了不动产的变动程序。但是从整体上说，梅因的预言并没有成为现实，但是根据他的预言推论出的一些内容却发生了，主要表现为现代民法上不动产与动产交错与同化的现象。

1. 不动产的动产化

现代市场经济的高度发展使动产大有取代不动产成为主要财产之势，土地所有权在财产法中的垄断地位被打破，传统依据价值大小对两者进行区分已失去意义。同时，传统不动产法的价值目标已由"归属"转向"利用"，设定于不动产之上的权利也进入了流通领域。《德国民法典》包括了

---

① 参见谢哲胜《台湾物权法制发展》，《财产法暨经济法》2005年第2期，第43页。
② 参见〔俄〕E. A. 苏哈诺夫《限制物权的概念和种类》，张建文译，易继明主编《私法》第5辑第2卷，北京大学出版社，2005，第394页。
③ 〔英〕梅因：《古代法》，沈景一译，商务印书馆，1959，第155页。

土地债务制度、证券式抵押制度以及证券土地债务制度，德国民法正是通过强化这些制度使不动产物权的流通变得非常灵活。《瑞士民法典》规定的不动产抵押债务与定期债务也有类似特征。法国则在司法实践和判例中承认了"预置动产"制度，即对一些即将成为动产的不动产（如砍伐前的林木）预先视为动产。①

随着社会经济的发展以及法律思想和法的技术的发展，利用信托制度转化土地的不动产的性质也是可能的。例如，土地的所有人甲把其土地信托给受托人乙（把所有权以信托目的移转），甲替代的取得信托的受益权。把这个受益权证券化，然后以让与受益证券的方式移转受益人的地位，实质上把关于这宗土地的利益移转给第三人。② 现代物权法的一个显著变化就是财产的流动性增强。在市场经济的作用下，人们之间的经济交往空前活跃，范围也大得多，财产交易几乎可以发生在地球的任何一个角落。人们不再固守一些僵化的传统观念，这就使得财产交易发生的频率、参与的人数、交易的规模均得到大幅提升。任何财产，只要是在法律许可的范围内，只要人们有需求，交易便可发生。为了使得财产积极参与流动，便于交易，人们采取了很多便利交易的办法，包括不动产在内的许多财产的证券化就是其中的常见方式。人们时常为方便起见，将土地等不动产做成一定的证券，通过这些记载着一定财产权利的证券的交付、移转来代替实物的交付。

2. 动产适用不动产的法律调整方法

传统民法依据的是否可以移动这一物理属性的划分标准在现代也受到一定的修正，如价值巨大的船舶、航空器等也适用不动产法律规则。法国为之设立了公告制度，并称其为"注册动产"。③ 德国则把船舶、飞机等视为不动产的特殊形态，并通过登记公示制度、物权法定制度等使之与不动产一致。④ 日本根据2003年制定的《关于动产及债权让与的对抗要件的民法的特例等的法律》（平成十六年法律148号），使法人让与动产的时候通

---

① 参见尹田《法国物权法》，法律出版社，1998，第72页。
② 参见〔日〕四宫和夫、能见善久『民法総則』，弘文堂2005年，一四五至一四六页。
③ 参见尹田《法国物权法》，法律出版社，1998，第72页。
④ 参见孙宪忠《德国当代物权法》，法律出版社，1997，第223页。

过在登记簿上登记成为对抗要件，这主要是在动产让与担保的时候使用。①英美法系也不例外，对一些动产也予以登记。有些登记是属于私人性质的，如种马血统系谱；有些登记属于公共性质，如船舶和航空器的登记。有的学者认为从某种意义上几乎可以将船舶当做水上土地来看待。② 我国《物权法》第24条也规定："船舶、航空器和机动车等物权的设立、变更、转让和消灭，未经登记，不得对抗善意第三人。"这体现了不动产交易手段的交错适用。

需要注意的是，这种动产与不动产的交错与同化在交易中表现出一定的非恒定性，除了汽车、轮船、民用航空器这样的法律明定适用不动产规则的以外，不动产的动产化和动产适用不动产规则，都是要考虑交易的具体需要而非常态或恒定的。例如公示方法的问题，不动产和动产的公示方法在登记和占有之间是变动不居的，不能仅仅根据是不动产还是动产来决定它只能采用某种公示方法，而要结合交易所涉及的物权的类型。这时候动产与不动产区分的基本功能被弱化了，公示方法的变化是由物权的类型决定的。所有权人可以依其意志通过确定财产的目的而使得本为动产的财产不动产化，或者人为地将某项本为不动产的财产动产化，从而实现法国民法自始至终所追求的"意思自治"。③

（二）新生事物对动产与不动产区分的冲击

从古罗马社会直至《法国民法典》制定时的法国社会，都没有出现大量需要进行登记的动产。到了汽车和航空器出现的20世纪，才出现把这些动产进行登记的需要。在农业社会，土地被认为是所有财富产生的源泉和质料，劳动必须加诸土地之上方可获取收成以增进财富。同时，土地所具有的不可再生性和稀缺性使其价值在与动产的对比中凸显绝对的优势，所以受到极大的重视，土地作为人们最重要的财产，历来是各国、各时代法律规制和保护的重点。相比较而言，其他的财产则显得不是那么重要了。

---

① 参见〔日〕四宫和夫、能见善久『民法総則』，弘文堂2005年，一四六页。
② 参见〔英〕劳森、拉登《财产法》，施天涛、梅慎实、孔祥俊译，中国大百科全书出版社，1998，第25页。
③ 参见关涛《我国不动产法律问题专论》，人民法院出版社，1999，第10页。

而在现代社会，农业尽管仍旧是人类社会生存的基础，但是人们已经逐步摆脱单纯对土地的依赖，当我们可以实现农业生产工业化的时候，以土地为代表的不动产不再是财富的最主要源泉，这使得不动产在人们心目中的地位有所下降。故此，现代民法应逐步改正对土地等不动产的绝对优势的关照。

社会经济发展引发物的种类的发展在动产方面表现得尤为突出，动产的种类日益丰富多彩。新型的动产层出不穷，有些动产的价值并不比不动产逊色，如汽车、船舶、航空器等所谓"准不动产"；有些动产的财产价值甚至已经远远超过了不动产的价值。因此，现代民法在弱化对不动产的绝对优越保护的同时，应当加强对动产的保护。科技不断发现和创造出新鲜的事物，其中符合动产特性的均可列入新的财产目录。一些看不见、摸不着的事物也可以成为动产，如无线电频段资源。科学技术带来的先进传输手段——有线传输、无线传输等技术不仅在军事国防领域，而且在民事领域也居于极其重要的地位。实现这些传输的具体媒介，诸如无线电频道、波段等，越来越成为人们必不可少的重要资源。我国《物权法》第50条规定："无线电频谱资源属于国家所有。"依此规定，无线电频段虽然看不见、摸不着，却同样具有客观性、有用性和经济价值，所以无线电频段资源理当被看做物权客体。

四　动产与不动产区分无法替代的法价值

动产与不动产作为法律对于财产的基本分类，具有悠久的历史和广泛的国际认同性。可以说，动产与不动产是国际通用的关于财产方面的术语，其作用已经不仅限于财产法，在其他法的部门或其他的社会科学门类中，把不动产与动产区分作为对财产的划分都具有一定的意义。因此，虽然今天动产价值在某些方面超过不动产的事实已经动摇了动产与不动产区分的法律实益，以货币衡量的动产价值也许在一定程度上超过了不动产，然而，不动产所承载的社会、经济、文化等方面的意义依然没有减弱。尽管一些国家或者地区的民法典将无体财产作为动产对待，但由于动产与不动产的区分仅是对有体物的划分，故而无体财产其实并不是动产而只是适用关于动产的部分规则，并且，还不是全部适用动产的法律规则，有些无体财产必须适用不动产的法律规则，如专利权中的财产权质权采用登记公示方式。从这个意义上看，无体财产的法律适用本身依赖于动产、不动产依据传统标准的区分。所以，无论从哪个方面观察，动产、不动产的传统区分标准都不能被轻易否定。因此，应当坚持作为动产与不动产区分的财产基本分类。

当今，权利的交易已经构成大规模商品生产和销售的重要前提，权利的交易也构成了国际贸易的核心。毫无疑问，权利的交易已经成为现代社会经济发展最有力的保证和最重要的组成部分。房屋、土地、地上作物等不动产在当今社会中的重要性已经下降，它们不再是社会经济交往的重头戏，甚至，只处于很一般的地位。正是在这个意义上，可以说物权法有着由"归属"向"利用"转变的趋势。权利交易的大量出现，让不动产的获得变得更加容易，也从根本上改变了不动产与动产区分的合理性的程度。从权利可以作为物权客体的那一天起，动产与不动产的区分就面临瓦解的危险，因为权利是无法被纳入这一分类体系的。动产与不动产的区分是以有体物为对象的，而权利是一个无体无形，它与前述二者的特征不符，不能产生体系效应。如果非要把权利引入这一调整方式，只能似是而非地说它是源于法律的特殊规定，而不能说明权利与动产、不动产之间的关系，更不能对权利的种种利用方式做出准确的定性，而一个不能进行定性分析的法学概念是没有任何意义的。当权利作为主要的物权客体风光于当今社会时，动产与不动产的区分更是难以走出它的古老的拜物教的迷阵，依然在困境中徘徊。我国的《物权法》将目前发展状态下最重要的物权客体以拟制的办法偷偷摸摸地予以承认，却不赋予其应有的地位，这是根本不能解决体系问题的，也不能对经济发展起到更大的推动作用，所以从解释论的角度看，对动产与不动产区分的坚持应限于物权客体的典型状态，即有体物领域，而对于无体财产则应该类比动产与不动产的交易规则予以特别承认。

第三节　无体财产概念对现代所有权观念的影响

无体财产的概念已经在私法学界广泛使用，但它同时又是一个争议较多的概念。① 其广泛使用主要表现为，无论是研究物权法的学者，商法的学者，还是知识产权的学者都使用无体财产权或无体财产权概念来解释相关领域中的一些问题；其较多的争议主要表现为，不仅不同领域学者的表述不同，即使是相同领域的学者对此概念的解释也是不尽相同的。无体财产概念的广泛使用应该是社会经济发展导致的法学上的一种解释需要，而对概念解释的不同也导致其难以产生应有的正面作用。我国《物权法》第2条第2款规定："本法所称物，包括不动产和动产。法律规定权利作为物权客体的，依照其规定。"这无疑为无体财产成为物权客体提供了空间。笔者在这里无意对无体财产概念的界定给出精准的答案，只是试图对无体财产概念的产生及其对现代所有权观念的影响进行分析。

一　无体财产概念的发端

（一）罗马法的无体物概念

学者们提到无体财产的发端，无不从罗马法谈起，具体地说就是盖尤斯在其《法学阶梯》第二卷的第12、13、14这三个片断中提到的无形物（无体物）的概念。"12. 此外，有些物是有形的，有些物是无形的。13. 有形物是可以触摸的，例如：土地、人、衣服、金子、银子以及其他无数物品。14. 无形物是那些不能触摸的物品，它们体现为某种权利，比如：遗产继承、用益权、以任何形式缔结的债。遗产中是否包含有形物，从土地上获得的孳息是否是有形的，根据某项债而应向我们支付的物品是否通常是有形的（例如土地、人或者钱款），这些都无关紧要。实际上，继承权、用益权和债权本身都是无形的。对城市土地和乡村土地的权利同样属

---

① 对"无体财产"的用法就存在争议，多数学者通常使用"无形财产"的用法，并且多认为"无形财产"和"无体财产"没有区别。虽然在传统民法上，最初"物"的指称是"有体物"，也可称为"有形"，与"无体物"和"无形物"对称，但是近代一些"无形有体"的自然力被发现使用，依其性质可以被归入"有体物"。参见郑玉波《民法总则》，中国政法大学出版社，2003，第186页。所以近代私法上的"有体物"已然包括两类"有形物"和"无形物"。不管是"有形物"还是"无形物"，它们只是物理属性不同，都可以适用近代私法的物权规则。而笔者在此提出的"无体财产"是和"有体物"对称的，是不能归入"有体物"的且可能成为物权客体的对象。参见屈茂辉《关于物权客体的两个基础问题》，《时代法学》2005年第2期，第19页。

于无形物……"① 盖尤斯创设无形物（无体物）概念是因为当时人的思维中还没有抽象的主观权利的观念。主观上的权利概念是在盖尤斯去世大约1300年后才开始出现的。如果盖尤斯时代已经存在主观权利的概念，他恐怕就不用创造"无形物"（无体物）这个概念了，而且有关物法的结构也会被重新编排。对于盖尤斯来说，在没有主观权利这个工具的前提下，如何在"物"这一编中系统地、合乎逻辑地阐述所有与物相关的法律关系确实不是一件容易的事情。② 在罗马人的观念里，所有权与有体物对应，即所有权即为物，其他权利则只能对应无体物（即把债权等权利拟制为物），只有这样才符合罗马人对权利的现实性认识。盖尤斯的《法学阶梯》中关于有体物的规定如果按照现在的民法语言来表述基本上都是关于"所有权"的规定,③ 但是罗马人只有"所有物"的观念，而没有"所有权"的概念，他们一般用"这个物是属于我的"或"这个东西是我的"，并加上一句"根据罗马人的法"（ex iure Quiritium）来表述市民法上的所有权,④这实际上反映了一种早期法律思维的"直观化"和"有体化"的倾向。盖尤斯引入"无形物"概念的真正目的是把与有体物紧密相关，但又不是有体物本身的各类现代意义上的"他物权"、"继承"和"通过合同产生的债"纳入物法的讨论范围。因为如果没有"无形物"的概念，盖尤斯将无法合乎逻辑地说明在"物"这一编中讨论上述问题的理由。而且"无形物"概念的出现恰好说明了罗马人是从物的归属的角度，而不是从权利的角度思考问题的。"由于没有主观权利的概念，我们现代人认为是权利的东西，对于罗马人而言只是物。盖尤斯关于物特别是关于有形物和无形物的区分，以及对于单个物的描述，同样完成了今日私法认为是权利的东西。"⑤

---

① 〔古罗马〕盖尤斯：《法学阶梯》，黄风译，中国政法大学出版社，1996，第82页。
② 参见方新军《权利客体论》，博士学位论文，厦门大学，2006，第35页。
③ 实际上，罗马法中有体物的含义是根据具体情况而变化的，当说到对有体物的占有时，是指有体物本身；当说到有体物的移转和取得时，是指有体物的所有权。参见〔英〕巴里·尼古拉斯《罗马法概论》，黄风译，法律出版社，2000，第110页。
④ 参见〔意〕彼德罗·彭梵得《罗马法教科书》，黄风译，中国政法大学出版社，1992，第196页。
⑤ 方新军：《权利客体论》，博士学位论文，厦门大学，2006，第36页。

这些无体物虽然不为人们所感知，却能够维持下来，之所以得以维持是因为人们通过思维的抽象将它们反映在客观世界之中。无体物应为一种形而上学意义上的"物"，它纯属于人们思维的产物。尽管客观世界不存在该物的实体，但一旦人们将之抽象出来，它就会对人们的行为施加影响，甚至成为法律所规范的对象。古罗马法正是在斯多葛学派抽象的"无体物"的观念下发展了自己的无体物概念，从而步入了形而上学的王国。罗马人将继承权、债权、用益权这些观念性的东西抽象为"无体物"，因为它们虽没有外在的形体但可以为人们所认识并在思维中存在，所以与有体物一样可为人们所控制。换言之，无体物乃是人们对法律关系的一种高度的抽象。早期无体物的出现实际上是法学理论中所有权对应物的思维模式的产物，自罗马法创造"物"和"所有权"概念以来，有体物便是衡量财富多寡的唯一标准，而其他财产权利（如用益物权和债权）则因其无体而很难为人们更好地理解。因此，当人们习惯于将权利转化为物时，才会更真切地感受到对该权利的拥有。将权利拟制为物，权利的转让便如物的交付一样形象生动，易于理解。因此，规范理念上的权利通过法律拟制而取得了"无体物"的地位。① 不过，罗马法中的无体物与有体物存在天然的联系，即它们是由设定于有体物之上的权利形成的，而后世的无体财产却远远超出了这个范围。② 在罗马法"物"的范围内，"无体物"常作为略式物进行交易。在历史上，这种无体物的观念对后世各国的私法制度产生了积极的影响。

（二）近代私法上无体财产的概念

《法国民法典》继承和发展了罗马法的传统，除继续将"财产"分为有体财产和无体财产之外，还扩展了无体财产的范围。无体财产一般是指不具备实物形态，只能通过思维的、抽象的方式认识其存在的财产。《法国民法典》第 526 条规定："下述权利，依其客体，为不动产：不动产的使用收益权；以土地供役使的权利；目的在请求返还不动产的诉权。"第

---

① 参见马俊驹、梅夏英《无形财产的理论和立法问题》，《中国法学》2001 年第 2 期，第 104 页。
② 参见吴汉东《无形财产权的若干理论问题》，《法学研究》1997 年第 2 期，第 79 页。

529条规定："以请求偿还到期款项或动产为目的之债权诉权，金融、商业或产业公司及股份，即使隶属此等公司的企业拥有不动产，均依法律规定为动产。此种股份与持份，在公司存续中，对每一股东而言，视为动产。对国家或个人所有永久定期金或终身定期金收受权，依法律规定亦为动产。"另外，基于作品、专利技术、商标、商号等知识产品之上设定的"知识产权"，同样是现代法国社会财富十分重要的组成部分。从上面这两个条文中可以看出，罗马法中关于"有体物"和"无体物"的区分统一为"财产"概念，即把罗马法所谓的"无体物"分别归入不动产和动产当中，从而使不动产不仅限于有体的土地，还包括地上的使用收益权等，而动产的范围更是逐步扩大到知识产权。这种做法仍然是罗马法将权利拟制为"有体物"的做法，但是《法国民法典》时代已经具有了主观权利的概念，财产（包括有体物和无体物）之上应有主观上的权利，财产是权利的客体。《法国民法典》第543条规定："对于财产，得取得所有权，或取得单纯的用益权，或仅取得土地供自己役使之权。"《法国民法典》隐含着"财产"不再是"物"，而是一种权利，即观念化的主观权利才是"财产"。但是，一旦明确了财产是权利的集合，如果再认为财产既包括有体物又包括无体物就会出现逻辑上的矛盾。因为权利是无体物，而财产又是权利的集合，那么财产本身也成了一种无体物。而无体物是在与有体物相对立的意义上被理解的，这样就会导致作为无体物的财产与作为其组成部分的有体物的对立，这在逻辑上是荒谬的。在理论上，法国学者把物权客体区分为有形物和无形的财产权利。法国学者马洛里和埃勒斯认为，"如果我们要对财产权利作生动而实际的想象，则区分有形物与无形财产权利是必要的。"① 可以说，《法国民法典》虽然超越罗马法而形成了主观权利的概念，但是对于有体物和物权以及权利和物权的关系并没有完全理顺。

德国民法在继受罗马法的基础上为清晰界定而创造性地设计了债权和物权的二分，其民法上的物仅指有体物，即具有外在形体可以为人所把握的物。《德国民法典》的物权规则建立在有体物的基础上，是对实体物的占有、利用和转让的特别规则，诸如物权法中的所有权制度、登

---

① 尹田：《法国物权法》，法律出版社，1998，第55页。

记制度、占有制度、物上请求权制度等，不可能适用于其他无体财产。①但是在德国的民事诉讼法中，可以作为民事诉讼执行对象的物，是一切客体或者对象，既包括有体物也包括无体物，甚至是权利。而且，在《德国民法典》的其他编章如债编中，物也不仅仅指有体物，它包括可以成为民法上财产的无体物。② 由此可见，德国民法上"物必有体"的原则主要运用于物权法。同法国民法一样，动产与不动产分类是德国民法上物的最重要的分类，由于其物的概念的特定性，动产之中不包含权利，但人们一般认为权利也可适用动产的法律规则。因此，作为客体的权利具有类似动产的属性。此外，在德国民法中，权利物权制度包括权利用益权和权利质权两大部分，因而在法理上，财产权利本身可以被当做物来看待。而正是"无体物"的存在，使《德国民法典》以前的理论和立法没有找到所有权的科学定位，物权始终与债权、物等纠缠在一起。③

与大陆法系近代私法类似，英美财产法中也有"有体物"和"无体物"的划分，这与罗马法的传统分类以及《法国民法典》的分类具有基本相同的意义。如动产被分为有形动产（tangible personal property）和无形动产（intangible personal property），其中债务、商业证券、商誉、知识产权和不属于债权的合同权利被视为无形动产。④ 因此，英美财产法上的无体财产也是一个庞大的权利体系。虽然存在这些差别，但英美财产法和罗马法在这一点上是相同的，即两种法律体系中无体物中的"无体"之意义，都是指权利本身的"无体"，并不是指客体的"无体"。所以，将无体财产界定为有体物所有权以外的权利体系，不但是与早期罗马法和近代法国民法典的立法精神相一致的，也是与英美法系的理论和立法传统相符的。

---

① 参见梅夏英《物权法·所有权》，中国法制出版社，2005，第36页。
② 参见孙宪忠《德国当代物权法》，法律出版社，1997，第2页。
③ 参见梅夏英《物权法·所有权》，中国法制出版社，2005，第4页。
④ 参见〔英〕劳森、拉登《财产法》，施天涛、梅慎实、孔祥俊译，中国大百科全书出版社，1998，第25页以下。

二 无体财产概念在现代私法上的功能

(一) 社会经济发展对无体财产概念产生的推动

财产本应是权利与客体的统一体。权利与客体不可分,将财产抽象为权利与客体,只是从理论上分析的一种方便措施。随着法律制度的完善和发展,许许多多的财产权均完全脱离其客体而独立流转和交易。此时,这种权利成为独立的物,成为脱离原客体而独立存在的物,这种物又成立另一层次的物权,成为物权客体。比如,存款单可以质押,但对存单的处分并不直接涉及对银行里的实物(金钱)的处分,这样,存单本身就好像具有独立的财产价值,成为独立的物。因此,尽管传统物权法不承认无形物可以成为所有权客体,但承认权利可以成为担保物权的客体。

现代经济是建立在信用基础上的,而信用则是在商业交易习惯的推动下,法律制度设计和保障的结果。现代信用的一个重要表现形式是财产权利与其客体脱离,成为独立存在的"物"。这些权利借助权利凭证,脱离客体独立交易。物权客体在近代社会就已经悄然发生了变化,近代商品经济与科学的发展,大大扩张了财产权客体的范围。在资本主义市场中,从股票、债券以及商誉、商业标记到智力创造性成果,都与物质产品即有体物一样成为自由交换的标的,从而使得财产内容日益丰富多彩。进入20世纪以来,人类社会生活发生了深刻的变化。正如吴汉东先生所论述的,"影响现代社会财产制度发展、变革的因素主要有两个。一是现代科学技术的发展。自20世纪中叶以来,以电子计算机为代表的微电子技术以及光导纤维、生物工程、新材料、新能源、空间技术、海洋技术等新的技术群的产生和发展,将人类社会推入一个崭新的经济时代,即知识经济时代,必然给以有体财产为主的传统财产制度带来巨大的挑战。二是现代商品经济的发展。作为民法主要调整对象的商品经济关系已演变到现代高度发达的程度。从消费品、生产资料、房地产等有形商品市场,到技术、信息、产权等无形商品市场,市场的触角延伸到一切可以被作为财产看待的物质与非物质的对象，商品化的结果是财产权利客体的扩充。"①

（二）现代私法上无体财产的范围界定

无体财产在现代私法上应指有体物所有权之外的任何权利。虽然可以从不同角度称某种权利为无体财产，但就大陆法系早期罗马法以及近代《法国民法典》而言，无体财产体现的是一种有别于有体物所有权的权利，罗马法上的"无体物"即是一种将具体权利进行"物的主观拟制"的结果。因为无体财产的"无体"性表现为主观权利的无体，已脱离了感官的感知范畴。虽然权利客体如知识产品也有无体的特点，但仍属于权利附着的对象，并不能直接体现为一种财产。因为若法律不是在客体之上赋予权利，自然客体本身并不能体现财产价值。② 无体财产对利益的界定较所有权的作用范围更广，所有权仅仅在有体物范围内具有可操作性，而无体财产则对于无形的利益空间也可以进行人为界定。这表现为无体财产日益具有严格的法定性，它不是基于物的自然占有而是由法律赋予的一种对物的支配性权利，是由立法者人为界定的一个无形的利益边界。知识产权即是对于非物质性的知识产品在法律上人为划定的一种垄断利用权，当代的市场自由权更是完全表现为脱离了"物"的范畴的一种行政许可。通过上述方式界定的无体财产显然具有独特的取得、行使、转让和保护方式，物权法中关于占有及时效的规定在此不能适用。无体财产经界定后受法律严格保护，具有排他性。并且，大多数无体财产在一定条件下可类似物进行交易。"无体财产不同于没有固定形态不能触摸的物质，也不仅是指知识产品，而是指全部具有财产属性的不以物质为基础的客观财产。"③

前文述及，在现代私法上物权客体呈现一种价值化的趋势，而其最主要的表现就是无体财产的扩张，无体财产具有很强的包容性，而其包容性正在于其"无体性"。首先，无体财产除了围绕有体物而设定之外，还可

---

① 吴汉东：《财产权客体制度论——以无形财产权客体为主要研究对象》，《法商研究》2000年第4期，第47~48页。
② 参见马俊驹、梅夏英《无形财产的理论和立法问题》，《中国法学》2001年第2期，第103页。
③ 刘少军：《法财产基本类型与本质属性》，《政法论坛》2006年第1期，第165页。

以基于各种不同的行为形成，行为的多样性决定了无体财产类型的多样性。规范理念上的权利通过法律拟制而取得了"无体物"的地位。其次，权利界定原因的多样化也导致无体财产多元化。如为制止环境污染，各国均不同程度地限制企业的排污程度，因而企业在一定范围内享有的排污权即成为一种无体财产权利，并且这种权利在一定情况下是可以转让的。最后，在当代，无体财产也不仅局限于市场机制自发的权利调整，而且也反映国家的宏观导向和价值取向，公权和私权界限的模糊化在无体财产上也表现得最为充分，如知识产权、营业资产、销售特许权等均不再是纯粹的"私权"，而是同时具有公权和私权的属性。无体财产通过权利界定衡量利益，也体现了当代财产观念的变化。"从最广义上说，英国财产法的确已变成了财富法。"[1] 无体财产的适应性体现于无体财产的历史发展和演变过程中。康芒斯认为："在封建和农业时代，财产是有形体的。在重商主义时代，财产成为可以转让的那种无形体财产。在资本主义阶段最近40年，财产又成为卖者、买者可以自由规定价格的那种无体的财产。"[2] 当代市场主体享有的经营自由权利成为财产的重要形式，这在传统财产权领域是不可想象的。古代和近代的财产制度侧重于实际利益或期待利益的取得和保护，而当代财产则体现为取得财产的资格和手段本身，并不直接体现为一种可即时享有的利益。

总之，有体物是财产形态的直观表现形式，无体财产是财产形态的抽象表现形式，而有价证券的出现则是有体物和无体财产的高度抽象化。有价证券的产生使抽象的财产权利直观化，它将无形的权利带入有形的世界，经过这一过程，促进了有体财产和无体财产的效益最大化，促进了财产价值的流通，提高了整个社会的经济效益。如今，人类正进入互联网时代，电子交易的出现更使财产的表现特殊化，例如，股民在证券交易所购买的股票已不再以纸张的形式出现，而是表现为计算机中存储的信息。不久的将来，人们将会以磁盘信号记载形式的证券取代纸张形式的证券，这正是财产权利的高度抽象形式。到那时可以说，财产的本质是权利，无论

---

[1] 〔英〕劳森、拉登：《财产法》，施天涛、梅慎实、孔祥俊译，中国大百科全书出版社，1998，第6页。
[2] 〔美〕康芒斯：《制度经济学》，于树生译，商务印书馆，1997，第95页。

是以"纸张"表现还是以"磁信号"来表达,其终究是财产权利的表现形式。理解这一点对我国现行立法及执法尤为重要,不仅应当注重保护有体财产,更应当关注无体财产,使其在市场经济中充分发挥作用。另外,对"无体财产"的界定,并非从罗马时代对事物的认知条件下所定义的概念出发推演出的逻辑结论,而是基于对实证法规则做出的解释。任凭罗马人怎么聪明,他们都不可能了解诸如"专利"、"域名"乃至"世界遗产称号"这些现代无体财产。正是由于罗马法上的"无体物"概念在经历了各国法律史进程中的不断演绎后,已经异化为与人们的常识大不相同的概念,因而才有必要重新根据现在的社会经济条件和法律实践对"无体财产"做出重新归纳。这种归纳既要照顾法律传统中业已形成的习惯,更要考虑新产生的、在传统有体物法律结构中不能予以解决的问题。

三 无体财产概念促使所有权观念更新

(一) 传统民法所有权的客体限于有体物

无体财产(无形财产)概念虽然已普遍为人们所接受,并试图融入传统民法"物"的概念当中,但包括王利明先生在内的诸多著名学者都认识到无体财产概念对"物"的概念的冲击。王利明先生认为,"物的概念确实是一个不断发展的概念,从罗马法时代直至近代,物权的客体主要是有体物,随着市场经济的发展,不仅有体物,而且许多权利也开始进入交易领域,从而可以作为支配的对象;而财富证券化、权利化的发展,也促使物的概念不断为财产的概念所取代。而财产的概念中既包括了物又包括了权利。"[①] 但是无体财产又显然不能简单地作为传统物权客体的"物"而融入传统物权法的体系当中,无体财产更多的是作为私法上的特例被规定,其与传统物权制度最为接近的领域是最能体现经济发展的金融担保中的非典型担保物权。无体财产不能适用传统物权法最基本的所有权制度。王利明先生坚持传统物权理论。他认为,"所有权的客体必须是有体物,而不

---

① 王利明:《物权法研究》,中国人民大学出版社,2002,第29页。

能是无形财产。"①

从近代私法的意义上说，一切财产都可以表述为主观权利，因而都是无体的，这主要是因为我们在表述物成为财产的时候，实际上是在表述"物的所有权"是一种财产。如果无体财产也成为所有权的客体，那么势必把物的所有人形容为"所有权的所有人"。美国经济学家康芒斯认为，"从约翰·洛克到今天的正统派的这些经济学家，他们主张了两种矛盾的财富的定义：既说财产是物，又说是物的所有权。"② 无体财产作为一种独立的权利，通常的处理方式是放置于同所有权相同的性质和地位，享有物的所有权和享有某种权利属于同一层次的表述，无体财产权与所有权本都是权利人拥有的权利利益，而物与所有权不分的思维习惯是导致将无体财产与物并列而论的主要原因。

(二) 所有权观念需要更新

法学界对于无体财产属于物权抑或债权的论争从未有明确的结果。有学者认为，物权法的调整范围应限于对"有体物"的调整，物权法理论是对于有体物的占有、流通和保护而形成的，具有自身的特点，若将其扩展至独立的无体财产领域则很难达到合理调整的结果，因此在立法观念上应一定程度地抛弃把物权法规则和债法规则涵盖无体财产的方式，重新审视无体财产的特点，予以具体立法。就无体财产自身立法体系而言，目前在立法上应首先实现观念上的更新，即不应将无体财产视为大陆法系传统民事权利体系之外的特例，从而在立法上将其与传统物权法和债权法割裂开来。无体财产是从更高层次上对于包括物权和债权在内的财产权利的一种抽象，它充分揭示了权利人财产利益的实质，从而为当代财产权利体系的构建提供了一个崭新的视角。因此，我们可以认为，无体财产的立法问题是整个财产权立法体系的构建问题，物权法和债权法只是其中的两个重要的组成部分，它们与无体财产的立法是浑然一体、不可分割的。具体而言，物权法和债权法分别调整特定的物权关系和债权关系，其他的无体财

---

① 王利明：《物权法研究》，中国人民大学出版社，2002，第 28 页。
② 〔美〕康芒斯：《制度经济学》，于树生译，商务印书馆，1997，第 11 页。

产则由知识产权法、公司法、票据法、信托法等分别予以调整，上述各种立法相互配合、相互补充，从而逐步形成一个完整的无形财产立法体系。①

上述观点立足于近代私法的债权和物权二分的理论，将因无体财产而生成的模糊空间创设为与物权和债权并列的体系，并设立上位概念来统摄这些概念，虽然在体系设计上堪称完美，却不利于解决实际问题，也不符合物权法发展的实际情况。大陆法系民法的二元划分体系已很难覆盖形式各异的无体财产，虽然目前学术界在传统理论基础上尽量予以变通解释，但无体财产的独立性和分散性却成为一种不可避免的发展趋势，无体财产逐渐表现为财产利益的总和，其法律体系在当代变得极不稳定和支离破碎。物权和债权这种划分方法有其合理的一面，但在理论上形成了过于僵化的思维模式，即企图将所有财产权利囊括其中，而不允许某种无形财产超脱于"物权"或"债权"之外。无体财产与物权和债权的关系很难清晰界定，坚持传统民法物权和债权二分只能使其后经济发展导致财产制度调整的模糊空间更加扩大，因为清晰严格的分界本身就是不可能的。笔者以为，应该打破债权和物权二分的界限，现代所有权观念应该能容纳无形财产的存在，这种容纳不是简单地修正所有权的定义，从而把无形财产也纳入所有权的客体中，这是毫无意义的而且也是矛盾的。可行的方案是所有权的观念的更新，从封闭的绝对所有权的界定到相对所有权的界定。正如高富平先生所说：一旦所有权与物（有体物）的直接联系被割断，那么，所有权与知识产权、所有权与用益物权、所有权与对证券或证券化权利的支配权的鸿沟即被打破，一方面不要再置所有权于至高无上的地位，另一方面要承认知识产权、对证券化的权利的支配权为所有权，即使拘泥于所有权已有定义，将其定位在有体物上，物权法上的物权客体也应扩展到所有无体物上，应当将所有权的客体与他物权以及其他财产权的客体做明确的区分。所有权客体的有体性并不妨碍其他物权或整个物权体系可以是针对无形物和有体物全部财产形式的排他支配权。② 无体财产对利益的界定较传统私法所有权作用范围广，近代私法所有权仅仅在有体物范围内具有

---

① 参见马俊驹、梅夏英《无形财产的理论和立法问题》，《中国法学》2001 年第 2 期，第 110～111 页。
② 参见高富平《物权法原论》，中国法制出版社，1998，第 458 页。

可操作性，而无体财产则对于无形的利益空间进行人为的界定。这表现为无体财产日益具有严格的法定性，它不是基于物的自然占有而是由法律赋予的一种对物的支配性权利，是由立法者人为界定的一个无形的利益边界。

　　如果由特别法调整民事基本法中无法规定的无体财产，在短期内应该没有问题，现行立法和司法实践也一直在如此做，但是作为私法之基本法的民法如果总是在其原则规范之外存在大量的特别规范的话，其调整私法关系的功能将显著降低，而且随着特别规范的不断增多，势必会动摇民法的基础地位。所以调整无体财产等新类型的物权客体的制度应属于作为内生性制度的所有权，而物权法制度体系本身也必须对这种内生性的制度的发展予以回应，即从观念到具体制度的内容都必须予以修正。之所以需要物权法，根本就在于现代中国充斥着复杂的财产关系及层出不穷的新问题，而这些新问题不仅是有体财产的纠纷，更多的是无体财产的纠纷，物权法规则必须对解决这些问题给出确定的回应，而且必须是具有一定逻辑的，不能仅仅是对具体问题的特殊规定，这就要求必须更新所有权观念。

第三章
现代私法上所有权观念的转向

  本章将重点论述大陆法系传统下的现代私法上所有权观念的转向。首先，从探讨英美法系所有权观念的变迁开始论述，虽然本书的出发点是大陆法系的传统思维，但是随着社会经济发展和全球化的浪潮，英美法系和大陆法系已经超越了二者之间的隔阂，开始相互融合与趋同，甚至有学者认为，大陆法与英美法的差异在历史上也许很显然，但在今天此种差异已经渐渐蜕化成表面现象。① 在论述现代私法上所有权观念转向的时候，必须先探究英美法系所有权观念的变迁及其财产权制度对大陆法系传统下的私法所有权观念转向带来的影响，尤其需要注意的是英美财产法作为一个开放的体系所具有的包容性的特点。其次，论述大陆法系传统下相对所有权观念的形成，在明确相对所有权的现实基础后，对其进行理论界定，并讨论其所具有的制度解释功能。最后，用两节内容讨论伴随着社会经济发展所有权观念的变化以及物权制度的具体变化对物权法定主义原则和所有权限制的影响，以期使读者诸君对相对所有权观念有一个更直观的了解。

---

① 傅静坤：《论美国契约理论的历史发展》，《外国法译评》1995年第1期，第49页。虽然该文主要是分析美国的契约理论，但是其结论同样适用于财产法。因为很多英美法系特有的制度，如信托、动产抵押等被具有大陆法系传统的国家所移植。另外，笔者认为在比较概括的语义上可以使用大陆法系和英美法系的区别，实际上在两大法系内部其区别大于共同，尤其是在现代法上，比如法国法和德国法的区分以及英国法和美国法的区分。

第一节　英美法系所有权观念的变迁及其影响

从传统的所有权观念来看，大陆法系和英美法系有明显的区别。大陆法系所有权可以被称为绝对单一所有权；英美法系的所有权则是由普通法所有权（legal title）和衡平法所有权（equitable title）组成的双重所有权。① 从整个财产权制度体系来看，大陆法系和英美法系的区别也非常明显。典型的大陆法系财产法根据债权和物权二分而分为债权法和物权法两部分，而物权法又以绝对所有权观念下的"权能分离论"为依据，形成了以所有权为基础的，同时又通过权能分离形成用益物权和担保物权共同构成的物权法体系；而英美法系财产法有普通法上的所有权和衡平法上的所有权，并且通过信托制度形成各种新形式的财产权，这些权利共同构成英美法系的财产权体系。如此说来，大陆法系和英美法系在财产权制度方面应该是截然不同的，仿佛两条平行的直线。但是这两条线在现代不再是以前看到的似乎平行的关系，而是出现了某种程度相交的可能性，因为它们本身已不是直线。典型的例证是大陆法系对英美法系信托制度的移植。仅就我国来说，虽然深受大陆法系传统法律思想和法律制度的影响，但是并非一个大陆法系国家，近年来又受到英美法系法律制度的影响，其所有权观念从单纯向大陆法系靠拢，因移植英美法的制度而发展出自己的特点。在制度移植的过程中，我们对于英美法系的制度还缺乏深入了解，尤其是制度背后观念的内容，往往仅凭制度所表现出来的部分功能就盲目移植，并且习惯于把英美法系的制度简单地用大陆法系的理念加以改造，这又造成了许多新的理论问题。在本节中，笔者首先简单叙述英美法系所有权观念的发展，然后介绍英美法系财产权制度对大陆法系传统下私法所有权观念的影响。

---

① 参见冉昊《"相对"的所有权——双重所有权的英美法系视角与大陆法系绝对所有权的解构》，《环球法律评论》2004年冬季号，第451页。

一 英美法系所有权观念的变迁

（一）英美法系财产法早期的"绝对所有权"观念

英美法系法学的历史基础是中世纪的英国法学。11 世纪以前，在英国适用的基本上是盎格鲁·撒克逊习惯法，它属于日耳曼法的一个分支。诺曼人威廉入侵英国建立统一的中央集权国家后，英国的法律发生了重大变化，通过统一的司法活动，12 世纪以后形成了通行于全国的普通法体系。后来由于普通法的形式主义和保守性质不能适应 13 世纪以后商品和货币经济关系的发展，通过大法官的实践活动到 14 世纪逐步形成了一套区别于普通法的衡平法体系。在普通法和衡平法发展的同时，13 世纪英国国会的诞生也揭开了英国制定法的历史。[①] 普通法、衡平法和制定法构成了近代英美法系法律的基础。随着英国在世界各地殖民统治的形成，普通法和衡平法也被其殖民地国家继受。通过英美法系的历史基础可以看出，英美法系具有区别于大陆法系的显著特征，而且在具体的制度和概念方面区别更大。

盎格鲁·撒克逊法没有像欧洲大陆的日耳曼法那样受到罗马法的深刻影响，因而直到现在，英美法系仍保持着纯粹的日耳曼法的传统。[②] 但是在近代英美法系的发展过程中，也或多或少地受到大陆法系和罗马法的影响。英美法系最初没有类似于大陆法系所谓的"所有权"概念，即使在制定法中偶尔使用的"所有人"一词也已经被赋予了若干不同的含义，有时甚至在不同的条款中的含义也是不同的。后来的分析法学派的学者在他们的著作中对"所有权"的性质加以讨论，这是由于历史上他们一直专注于"罗马法"和主要渊源于罗马法的所谓民法制度的研究。[③] 也就是说英美法

[①] 英美法系的演变过程是一个漫长的渐进过程，笔者在此不一一详述，相关内容可以参见〔德〕茨威格特、克茨《比较法总论》，潘汉典、米健、高鸿钧、贺卫方译，法律出版社，2002，第 335 页以下；何勤华《西方法学史》，中国政法大学出版社，1996，第 276~277 页。

[②] 参见梅夏英《财产权构造的基础分析》，人民法院出版社，2002，第 33 页。

[③] 参见〔英〕劳森、拉登《财产法》，施天涛、梅慎实、孔祥俊译，中国大百科全书出版社，1998，第 113 页。

系的"所有权"概念某种程度上也是源于罗马法理论的，甚至可以说是来自大陆法系的民法制度。布莱克斯通在阐释英国财产法时引入了罗马法的成果，并对封建的土地法理论阻碍了近代资本主义商业迅速发展的局面进行了批判。① 布莱克斯通主张"绝对所有权"的观念，一方面是因为他的教育背景，其曾经获得罗马法相关学位；另一方面是因为他所处的时代正是自由资本主义的发展时期，迫切需要建立自由主义的绝对所有权以适应经济交往的需要。从英美法系自身的结构看，虽然13~14世纪形成了不同于普通法的衡平法体系，但是衡平法一直起的作用是弥补普通法的僵硬，衡平法的典型制度——信托就是为了逃避封建负担，可以说衡平法是一种对普通法具有补充性或附加性、注释性的法律，它所围绕的仍然是普通法。普通法上的权利是对世权（right in rem），即可以对抗全世界、所有的人的权利；衡平法上的权利是对人权（right in personam），即只能对抗特定人的权利。② 这种状态也使得绝对所有权观念能在一定范围内存在。英国法律史学家豪兹沃斯认为，收回地产之诉制度向普通法中引入了新的观念，这种观念近似于所有权。哈格利乌斯认为除非有权利证书证明某人对土地享有这种绝对权，否则任何人都无法证明自己对土地享有对抗一切他人的绝对的权利。他认为，英国法上对土地的绝对所有权概念只是到了1925年的财产立法之后才出现的。③ 英美法系的绝对所有权只有很小的生存空间，并不像大陆法系那样是物权法上占统治地位的观念。

（二）英美法系财产法中所有权观念的转变

在自由资本主义发展早期，对财产权的无限制行使以及法律对财产权的绝对保护刺激了英美经济的迅速发展，当这种权利的无限制行使达到顶点时，每一个权利人对权利的极限追求便导致了一系列社会矛盾，为求得新的社会平衡，对财产权的重新认识和法律定位也就成为一种必然。绝对

---

① 参见何勤华《西方法学史》，中国政法大学出版社，1996，第322页。正如与布莱克斯通同时代的18世纪中叶的英国首相威廉·皮特所形容的，即使是一个穷人的家，"风可以进，雨可以进，国王不可以进"，表现出了一定的绝对所有权观念的色彩。
② 参见〔日〕山中康雄『英米財産法の特質』，日本評論新社1964年，三四页。
③ 参见王涌《所有权概念分析》，《中外法学》2000年第5期，第514页。

所有权的理念还不曾在英美法系取得统治地位，它的末日就迅速来临了。在 20 世纪开始时，布莱克斯通的财产概念就已不再令人相信了，一种新的财产概念出现了，并由霍菲尔德给予了确切的定义。新的财产概念被定义为人们之间的一组法律关系。但新的财产概念并不能解决布莱克斯通的概念解体以后所遗留的问题。[①] 美国法的发展改变了英国法中的许多封建成分，打破了普通法和衡平法的分界，简化了诉讼程序。财产所有人不再有自由决定如何使用其财产的不受限制的权利，法律禁止所有者以浪费或反社会的方式行使其财产权。法官们认为，在 20 世纪以前，对财产所有者的权利及其意志不受社会干预的实际上不受任何限制的自由，强调得太过分了。英美法系在这一时期，占支配地位的是财产权的社会化倾向，英国和美国都提出了财产的"合理使用"原则，即对财产特别是不动产所有权的使用应当合理，以不与法律和社会公共利益相抵触为原则。英国于 1925 年颁布了《土地授予法》、《信托法》、《财产法》、《土地登记法》和《遗产执行法》等财产法，加强了对土地使用的管理和监督。[②] 美国财产法重心的转移主要表现为对所有权的诸多限制，禁止财产权利的滥用。对这一变化，施瓦茨的论述最为明确："如果说在上世纪（19 世纪）与本世纪（20 世纪）之交，财产还意味着权力，那么到本世纪 70 年代中期以后，财产在法律上却意味着责任。"[③] 20 世纪以来，英美财产法强调在个人财产权利与社会利益的相互关系中社会利益的优先地位，强调受保护的个人财产权与社会利益的一致性。

（三）小结

综上所述，英美法系财产权的发展是在一个漫长的渐变过程中完成的，英国没有经历一场法国式的彻底的资产阶级大革命，所以对封建主义所有权制度的形式体系做到了最大程度的保留，但是在实质上也废弃了封

---

① 参见〔美〕肯尼斯·万德威尔德《十九世纪的新财产：现代财产概念的发展》，王战强译，《经济社会体制比较》1995 年第 1 期，第 36 页。
② 参见〔英〕W. Geldart『イギリス法原理』，末延三次、木下毅訳，東京大学出版社会 1981 年，九九頁。
③ 〔美〕施瓦茨：《美国法律史》，王军、洪德、杨静辉译，中国政法大学出版社，1989，第 293 页。

建的土地所有。同时英美法系财产法虽然主要继承日耳曼法传统，但是罗马法也曾经对英美法系产生较大影响。

  需要特别指出的是，近代以来英美法系和大陆法系的差别在理论上被人为扩大，不同法系的学者强调各自所在法系的优越性。英美法学家往往认为，英美法更加发达和理性，如霍姆斯就认为，英美法是一个远比罗马法更为发达、更为理性也更为有力的法律体系，既不需要认可康德及其继承者所主张的那些理论前提也不需认可其结论。① 霍姆斯的这种说法是通过把英美法系所表现出来的优点与大陆法系的缺点做比较而得出的。笔者认为所谓的两大法系并无优劣之别，其差别只在于不同的出发点和调整方法，两大法系在功能上有很多相同之处，换句话说用不同的方法实现了同一个目的，即有关资源利用的人类社会关系的和谐。两大法系法律制度的差别并没有想象的那么大，甚至可以说，理论上所说的巨大区别是人为想象的结果，奥诺雷对于所有权观念的论述可以说明这个问题。他认为，"在这些法律制度中，存有一些重要的附属于财产的权利义务法律要件，它们是不同制度所共有的。若非如此，在纯粹英语环境中所说的'他拥有那把雨伞'这句话，就和法语'这把伞是他的'这句话的译文'他拥有那把雨伞'有着不同的含义。但是我们知道，这两句话含义是相同的。确实，在英国、法国、俄国、中国或其他人们愿意提及的任何现代国家，'拥有'雨伞的人的地位都有着实质的相似性。无论在哪里，若没有其他人对该物有利益，在这种简单的、不复杂的情况下，'所有权人'都可以使用该物，或禁止他人使用该物，或都可以出借该物，或出卖该物，或者随意抛弃该物。但无论在哪里，他都不得用该物来戳邻居的肋骨，或打破邻居的花瓶。所有权（property）（英语）、所有权（dominium）（拉丁语）、财产权（propriété）（法语）、所有权（eigentum）（德语）及其他相似的用语，不仅代表特定法律制度下某人对某物的最大利益，而且代表超越特定制度而有共同特征的某类利益。"② 所以在研究英美法系财产法的时候，既要把握英美法系法律发展的历史脉动，同时也不要扩大两大法系之间的差

---

① 〔美〕霍姆斯：《普通法》，冉昊、姚中秋译，中国政法大学出版社，2006，第184页。
② 〔美〕奥诺雷：《所有权》，金可可译，《公法评论》，http://www.gongfa.com/caichanquanaonuolei.htm，2007年8月19日登录。

别，要注意在不同的发展道路上英美法系发展出的制度优势，对制度的实质理念进行分析，然后进行有效移植。

二 现代英美法系所有权观念的阐释

（一）英美法系的双重所有权结构

普通法所有权按其字面意思就是"法律产权"的意思，指的是一种能够被证明的、明显的所有权，但并不必然代表全部、完整的产权和受益利益的权利。普通法所有权也可以解释为根据普通法的原则得到确认的产权，即在普通法法院可获得承认或执行的产权，或者指这样的一种产权，即对财产的所有权和占有在表面上是完整的，但对财产并无受益利益，后者可能由他人享有。衡平法所有权按其字面意思即"衡平产权"，指示了在财产上的受益利益，并使其拥有者有权获得正式的普通法所有权的权利。衡平法所有权也可解释为根据衡平法的原则得到确认的产权，即受衡平法保护的所有权。① 英美财产法是依靠普通法和衡平法双重体系的历史传统，从静态权利种类的角度做出划分，从而发展出法律财产和衡平财产的双重所有权，并通过不断积累的衡平法原则以及法官的自由心证，在每一个具体的案件背景下考察具体的人和具体的物，比较不同当事人在同一物上的权利主张，从而确定其高低优劣并给予保护，实现一个对另一个的超越。这样的制度设计，就意味着在所有权种类区分的背后还必须有一个能够提供具体比较功能的复杂的司法体系，从纯粹的经济观点来看，其制度成本显然是较高的，但另一方面，通过民族历史的传统积累，它却能够保证相对充分的灵活性和对个案公正的追寻。② 在英美法的双重财产权结构中，衡平法所有权对普通法所有权起到了一种补充而不是否定、缓缓的改变的作用，它实际上纠正了普通法，但却以承认后者为前提，同时又强调自己也是有效的。③ 在这种双重财产权的结构下，"所有权会在人们之间

---

① 参见薛波主编《元照英美法词典》，法律出版社，2003，第482、825页。
② 参见冉昊《论两大法系财产法结构的共通性——英美法系双重所有权与大陆法系物权债权二元划分的功能类比》，《环球法律评论》2006年第1期，第41页。
③ 参见冉昊《"相对"的所有权——双重所有权的英美法系视角与大陆法系绝对所有权的解构》，《环球法律评论》2004年冬季号，第454页。

产生复杂的法律和社会关系链",① 在各种权利的冲突中，并没有哪个是绝对的，也没有物权优先于债权等预定的强行规则，而是在具体比较中确定哪个权利在前，哪个就更优，因而给予保护。

英美法的特殊之处在于其法源的独特创制机制。"所有权的限制性是美国财产法上所有权制度的本质特征，根源于英国的封建土地制度，但又经改造有效适用于现代社会。大陆法系的物权法所有权也是有限制的，认为所有权'乃于法令限制范围内，对于所有物永久全面与整体支配之物权'，即所有权的限制仅来自法律，所有人行使所有权不得违背法律。而美国财产法的土地所有权的限制更来自当事人，土地所有人在将自己的土地所有权转移给受让人时，直接对受让人受让的所有权予以限制。"② 美国大多数州的土地所有权继承了英国封建土地所有权制度。封建制度产生于君主、封臣之间的隶属与稳定的团体关系，在君主不丧失所有权的情况下，产生了封臣对土地的不同形式的所有权（estates），estates来自拉丁文status，现今仍用于表示所有权人对土地所享有的程度、性质和期限的权利。③ 英美财产法以普通法所有权与衡平法所有权的双重所有权为框架结构，表现出以实物对象为中心的基本特征，这些表象背后的支撑，则是它的法律裁判规则载体形式，采用关系类推和具体比较的办法实现了法律的实施，这种特征很容易把因社会经济发展而产生的新问题用既有的权利去解释，或者说创造一种新型的"财产权"对于英美法系财产法来说只是为了解释衡平法所有权而已。

（二）双重所有权结构的根源

英美法系采用经验主义进路，基本的方法论不同于大陆法系的概念法学，它对概念的定义不是那么严格，而更注重实际场景中的具体分析比较，所以上述区别只是泛泛而言，在实际场合中究竟使用哪个概念，更多的是由语言习惯和当时的需要决定的。④ 英美普通法不拘泥于传统和逻辑，

---

① W. T. Murphy and Simon Roberts, *Understanding Property Law*, Sweet & Maxwell, 3rd ed., 1998, p.38.
② 马新彦：《美国财产法与判例研究》，法律出版社，2001，第50页。
③ 参见马新彦《美国财产法与判例研究》，法律出版社，2001，第48页。
④ 参见冉昊《论英美财产法中的产权概念及其制度功能》，《法律科学》（西北政法学院学报）2006年第5期，第34页。

注重对问题的解决。如霍姆斯在其名著《普通法》中举的例子：在格陵兰岛捕鲸作业中，依英格兰的习惯法，如果第一个叉鲸的人未抓住鲸，而后另一个人叉死了鲸，则前者对鲸没有权利；但如果在另一个人叉鲸之前他已牢牢抓住了鲸，则即使此鲸后来从他的鱼叉中挣脱，他仍拥有此鲸的全部。而根据加拉帕格斯群岛的习惯法，第一个叉到者即使丧失了对该鲸的控制，也可得到一半。这两种习惯法，英格兰法院都曾给予支持和适用，罗威尔法官甚至还曾经根据第三种习惯法做出过裁决，将整条鲸给了鱼叉第一个留在鲸身上的那条船上的人，只要这一主张是在切鲸以前提出的。①在此我们看到，对于财产归属的规则，并没有一定的成法，或者说根本没有一个应然的秩序存在。但是霍姆斯却认为，这恰恰是对简单的经验推理的超越，英美财产法"要求从占有自身固有的性质中抽象出来一种内在正义的必要性，因而拒绝经验的推理。他在人类意志的自由中发现了他要寻找的这种必要性，而整个法律体系只能对其予以承认并遵照执行。"②

从20世纪开始，英美法系中所有权的霍菲尔德分析主义定义方式就代替了布莱克斯通的财产是人对有体物绝对支配的传统定义，认为财产是人们之间的、对一切可能的利益的若干组权利义务关系，其中的各种权能互相冲突、互相限制，含义也视不同的场合而变动。③这集中体现为不同情形的分割所有权，许多分割所有权是为了使物理上的物、集合物或者更近时代的基金保持完整，以让该资产在一定期限内服务于一定的家庭、企业或组织。在这一类的分割中包括一些财产上的共存利益，如共同联合租赁（joint tenancy）共有财产、按份共有财产租赁（tenancy in common）、共同所有权（co-ownership）、配偶在夫妻共同财产上的利益、非法人组织成员对组织财产的利益等；还包括法人的财产所有权，如独资企业（corporations sole）、财团基金（stiftungen）、国家、股份公司（joint stock companies）等。另外，分割将经营管理与收益的取得、或资本的处分相割离，分割也有利于实现可能是出于专业化的目的；受益人获得对财产进行专业

---

① 参见〔美〕霍姆斯《普通法》，冉昊、姚中秋译，中国政法大学出版社，2006，第186~187页。
② 〔美〕霍姆斯：《普通法》，冉昊、姚中秋译，中国政法大学出版社，2006，第182页。
③ 参见冉昊《制定法对财产权的影响》，《现代法学》2004年第5期，第14页。

化管理的好处，但也有风险。这一类分割包括信托、地产荷兰式管理（the Dutch be wind〈administration〉）和公司法人。这些制度中的大部分已被专家学者们细致研究过。其中有些人对于一些法律工作者（这些法律工作者只接受这样一个规则，即每一个物上都必定有一个，而且只能有一个独立的"所有权人"）提出了质疑。例如，我们应当称"衡平所有权"呢，还是称"衡平利益"呢？要回答这些问题，归纳是没有用的。如果语境的重点是收益权，我们可能倾向于称"衡平所有权"；如果重点在于转让的权力，那么只有普通法上财产权的持有人才可被称为所有权人。① "至于物的利用，则很少会发生所有权问题。基于物的所有权而派生出来的使用权和收益权是由诸多人分享的，因而，将所有权归于其中的任何人都是不合适的。"② 霍姆斯也认为："对对象拥有的足以构成占有权的那种权力与不足以构成占有权的权力之间的区分，仅是一个程度问题，分界线可以在不同的时间、不同的地点根据刚才提到的依据而划出。"③

英美法系的经验主义进路在英国法上的表现尤为明显，这是因为英国法乃是英美法的源头，而英美法系的其他国家如美国则显得比较灵活，而且更多地吸收借鉴了多元法律文化。在英国法上使用的与产权有关的"所有权"一词纯粹是作为占有的对应词。④ 财产是法律的一个创造，财产并不来源于价值，虽然价值是可以交换的。但许多可交换价值被有意损害后却得不到补偿。财产其实就是法律所赋予的对他人干预的排除。但是到了现代，财产法的价值化的趋势日益显现，忽视价值或者说交换价值而强调财产权排他性的观念日益受到挑战，对财产的多重支配导致财产应有的排他性变得只在特定的关系中才具有意义，财产根据其可能的价值被任意分解和组合，如单一物上的多重财产权关系和集合物上的单一财产关系等。"现代社会的专家们所阐述的财产权理论却趋向于财产权的分解的概念，

---

① 参见〔美〕奥诺雷《所有权》，金可可译，《公法评论》，http://www.gongfa.com/caichanquanaonuolei.htm，2007年8月19日登录。
② 〔英〕劳森、拉登：《财产法》，施天涛、梅慎实、孔祥俊译，中国大百科全书出版社，1998，第114页。
③ 〔美〕霍姆斯：《普通法》，冉昊、姚中秋译，中国政法大学出版社，2006，第191页。
④ 参见〔英〕劳森、拉登《财产法》，施天涛、梅慎实、孔祥俊译，中国大百科全书出版社，1998，第114页。

并消除了财产权和实物之间的任何必然联系。"① 财产权分解和重组成为由原来的所有权组成的"权利束",并通过私人协定形成了一种精心设计的、抽象的、同工业资本主义的特殊要求相吻合的经济制度,即金融制度和工业法人团体的复合物。这种"权利束"的结构就是一种对价值利益进行支配的相对所有权结构。

三 英美法系财产权制度对大陆法系所有权观念的影响

(一) 英美法系信托制度的影响

虽然两大法系的所有权观念存在较大的差别,而且学者之间也保持对自己所处法系的优越感,但是随着经济交往的频繁发生,封闭只能成为学者们的一个梦想,经济实践完全不会理会法系之间的差别,而是随意地取用有利于提高经济效益的制度。最典型的就是大陆法系国家对英美法系信托制度的移植。信托制度是英美法系区别于大陆法系的标志性制度。② 现代信托制度起源于13世纪英国的 USE 制度,而 USE 制度之所以受欢迎是因为它允许某人在回避所有权的后果的同时享受所有权的利益。在15世纪的英格兰,普通法和衡平法双重体制的发展使信托成为可能,信托已逐渐成为普通民众和专业投资者所接受的一种财产管理制度。③ 信托制度的核心是信托财产,它是信托法律关系存在的物质基础。一般而言,凡具有经济价值的财产或权利都可以作为信托财产,包括各种动产、不动产以及专利权、商标权、著作权等无体财产权。英美法上的"信托财产"属于一种全新的特殊财产——具有独立性的财产,即信托成立后,原属于委托人的财产就转化为特定的信托财产,并与委托人、受托人以及受益人的自有财产相分离和区别,成为独立运作并可识别的财产。虽然没有以物的占有和支配为基础的绝对所有权概念,但英美法国家通过

---

① 〔美〕托马斯·C. 格雷:《论财产权的解体》,高新军译,《经济社会体制比较》1995年第2期,第21页。
② 参见〔德〕茨威格特、克茨《比较法总论》,潘汉典、米健、高鸿钧、贺卫方译,法律出版社,2002,第490页。但是中译本所参照的版本中的这部分内容已经被删掉,只保留章名和参考书目。
③ 参见张天民《失去衡平法的信托》,中信出版社,2004,第8~9页。

"双重所有权"理论较好地解决了信托财产所有权归属问题。英美信托法认为：一项合法有效的信托，则被推定为了受益人的利益，委托人已将信托财产上所有的权利，毫无保留地转移给受托人；除非在自益信托中，委托人以受益人的身份享有权利，否则委托人在信托财产上不再拥有任何权利，即受托人享有信托财产所有权是信托制度应有之义。因此，英美法国家都明确赋予受托人以信托财产所有权。而关于受益人权利的性质虽然在不同场合具有差异，但是各种争论并不影响英国法也将信托中的受益人视为拥有衡平法的所有权。① 信托所有权实际上是在功能上对客体的利益进行分割，在某些情况下似乎是不可能的，如主体对于普通动产的支配，但是却满足了主体之间对于不动产和复杂动产的多重利益分割，从而获得经济上的效率。

英美法信托的这种创设思路促进了英美财产法的发展，并清晰地反映出不同时期法观念对法的具体内容的影响，而法观念的演进受社会发展进程中一定阶段的政治、思想、经济和文化诸因素的综合影响和制约。财产权的无限制行使和财产权的社会化都反映了相关时期社会发展的客观要求。大陆法系国家之所以会普遍移植信托制度，主要也是从实用主义的角度考虑。② 或许英美法系学者阐明英美法系优势的话可以说明这个问题，"对于法律来说，合适的做法是以一种有序的方式满足它，而不是将其交给人们自行满足。如果不这样做，法律就成为一种学问的卖弄，而完全与现实无关。"③ 法律应该是什么，这是应该由社会的需要而不是由理论决定的。制度的设立和调整应该和社会目标保持最大的一致性。"法律作为一种实用性的事物，必须以现实的力量为基础。"④ 实用主义的法学思想利用信托制度充分发展对所有权的分割，使所有权成为多个主体分享利益的制

---

① 参见张天民《失去衡平法的信托》，中信出版社，2004，第17~23页。
② 当然，具有大陆法系传统的国家虽然普遍引进信托制度，但具体情况千差万别，根据本国具体法制环境对信托制度进行必要的改造。混合法系的苏格兰是一种情况，日本和拉丁美洲国家是一种情况，接受《海牙公约》的意大利和荷兰是一种情况，没有接受信托理念的德国和法国等是另一种情况。参见张天民《失去衡平法的信托》，中信出版社，2004，第93~183页。
③ 〔美〕霍姆斯：《普通法》，冉昊、姚中秋译，中国政法大学出版社，2006，第187页。
④ 〔美〕霍姆斯：《普通法》，冉昊、姚中秋译，中国政法大学出版社，2006，第187页。

度工具。但是在大陆法系近代私法的所有权观念中，所有权是抽象的、单一的、绝对的，其他物权只能成为所有权"权能分离"的结果，在分析物权法律关系时，首要的工作是确定物的所有权人，如果所有权本身的归属是模糊不定的，那么这显然超出了大陆法系近代的物权法律思维，所以一方面基于实用主义功能而移植信托制度，另一方面大陆法系的信托法教科书总是用巨大的篇幅在讨论真正的所有权人、受托人和受益人各自的权利性质，而在英美法系这是完全没有必要的。

（二）英美法系财产法制度的兼容性问题

两大法系的财产权制度在法律渊源、基本原则等方面的差异，使得具有大陆法系传统的国家在移植英美法系的财产法制度时都或多或少地出现水土不服的症状，这势必要求具有大陆法系传统的国家对引入的制度加以改造，同时修正大陆法系固有的传统观念，这种双向式的修正带来所有权观念的深刻变革。

还是以信托制度的移植为例，大陆法系学者们为了能够使英美信托制度与本国法律体系更好地衔接，他们针对信托财产所有权归属问题，进行了长期的理论探索，提出了许多值得借鉴的观点。日本是最早引进信托制度的大陆法国家。[①] 日本早先的"物权—债权"学说主张受托人对信托财产享有完全的物权，而受益人的受益权则被视为一种债权。但受托人占有、管理信托财产是为了受益人的利益，而且，其行为还会受到委托人和受益人的制约，这与大陆法系物权法中绝对的、完整的所有权具有本质上的区别。另外，受益人的受益权中还有对信托财产的物权性支配权利，如受益人有权撤销受托人违反信托协议约定处分信托财产的行为，追回被处分的信托财产，所以，不能简单地用债权来界定受益权的全部法律性质。随后的"法主体性"学说认为，信托财产是一个独立的法律主体，受托人

[①] 日本移植信托法的目的是引进国外的资本，发展日本的工业。基于实用主义的考虑，日本1922年颁布的《信托法》和《信托业法》在起草的过程中不仅参考了英美的判例法，还参考了印度1882年的《信托法》和加利福尼亚1872年的《民法典》，避免直接继受英国的法律体系，力图保证与民法典的原则的统一性。参见张天民《失去衡平法的信托》，中信出版社，2004，第132页。

作为该主体的管理人行使财产管理权，该学说充分重视了信托财产的独立性，进一步揭示了信托的本质，但将信托财产视为权利主体而不是权利客体，却与大陆法的权利主体理论相冲突。而后的"物权债权并行"学说认为，信托是既具有物权效力又具有债权效力的法律关系，受托人享有名义上的所有权和管理处分权，受益权则包含受益人对信托利益的请求权和一定的物权性权利。这种观点虽认识到信托权利义务关系的复杂性，把信托关系看做物权和债权的复合体，但根据大陆法财产关系的"两分法"理论，一种财产关系要么是债权关系，要么是物权关系，并不存在交叉复合的财产关系。况且信托当事人的某些权利既不是物权也不是债权，如委托人和受益人享有的查阅、复制信托文件权以及监督权。在与日本具有类似情况的韩国，有学者提出了"财产权机能区分"学说。该学说认为，从财产机能出发，可将财产权区分为管理权和价值支配权，信托本质正是财产权的这种机能性区分，即受托人享有管理权，管理使用信托财产；受益人则享有价值支配权，得到信托收益。该学说试图绕开"物权－债权二分法"来说明信托本质，从财产权机能角度分析的确更符合信托的运作状况，但是，信托财产管理属性与价值属性的分离是信托这一法律构造产生的结果，而不是其法律基础，因此，以此来解释信托的法律性质属于本末倒置。[①] 上述日本的诸种学说和韩国的学说都是立足于大陆法系传统来解释移植信托制度的兼容问题，但没有一种学说做到了既能够解释清楚问题又不破坏大陆法系的传统私法理论，而且出现了很多自相矛盾的说法。笔者不禁要问：为什么我们可以移植英美法系的制度，却不能移植英美法系的所有权观念呢？德国学者在解释信托制度时用到的"相对所有权"学说间接地说明了这个问题。"相对所有权"学说认为受托人享有名义上的所有权，但是为委托人行使其权利，并且受信托关系制约；委托人虽然不是直接行使对物的权利却是实际利益的获得者，享有"经济所有权"。[②] 这个学说实际上是英美法系"双重所有权"的翻版，但是从大陆法系的传统理论视角来看，何谓

[①] 参见周小明《信托制度的比较法研究》，法律出版社，1996，第33页。
[②] 参见〔德〕鲍尔·施蒂尔纳《德国物权法》（上册），张双根译，法律出版社，2004，第40~41页。

"经济上的所有权"是令人费解的,但反过来思考,在法学理论上讨论一个法律不承认而只有经济意义的"所有权"只能说明法律制度出现了问题。实际上,如果我们转换一下思维,只要放弃近代私法的绝对所有权观念,承认所有权是可以进行质的分割的,即可以出现双重或多重所有权,那么问题可能就迎刃而解了。

正如冉昊所论述的,"所有权的发展从人们有了意识,要对某些地方有所权利开始,在这个漫长的发展过程中,其有逐渐变化的时期,也有剧烈变化的时期,但无论是过去,还是现代的摩登社会,法律的基本目的都应该是保证平常人的期望得到满足,而不是被法律技术所挫败。对于一个涉及财产的交易,其基本的要求是,一方面为了最大化财产的价值,所有权要保持自由并安全;同时,拥有与该财产相关权益的人也必须感觉到安全。与此相关的法律规则的基础就应该包括宗教、道德、技术,以及对日常实践的承认。因此,英美法和德国法面临共同的问题和需要,凭借各自的传统——普通法院和衡平法院或潘德克顿理性提纯——和一些历史的偶然,通过权利的界分或行为的区分,异曲同工地提出了自己的解决办法,它们虽然在处理问题的技术方式上存在重大的差异,然而却发挥着相似的功能。因此,如果我们能够通过研究不同法系中各种法律形式的枝枝丫丫,然后从中抓住其解决实质问题的基本功能,再努力克服民族情结对形式的偏爱,也许即使是在这长期以来被认为最具有'地方性的知识'的财产法律之间,也是完全有着相互学习和借鉴的可能的。"[1] 大陆法系完全可以抛弃理论上的障碍,借鉴英美法系的优点,虽然英美法系的财产法不像大陆法系的物权法那样有条有理、逻辑严密、体系完整。但是,英美法在每个具体判例上都显得切合实际、逻辑缜密、令人信服。因而英美法的每个具体结论都相对合理,这是在采用英美法的国家中法官和法院特别受人们尊重的重要原因。英美法表面上显得杂乱无章,但由于它重实际、重个案,因此具有灵活性和开放性,便于应付各种挑战,更有活力,也更有生命力。

---

[1] 冉昊:《论两大法系财产法结构的共通性——英美法系双重所有权与大陆法系物权债权二元划分的功能类比》,《环球法律评论》2006年第1期,第41页。

第二节 相对所有权观念的形成

近代民法把所有权作为绝对的、最完全的权利来看待。但是，实际上任何权利都是绝对的同时也是相对的。① 相对所有权观念的形成依赖于社会经济发展对法律制度更新的要求，保守几乎成为大陆法系民法以绝对所有权观念为基础构建的物权制度的代名词，当经济学界完全抛开大陆法系民法理论中的所有权概念界定，借用英美法系相对灵活的财产权等概念去解释大陆法系传统下的经济制度时，法学者们才感到莫名的悲哀，却又心有不甘地欲誓死捍卫大陆法系民法学的尊严，但不幸的是，即使在大陆法系民法具体制度的安排上，绝对所有权的观念也早已被抛弃，法学家唯一需要做的工作是解释相对所有权观念的形成。

一 相对所有权观念的现实基础

（一）物权客体的多重利用

近代大陆法系民法之所以坚持"绝对所有权"的观念，第一是因为资产阶级革命时期对自由的向往和反封建的需要，而不仅仅是对罗马法的继受。换句话说，所谓"罗马法的继受"更像是一个幌子，就像中国历史上的历次政治改革都采用"托古改制"模式一样，人类对待新学说的通常模式是先拒斥，当拒斥无效时，便转而断言古已有之。自由主义的绝对所有权是通过近代市民革命实现的，此前的封建社会，土地所有是以领主或地主的地租征收权为中心的上级所有权和以现实对土地使用收益的耕作权为中心的下级所有权，错综或重叠在一个物上的权利关系。这里的下级所有权以农民的土地利用权能为基础，把农民束缚于土地之上。这种封建时代

---

① 所有权利从其正当性的本质意义上说都是绝对的，任何人都要尊重。但权利也都有相对性的一面，人们生活在一种相互关系之中。现实的社会关系中，很难发现一个独立的利益范围，而是各种利益相互交错在一起。一项正当利益的实现往往依靠其他正当利益的协作，而协作本身又往往意味着限制和制约，因此调整这种错综复杂的利益关系的权利也就很难具有真正的绝对意义。参见彭诚信《主体性与私权制度分析——以财产、契约制度的历史考察为中心》，中国人民大学出版社，2005，第236页。

的所有权是由领主的权力或身份的支配结为共同体的制度。① 在资本主义经济发展受到阻碍的情况下,绝对所有权观念扮演的是宣扬自由、促进交易的角色,而罗马法的简单商品经济背景正好暗合了这一要求。"当社会关系、社会哲学的前提和社会心理学的前提脱离此种理性标准时,为了贯彻深化此种必要性,社会只有以外在的法律命令替代理性,并且这种理性内在的含有为贯彻人的自由所必须的内容。打上市民理性自由概念烙印的所有权规定并不反对上述的主张。"② 近代民法上坚持"绝对所有权"观念的另一个理由是当时对物的利用处于较简单的阶段,不仅没有当今交易中经常出现的无体财产,即使对有体物的利用也限于单层次,即很少在一物之上设定多重的权利结构。比较一下近代前后相距近百年的两部民法典——《法国民法典》和《德国民法典》,很容易证明这个观点。《法国民法典》第二编"财产及对于财产所有权的各种限制"的第一节"不动产",不断列举各种不动产,从土地建筑物到各种可以依其用途而成为不动产的物,如家畜、农具、种子、鸽子等,对于这些物的利用,按照当时的生产力水平只有通过对物的完全排他的占有才能实现,而这些物所体现出来的交换价值也很难进入金融市场,甚至当时也没有一个金融市场存在;《德国民法典》虽然在理念上坚持了"绝对所有权"的观念,但是在具体制度的设计上,已经突破了这种状况,"土地债务"和"权利质权"是典型的例证的规定。

在早期自由资本主义时期,利用物就要求对物排他的全面控制,近代法上绝对所有权的设计即在于此,但是随着社会经济的发展,民事主体的排他性利用不必然意味着全面控制。例如,甲可能为了一个目的控制建筑物 A,排除了其他的所有人,其中包括乙;然而乙可能因为无房居住而为了临时居住租赁 A,获得同时控制权利,并排除其他所有人,其中包括甲。甲和乙之间的权利义务关系在大陆法系近代民法上被界定为债权性质的使用租赁权关系,但是即使依坚持债权和物权二分理论的

---

① 参见〔日〕加藤雅信『物権法』,有斐閣 2005 年,二五一頁;〔日〕加藤雅信『所有権の誕生』,三省堂 2001 年,一三二頁。
② 〔德〕罗尔夫·克尼佩尔:《法律与历史——论〈德国民法典〉的形成与变迁》,朱岩译,法律出版社,2003,第 263 页。

德国学者的见解，这种租赁权在实质上也具有物权的性质。"尽管立法者如此确定无疑地将使用租赁权定位为债权，但在另一方面，若做更深入考察，尤其在考察使用租赁地位因对物之直接占有而得以强化时，则使用租赁权所具有的物权性质，又是如此的显而易见：在针对第三人侵害使用承租人之法律地位，而对使用租赁权进行保护时，使用租赁权显示出其准物权之绝对权特征；在对使用出租人及其权利继受人的关系上，使用租赁权也显示出其稳固性。"① 建筑物的使用租赁权在现代是普遍的形式，但是其保护规制却是一个世界性难题，我国将租赁权放置于《合同法》的"租赁合同"一章，但是也不得不赋予其物权的一些属性，如"买卖不破租赁"规则的设定，但是对其性质的解说却陷入困境。其实依照英美法系学者的观点，"所有形式的控制，都是同一个属的类（species of one genus），对一物的控制可是全面的，也可是部分的，部分控制会通过诸多等级之递增，直至演变成全面控制，当然，我们很难知道在何处划这道线。"② 我们根本没有必要在债权和物权之间确定一条严格的界限，而且事实上也不可能确定。德国联邦宪法法院将为了私人利用和自我支配而形成价值权利的专门的分配视为所有权的重要特点。基于此，德国联邦宪法法院赋予承租人对住房的占有权具有所有权的资格，因为住房是私人生存的中心，可以满足基本的需求，也有助于确保自由和人格的展开，从而私人应独占地使用住房。③ 但是一直以来，这种对所有权绝对性的现实否认仅仅是作为一种例外。正如荷兰学者所指出的，"所有权在原则上是一种绝对权，也就是一种所有人可运用来对抗任何第三人的权利。尽管民法法系国家的法律承认，特殊情况引起所有权失去绝对性。"④ 无论是大陆法系还是英美法系，在19世纪初，财产都被理想化地定义为对物的绝对支配，但

---

① 〔德〕鲍尔·施蒂尔纳：《德国物权法》（上册），张双根译，法律出版社，2004，第662~663页。
② 〔英〕霍布豪斯：《财产权的历史演化：现实的和事实的》，翟小波译，《公法评论》，http://www.gongfa.com/caichanquanhuobuhaosi.htm，2007年7月8日登录。
③ 参见〔德〕罗尔夫·克尼佩尔《法律与历史——论〈德国民法典〉的形成与变迁》，朱岩译，法律出版社，2003，第272页。
④ 〔荷〕雅各·H.毕克惠斯：《荷兰财产法结构的演进》，张晓军译，梁慧星主编《民商法论丛》第7卷，法律出版社，1997，第288页。

是与这个概念不相符的"例外"却充斥了整个财产法。①

我国民法对所有权的规定一直采用的是大陆法系近代民法的模式，注重法律体系的完整和逻辑架构的严密。但是依据绝对所有权观念确立的所有权概念却日益受到新型财产权利制度的冲击，难以自圆其说。例如住房的有限产权，单位名为将住房卖给职工，住房登记于购房人名下，由购房人占有、使用、收益，却不能处分该房或是一定期限内不能处分该房。再如分期付款买卖，虽然出卖人在买受人未足额给付金钱的一段时间内享有对出卖物的所有权，但买受人实际上已占有、使用了该物并限制了出卖人基于所有权而产生的任意处分标的物的权利。以上种种权利都难以用近代民法的物权债权概念加以涵盖。面对类似状况不断增多的趋势，法学理论已开始反思大陆法系所传承的制度结构是否完善，是否能一成不变地经受时间的考验。苏永钦先生在检讨近代物权法的基本原则的物权法定主义时认为，"事实上，物权法定主义的两大支柱：'债权和物权二分'与'所有权绝对'，从来就不是很稳固。我们现在虽然不能说物权法定主义的理论基础已经整个破裂，但至少是到了重新检讨的时候。法律学者面对民事财产法这样的发展，除了再一次走出传统法学圈圈，另外寻找理论支柱，显然已别无选择。"② 在现代经济关系中，虽然身份关系不复存在，但是由于经济交易的频繁，人的社会属性更加凸显，近代民法强调个人主义构建的仅具私的属性的绝对所有权已经无所适从。梅因所论述的"从身份到契约"的转变已经开始转化为"从契约到关系"，在资本主义的经济组织中，所有权最重要的作用已经不是利用物质客体，而是将其作为资本，利用资本获得利益。也就是说，在这种组织下，所有权的作用不是对物的支配，而是对人的支配。③

（二）一物一权主义的倒掉

一物一权主义是近代物权法的基本原则，虽然具有大陆法系传统的各

---

① 参见〔美〕肯尼斯·万德威尔德《十九世纪的新财产：现代财产概念的发展》，王战强译，《经济社会体制比较》1995年第1期，第36页。
② 苏永钦：《经济法的挑战》，清华大学出版社，2005，第3页。
③ 参见〔日〕我妻荣《债法在近代法中的优越地位》，王书江、张雷译，中国大百科全书出版社，1999，第8页。

国在理论和立法上的表述不尽相同，但是其实质内容是一致的。其含义通常被表述为：一个物上只能存在一个所有权（以及由此而生的他物权），反过来说一个所有权的客体应为一个物；一个物的部分不能成立所有权；独立物的总体之上不能成立特别的独立的所有权。① 川岛武宜认为物权法坚持一物一权主义，是近代所有权具有商品性的当然归结。"商品的所有权概念不仅要求在内容上是完整的，而且要求其客体具有物质上的统一性，或者更确切地说，应称为一物的统一性。""作为商品的所有权以对客体交换价值的独占的、排他的支配为内容，所以必然要求其客体的范围是客观的、明确的，并且通常是唯一的。"② 根据川岛武宜的观点，一物一权纯粹源于商品交换的需要，这是因为，商品交换即商品所有权的交换，而商品所有权的客体在物质上的统一、在范围上的明确，则是交换的前提。川岛武宜的理论选择了与传统理论有所不同的观察角度：自罗马法以来关于一物一权主义的阐释，着眼于财产的静态归属关系确认之需求，据此，该原则的根本目的和作用被认为表现于"定分止争"；而川岛武宜关于一物一权主义的阐释，着眼于财产的动态流转即交易进行之需要，据此，该原则的根本目的和作用则被认为在于推动经济生活的运行。"一物一权原则与其说是一项事先预设的法律原则，不如说是既存物权理论的一种描述"，③ 而随着物权客体范围的变迁和对物权客体利用的多重性，一物一权主义的弊端就凸显出来。"一物一权限制人们就一物上设定物权的个数，将影响对一物利用的密度，自然影响资源利用的效率，因此，一物的概念已有改变，借由对物为量的切割，使一物变成多物，以及借由对物为质与时间上的切割，一物一权即变成一物多权。"④ 具体物权制度的更新已经使一物一权作为物权法基本原则的地位倒掉了。

一物一权主义所描述的内容随着社会经济的发展不断变迁，物权客体之上多种权利并存的状况越来越多，尤其是同种担保物权（如抵押权）亦

---

① 参见〔日〕川岛武宜『所有権法の理論』，岩波書店1987年，一六一頁。
② 〔日〕川岛武宜『所有権法の理論』，岩波書店1987年，一六一至一六二頁。
③ 孙毅：《一物一权主义原则的当代使命》，博士学位论文，中国政法大学，2003，第19页。
④ 谢哲胜：《台湾物权法制发展》，《财产法专题研究》（五），台湾财产法暨经济法研究协会，2006，第107页。

可以设定于同一物上，于是学者对其含义进行扩张解释来适应这种情况，认为一物一权主义强调的是"同一物上不得设立两个或两个以上相互矛盾的物权"，但是同时也强调"尤其是不能设立两个所有权"。① 这种界定仍然没有脱离近代民法绝对所有权观念的限制，是一种形式层面的经验式的表达，根据的是社会生活中普遍存在的以有体物为客体的所有权状况，在物权客体价值化的趋势下，借助物的有体性、独立性的观念来解释所有权就显得不是很合适了，在一物之上设定的权利过去被认为是不相容的权利，通过修正观念，也变得可以相容了，例如德国民法理论上出现的"相对的所有权"，在信托式让与中就出现了"经济所有权"和"法律所有权"的并存。② 即使近代民法上的物权客体并非都是天然的独立一物，也经历了一个分离、分裂的过程，我们以土地和建筑物的分离为例来说明这个问题，罗马法上个人主义所有权的确立，依赖于土地分裂为宗地而作为独立的物进行交易，而在罗马法时代，土地和建筑物是一个物，只能设定一个所有权。③ 这一思想为《德国民法典》第94条所继受，这在近代对于保持物的"整体性"（土地与土地之上的建筑物不可分离）是有必要的，但基于土地利用方式的多元化，土地上设置的他物权日益丰富（包括地上权的设定），土地和土地上的建筑物的所有人非为同一人的现象日渐普遍，而不承认建筑物为独立于土地的物，当然极不利于土地的利用和建筑物作为商品的自由流通。可行的办法是把土地和建筑物作为两个财产来进行交易，《法国民法典》和《日本民法典》采用的就是此种做法。在解释建筑物为何要独立于土地而单独成为物权标的时，任何仅就建筑物在"客观上"与土地两相分离所展开的分析都是没有必要的。建筑物之所以被视为独立于土地，仅仅在于"交换之需要"。既然土地可以分裂成为独立物进行交易，土地和建筑物也可以分离成为独立的物交易，那么为什么土地或建筑物之上的抽象价值不可以实质分裂进行独立的交易呢？可以说，随着社会的不断发

---

① 王利明：《物权法论》，中国政法大学出版社，1998，第109页。
② 参见〔德〕鲍尔·施蒂尔纳《德国物权法》（上册），张双根译，法律出版社，2004，第41页。
③ 参见〔意〕彼德罗·彭梵得《罗马法教科书》，黄风译，中国政法大学出版社，1996，第203页。

展,物权客体的分离和分裂速度加快,尤其是在价值化趋势之下,只要在客体之上支配的利益不相互冲突,无论设定多少重权利都是可行的。

综上所述,作为近代物权法原则的一物一权主义已经失去了其基本原则的地位,虽然其实质层面的意义即物权客体之上不能存在不相容的物权还具有一定意义,但是这种意义是物权法不言自明的内容,不需要一物一权去总结。既然一物一权主义已经倒掉,剩下的理论工作就是如何界定物权客体上的多重权利配置关系了。

二 相对所有权的界定

(一) 相对所有权是所有权观念的现代发展

相对所有权不是对绝对所有权观念的完全否定,而是一种观念上的超越,是伴随社会经济发展的一种理论修正。同时还应明确的是相对所有权既不是封建时代"双重所有权"的回归,也不是英美法系"双重所有权"的简单移植,而是大陆法系私法所有权的一种现代发展。

1. 相对所有权绝非封建时代"双重所有权"的回归

坚持反对各种"双重所有权"观点的尹田先生认为,"任何一种'双重所有权'的理论,无论其采用何种解释,其实质均在于对所有权的肢解。这种肢解,不仅改变了所有权作为一种最为完全、最为彻底的支配权的基本性质,否认了所有权的绝对性或者排他性,弱化了所有权制度规范财产归属关系之'定纷止争'的基本功能,破坏了物权制度最为基本的观念,而且有可能使一种具有'身份'性质的所有权死灰复燃。君不见,如果承认在法人财产上得设定双重所有权,那么,在土地及其他不动产上当然也可以设定各种类型的双重所有权。而财产在'使用领域'的支配(法人基于使用而对财产在所谓'实物形态'上的支配权)与财产在'身份领域'的支配(股东基于身份而对财产在所谓'价值形态'上的支配权)之二元所有权结构一旦确立,现存的所有权制度即会因所有权的肢解而丧失其逻辑支撑以致崩溃。"[①] 这种观点立足于近代民法所设定的状况,忽略

---

① 尹田:《论一物一权原则与"双重所有权"理论的冲突》,《中国法学》2002年第3期,第82页。

了现代经济交往中物权客体的变化和对物权客体利用的多层次性。"一物一权概念其实对探讨物权的概念并无实质的帮助,因为土地严格说是一物,只是人们以标示加以分成多笔土地,所以,不符合一物一权。物在法律上究竟为一物或多物,显然也不应该依物的物理状态而定,因为,一粒米即使称为一物,但指称一粒米的所有权显然不如一斤米的所有权有意义,所以,多物一权未尝不可。"① 如果仅仅是停留在近代资本主义市场经济时代,恐怕这种观点是成立的,因为那时的经济状态基本上是以自然的物理状态来界分物和物上权利的。但是社会发展到今天,这种观点就不能成立了。纵观所有权的发展轨迹,可以说,所有权的发展过程实际上是所有权的"权利束"不断分离、分化、碎裂的过程。限制物权的产生就是这种分化的结果,使用形态的权利从所有权中分离出来产生用益物权,价值形态的权利从所有权中分离出来产生担保物权,而限制物权的大量产生仅仅是碎裂的初级阶段。所有权人将自己的所有权在本质上予以分割,并分别赋予不同的主体,由各所有权主体完全自主地驾驭作用于同一物之上的分别属于自己的所有权,此为这一碎变过程的高级阶段。② 肢解所有权的实际上并不是双重所有权理论,而是发展变化了的所有权制度本身,我们所提倡的所有权观念不是传统双重所有权的回归,因为传统的双重所有权是以身份关系为基础的,而现代相对所有权不受身份关系的限定,只是对多个权利人之间社会关系的关照。

2. "相对所有权"也不是对英美财产法双重所有权的照搬

在英美法系的视野里也有类似于大陆法系的绝对所有权观念,尤其是对于外行人而言,所有权似乎是一个简单的概念,它只不过是关于"我的"和"你的"的问题,若物是"我的","我"就拥有它;若不是"我的","我"就不拥有它。劳森和拉登认为,绝对的所有权一词显然正被用来表明两个十分不同的意义。第一是产权,即该所有者断言他的所有权是无可争议的,即只有他才对此物享有所有权;第二是所有权的内容,即这种权益是排他的和完全的,或者,用否定的说法,其他任何人均不能对该

---

① 谢哲胜:《台湾物权法制发展》,《财产法专题研究》(五),台湾财产法暨经济法研究协会,2006,第108页。
② 参见马新彦《罗马法所有权理论的当代发展》,《法学研究》2006年第1期,第118页。

物实施降低其效用及减少其价值的行为……而物的价值来源于我们能够对物做些什么,所以所有权的内容正是我们能够对物做些什么的总和,包括对物的实际使用权;获取物之收益的权利;实施管理的权力,包括转让物的权力。我们将会看到,对这两重意义,在英国法上完全有可能只有其一而无其二。① 英美法系的普通法所有权和衡平法所有权的双重所有权结构就是在这样的土壤上成长起来的,忽略了这一点,就很难理解英美法系双重所有权的实质,只流于对形式和当前功能的考察。笔者同意冉昊的观点,具有大陆法系传统的我国的所有权观念的更新,可以在借鉴英美法系的二重区分技术和相对产权观念基础上推进所有权制度的发展。为了实现稳定性,首先承认近代民法的绝对所有权的前提;然后在此前提下,注重灵活性,对绝对所有权做出进一步的区分和解构,使其在事实上"相对化"。② 英美法系的财产法理论固有其可取之处,但是制度移植需要看其生存的土壤,对受大陆法系影响深厚的我国私法来说,"普通法所有权"和"衡平法所有权"的所谓"双重所有权"结构显然无法在解释上立足,唯有从大陆法系的物权理论出发,以"相对所有权"来重新解释所有权概念,培植相对所有权观念的生存土壤,才能达到解决问题的目的。

(二) 相对所有权的内涵

"相对所有权"作为一个名词早已为法学界所使用,主要有以下两种解释。其一,相对所有权是指中世纪封建主义的双重所有权和现代英美法系中的双重所有权。这些所有权概念与罗马法的所有权概念截然不同,往往是多重的、相对的权利。其二,认为"相对所有权"是"绝对所有权"的对称。大陆法系国家民法中规定的所有权,因在内容上受到法律的诸多限制,因此不是绝对所有权,而是受限制的相对所有权。本书所说的"相对所有权"是接近后一种含义的所有权概念,但又有所区别。所谓相对所有权,是对物权客体上价值的一种立体分割,即在同一物权客体上可以存

---

① 参见〔英〕劳森、拉登《财产法》,施天涛、梅慎实、孔祥俊译,中国大百科全书出版社,1998,第6~8页。
② 参见冉昊《"相对"的所有权——双重所有权的英美法系视角与大陆法系绝对所有权的解构》,《环球法律评论》2004年冬季号,第457页。

在两个或两个以上相容的物权，也可以在不特定的物权客体上成立一个或多个特定的物权。或者用梅夏英的话说是一种所有权的"质的分割"，所谓质的分割就是权利分割，它无须通过物的空间归属来界定当事人的利益，而是直接赋予当事人一定的行为范围，从而明确划分当事人的利益。①

在分析相对所有权的时候，有的学者主张在借鉴英美法系的"双重所有权"基础上，将所有权区分为归属意义上的所有权和支配意义上的所有权。冉昊认为，"基于现实社会的发展的需要，并受英美法双重所有权的启发，认为对大陆法系绝对所有权也要在其现有前提下进一步区分，区分出所有权分别的归属和支配含义，并将它们分别概括为作为归属的所有权和作为支配的所有权。"② 笔者对此不能完全赞同，因为这种区分又会重归近代民法的绝对所有权的窠臼之中。近代民法所有权的首要作用就是确定物的绝对归属，而根据"权能分离论"创设的他物权也起到了没有物的绝对归属仍可支配物的作用，冉昊先生的观点对于重新解释所有权和他物权的关系有一定作用，但是对于无法归入传统他物权的权利，如信托中的权利、所有权保留买卖中的权利就无法清晰界定，即究竟这里谁享有的才是归属的所有权呢？笔者以为，相对所有权既然是对所有权质的分割，那么在物权客体上的多个权利之间就不能再用归属和支配来分界了，其实归属和支配从来就是结合在一起的，没有归属就没有支配，而没有支配也无所谓归属了，只是这里的归属不再仅仅是有体物的归属，而是扩张到权利的归属而已，权利人之间只有权利指向的价值不同的区分，在物权客体价值化的趋势下，对于有体物本身的归属就没有特别的意义了。③ 而对于无体财产等纯粹依据交换价值来度量的物权客体，就谈不上类似于有体物的归属了，即使我们说这个无体财

---

① 梅夏英：《物权法·所有权》，中国法制出版社，2005，第23页。
② 冉昊：《"相对"的所有权——双重所有权的英美法系视角与大陆法系绝对所有权的解构》，《环球法律评论》2004年冬季号，第458页。
③ 当然，笔者在这里谈的是土地、房屋、轮船、机器设备等经济交往中可以设定多重权利的物，而不是手套、水果等简单的生活用品，某些学者总喜欢举手套等简单生活用品的例子从反面论证问题，在市场经济发达的今天，手套根本不能作为物权法上的典型财产来论证，因为适用于手套的制度很多不能适用于飞机、房屋和无形财产，相反适用于飞机、房屋和无形财产的制度原则上可以适用于手套，只是从经济效益考虑，虽然实际上手套等物也可以设定多重权利，但是在经济生活中这样做的实用性较差。

产属于谁，实际上只是指支配某方面价值的权利的配置，而不可能有绝对所有权的有体物的归属。

关于所有权的定义，在近代民法上一直有两种不同的说法，一种是权能列举式的定义，一种是抽象概括式的定义。权能列举式定义以《法国民法典》的规定为代表。《法国民法典》第 544 条规定："所有权是对于物有绝对无限制的使用、收益及处分的权利，但法令所禁止的使用不在此限。"《日本民法典》第 206 条、我国台湾地区现行"民法"第 765 条、我国《民法通则》第 71 条，以及我国《物权法》第 39 条关于所有权的定义也都采取了具体列举主义的立法。我国《物权法》第 39 条规定："所有权人对自己的不动产或者动产，依法享有占有、使用、收益和处分的权利。"具体列举主义的立法有两点不足：其一是混淆了所有权本身与所有权的作用的界限；其二是无法合理解释所有权权能分离而所有权仍然存续的现实。鉴于此，严谨的德国人在 1896 年《德国民法典》第 903 条规定了抽象概括式的定义。"在不与法律或者第三人的权利相抵触的限度内，物的所有人可以随意处置该物，并排除他人的一切干涉。动物的所有人在行使其权能时，必须遵守以保护动物为目的的特别规定。"这种概括式的所有权定义比较抽象，不如列举式定义那么具体而易于理解，但在逻辑上更为严谨。抽象概括主义在反驳具体列举主义的权能总和说时，就一再强调所有权的支配性。有日本学者指出："占有、使用、收益、处分系由所有权所派生，非为所有权之本体，所有权之中心为单一的支配力。"① 所有人对于所有物之独占性支配权乃是所有权本质的属性，是所有权的核心和灵魂。但是这两种学说都是建立在近代民法绝对所有权观念基础上的，以相对所有权的观念来看，对于所有权其实没必要在立法上进行定义，如果非要定义的话，可以是抽象概括式的，但是其内涵不是对物的全面支配，而是对物权客体价值的支配，或者说这种抽象概括式表达的应该是对物权客体权利分割后的"剩余"支配，作为对于物权客体上权利配置的相对全面的选项。

---

① 〔日〕石田文次郎『物権法論』，有斐閣 1937 年，三七七頁。

三 相对所有权的制度解释功能

(一) 什么是制度解释功能

相对所有权是所有权观念的一种更新,其在私法的制度构建和运行中应具有一定的解释功能。相对所有权的制度解释功能体现在对物权法的具体制度逻辑进行分析的时候,必须以一些基础概念为中介才能分析制度的合理性,尤其是随着社会经济发展而新创设的制度往往会和既存制度理念有某种程度的不同。传统物权法以物权法定主义为基本原则,更加缩小了具体制度对经济发展回应的空间。而相对所有权观念恰具备这样一种制度解释上的优势,既能理顺传统物权体系的逻辑,又可以为物权制度的发展提供空间。

相对所有权是对一系列针对价值进行直接支配的权利的共同性的抽象,是物权观念的进步,它在很大程度上满足了大陆法系成文法传统追求形式理性的愿望,能对法律中无法定位的权利现象做很好的解释。避免了立法和司法实践中不断产生的具有物权性质的权利在现行法学理论上无法定位的问题,仅仅从特殊性来规定这些权利是法学上最简单也是不负责任的做法,如果失去对它们所具有的物权的排他性和支配性的约束,那么就会逐渐倾覆民法的大厦,最后导致物权法的死亡。实际上,我们完全有可能以更加具有弹性和包容性的相对所有权观念来解释物权法中的权利现象,包括近代民法的传统权利,更主要的是新产生的权利,在这一过程中,我们不需要改变传统私法的权利体系,只需要打破近代民法上绝对所有权观念主导下的物权法的基本原则,包括一物一权原则和物权法定原则。

需要注意的是,相对所有权的制度解释功能的作用还在于对近代民法所有权观念的修正,例如观念性虽是近代民法上所有权的基本属性,但在私法的进一步发展中继续发挥了其功能优势,即任何一种物权客体上的权利都具有观念性,担保性所有权让与和期待权都表现了人们这样的一种努力,即所有权人的担保功能和使用功能是有意义的分离,要使其中一个功能尽可能少影响另外的一个功能。① 这种观念性是对物权客体上针对价值

---

① 参见〔德〕鲍尔·施蒂尔纳《德国物权法》(下册),申卫星、王洪亮译,法律出版社,2006,第336页。

的权利的抽象，而不是近代民法具有绝对性的所有权的抽象。

（二）相对所有权应用于现代物权法的典型例证

相对所有权典型例证可以分为两个方面。一方面是对民法上所有权概念的解释。从近代民法所有权的绝对归属的角度出发，归"我"所有"我"就可任意支配，逻辑上所有权人就是应该能够实现对自己财产的任意处分，但实际上且不说公法规范对所有权做出的种种限制，即使设定地役权等传统物权法用益物权，对所有权人归属与支配利用也已逐渐分离，出现了所有人对其土地仅有归属而无法支配的"空虚所有权"状况，在所有权保留、让与担保、担保转让等现代新型交易形式中，所有人更是可能在一段时期内皆无这两种权利。如果从相对所有权角度看，并不是所有权的权能发生了分离，而是物权客体的不同价值分裂归不同的主体支配，此时所谓的所有权人享有的也并非"空虚所有权"，实际上他仍支配了物权客体的部分价值，这可能是物的交换价值，也可能是物的使用价值，甚至可能是潜在的、其他权利人放弃权利时的可期待的价值。换言之，用"剩余权"来形容所有权虽然不是最恰当的，但是基本上表明了所有权的功能。

另一方面是对新型权利配置的解释，如德国民法上的让与担保。如果担保提供人破产，担保性所有权人只能享有别除权，而不能享有取回权。反之，在担保性所有权人破产的情况下，担保提供人则有取回权，其理由在于，担保提供人移转的不是经济上的所有权（wirtschaftliches eigentum），而是法律上的所有权。同样的道理适用于所有权保留的情况。在所有权保留的买卖中，担保性所有权人以及保留卖主都没有不受限制的用益以及排他权能，这不是《德国民法典》第903条意义上的所有权，可以说是一种相对所有权。① 随着现代社会对融资需求的增加，担保方式的选用不断突破传统物权法所设定的框架，唯一可作为标准的就是具有交换价值。所有权保留买卖中买受人享有的是期待权，这种期待权的本质正如德国著名民法学家安德莱阿斯·冯·图尔（Andreas von Tuhr）所言，"期待权概念乃

---

① 参见王洪亮：《分割所有权论》，《华东政法学院学报》2006年第4期，第118页。

是一个空壳的制度概念，它包括了统领在权利取得的'先期阶段'（vor-stufe）标志下的权利内容迥异的形形色色的法律现象。"其中的"权利取得的'先期阶段'"一语形象地概括出了统领在"期待权"这一空壳制度概念下的各种法律地位之共性。所以，安德莱阿斯·冯·图尔认为期待权的性质应依其将来可取得的完整权利而定，期待权旨在取得债权者，应归入相对权；反之，如以取得物权为目的时，则对此表示赞同，认为期待权在内容上与其以后所发展具体情形可以是支配权、人身权或请求权等。①这种期待权的说法是一种不容于近代民法物权体系的特别规定，如果以相对所有权的观念来看，实际上就是对物权客体的价值进行实质分割而产生的相对所有权，两个民事主体的权利都可以说是所有权只是其支配的价值的不同，出卖人享有的所谓"形式上的所有权"主要支配的是交换价值，具有担保功能，买受人主要支配的是使用价值同时受到出卖人权利的限制。

相对所有权应用于我国则实用价值更大。在我国公有制的社会制度中，土地自始即不存在近代民法的"绝对所有权"，代替其功能的是建设用地使用权和土地承包经营权。这两种权利同资本主义国家的地上权和日渐萎缩的永佃权完全不同，是公有制体制下私权功能的实现。我国城市土地使用权是指土地使用者在法律允许范围内对国有土地占有、使用、收益与处分，并排斥他人干涉的权利，它是在土地所有权与使用权分离的基础上产生的。土地使用权是具有中国特色的概念，已经得到现行立法的确认。我国土地使用的权能十分丰富，具有占有功能、使用功能、收益功能和处分功能。收益功能包括土地上的孳息、土地使用权出让金、租金等；处分功能包括在出让、转让合同有效期限内所为之土地使用权的设定抵押权、设定质权、设定典权、土地使用权的抵押证券化、土地使用权的信托制度、土地使用权的空间利用等。正如孙宪忠指出的，"我国法律中的国有土地使用权的内容比较广泛，它基本上概括了传统民法中除土地所有权与土地担保之外的其他各种与土地有关的权利，这些权利有地上权、永佃

---

① 上述德国法学家的观点均转引自申卫星先生的博士论文，参见申卫星《期待权理论研究》，中国政法大学 2003 年博士论文，第 36～37 页。

权、地役权、使用权、建筑权等。""国有土地使用权是从国家土地所有权中派生出来的一种民事权利。但它派生后，即成为一种独立权利，而不附属于国家土地所有权。"① 这种权利只有用相对所有权来解释才能说得通。我国《物权法》继承了这种规定模式，规定了具有公有制特点的土地使用权制度，在第三编"用益物权"中规定了土地承包经营权、建设用地使用权、宅基地使用权，在第四编规定了相关土地使用权的抵押权等。另外，在农村土地流转中出现的以土地承包经营权入股也是用相对所有权进行解释的例证。现实中入股经营的流转方式内涵极不统一，入股或股份经营的情形共有三种。一是动态股权制，即承包方与第三方协商一致，按其要求种植作物（通常第三方还会提供一定的技术支持），并由第三方负责产品销售的土地集约规模经营方式。在这种情况下，发包方往往会充当中介的角色。二是入股分红制，即将农民所承包的土地以一定的标准（一般为土地或人口）在集体组织内部划分股份，按股份对被征用的集体土地的补偿费或其他集体收益在集体组织内部进行分配的利益分配机制。三是土地股份合作经营制，即承包方以土地经营权作价入股组成合作组织（类似于公司法人），参与农业生产性的股份制或股份合作经营，以入股土地经营权作为分红根据，原土地承包经营合同不变。但无论哪种情形，都已经把土地承包经营权作为权利客体用于交易。② 我国多数学者的解释往往是把土地承包经营权类比为传统物权法的永佃权，实际上土地承包经营权要比永佃权所容纳的内容更多，在可以自由流通的土地所有权缺失的情况下，它替代了传统农地所有权的大部分功能，与土地集体所有权共同构成对农村土地价值的实质分割，而不是仅仅具有支配使用价值功能的用益物权，或者可以说它是一种新型的用益物权，是受到限制的相对所有权。

关于相对所有权在解释论上的应用和扩张，笔者在第四章将详细论述，此处不赘述。

---

① 孙宪忠：《国有土地使用权财产法论》，中国社会科学出版社，1993，第46~49页。
② 参见陈小君等《农村土地法律制度研究》，中国政法大学出版社，2004，第290~292页。另参见蒋明倬《重庆故事：土地承包权的物化试验》，《中国新闻周刊》2007年第25期，第40~42页。

第三节　物权法定在现代物权法体系中的定位

在具有传统意义的民法著述中，物权法定主义被理所当然地认为是物权法的一项基本原则。[①] 在立法上，《日本民法典》第175条、《韩国民法典》第185条、我国台湾地区现行民法第757条更是在民法典中明文规定物权法定主义，我国《物权法》第5条也是对物权法定主义的立法表述。德国虽然没有把物权法定主义明文规定在民法典中，但理论解释上也把物权法定作为物权法的当然原则。[②] 一般认为英美法系的财产法是不涉及物权法定主义的，[③] 但近年来有学者研究认为英美法系的财产法也有物权法定主义，[④] 这种比较研究有一定的意义，考虑到英美法系和大陆法系的巨大差别，尤其是英美法系财产法的一些特点，英美法系的物权法定侧重的是限定物权的种类，这一点在不动产物权的核心领域尤为突出，其严格性不亚于大陆法系，至于物权的内容，美国法的限制总体上不如大陆法系严格，具有一定程度的开放性。[⑤] 所谓的物权法定主义并没有被公开地承认，而是以某种微弱的形式作为一个不言自明的设计原则而存在。[⑥] 英美法系的物权法定应该是不同于大陆法系物权法定主义的法定所有权原则，其内

[①] 此处只以德国以及继受大陆法系传统的日本、中国的代表性体系书为例。参见〔德〕M. 沃尔夫《物权法》，吴越、李大雪译，法律出版社，2004，第14页；〔日〕内田贵『民法講義Ⅰ総则·物権法』，東京大学出版会2005年，三四〇页；史尚宽《物权法论》，中国政法大学出版社，2000，第12页；王泽鉴《民法物权1通则·所有权》，中国政法大学出版社，2001，第44页；梁慧星、陈华彬《物权法》，法律出版社，2003，第44页。

[②] 德国法理论一般称之为 Typenzwang 和 Typenfixierung。参见〔德〕M. 沃尔夫《物权法》，吴越、李大雪译，法律出版社，2004，第14页；〔德〕鲍尔·施蒂尔纳《德国物权法》（上册），张双根译，法律出版社，2004，第7页。

[③] 参见苏永钦《私法自治中的经济理性》，中国人民大学出版社，2004，第116页。

[④] 参见张鹏《美国法上的物权法定原则》，《法学》2003年第10期，第108页以下；赵廉慧《财产权的概念——从契约的视角分析》，知识产权出版社，2005，第155页；张巍《物权法定与物权自由的经济分析》，《中国社会科学》2006年第4期，第129页。

[⑤] 参见张巍《物权法定与物权自由的经济分析》，《中国社会科学》2006年第4期，第130页。

[⑥] 〔美〕Merrill、Smith：《法律经济学中财产权怎么了？》，罗胜华译，易继明主编《私法》第3辑第1卷，北京大学出版社，2003，第283页。

容是要求土地法定所有权形态的名目要少，以便于财产转让。① 因此本书提到的物权法定主义应是大陆法系语境下的，但在借鉴比较英美法系的法定所有权原则的一些内容的时候，又进行了功能类比。

一 对近代民法上的物权法定主义的检讨

（一）近代民法上物权法定主义的内容和功能

近代民法上物权法定主义的一般含义，是指物权的种类和内容必须由法律来规定，不得创设法律规定之外的物权。各个国家或地区对物权法定主义内容的解释并不完全一致，而且其内容在不同历史时期也是变化的。从历史上看，法国法是否有物权法定主义是存在争议的，19世纪法国的通说认为当事人可以依据契约自由创设《法国民法典》第543条所列举以外的物权，而在当代，把《法国民法典》第543条理解为规定了物权种类的见解正逐渐为多数学者所接受。② 也有学者认为根据《法国民法典》第543条的规定，法国法也采物权自由原则，因为"用益权仅是概称，并未有不同用益权法定的限制，又可以附条件和期限，使用权和居住权的内容也可以由当事人约定，因此物权的创设原则上是自由的。"③ 从法国学者泰雷和森勒尔的观点看，在法国"没有任何法律条文明文禁止人们创设新的物权，没有任何法律条文明文禁止（人们）变更由法律所承认的物权。"④ 德国民法学说上则相对严格，认为物权法定的内容主要有两项，即物权法中所有可能的物权性权利，都必须在法律中固定下来，此即所谓的"类型法定原则"；依第一项原则所可能成立的权利，其内容至少在轮廓上须由

---

① 参见〔美〕贝勒斯《法律的原则》，张文显、宋金娜、朱卫国、黄文艺译，中国大百科全书出版社，1996，第106页。
② 参见段匡《德国、法国以及日本法中的物权法定主义》，梁慧星主编《民商法论丛》第7卷，法律出版社，1997，第265~271页。《法国民法典》第543条规定："对于财产，得取得所有权，或取得单纯的用益权，或仅取得土地供自己役使之权。"
③ 谢哲胜：《台湾物权法制发展》，《财产法专题研究（五）》，台湾财产法暨经济法研究协会，2006，第102页。
④ 〔法〕弗朗索瓦·泰雷、菲利普·森勒尔：《法国财产法》，罗结珍译，中国法制出版社，2008，第97页。

法律强制性地予以规定，称为"内容法定原则"。① 日本和我国台湾地区学者对立法上明文规定的对法定物权以外的物权创设的禁止规定中"创设"的理解，则均认为是对物权种类和内容的任意创设的限制，即物权法定主义的内容包含类型强制和类型固定两项，这与德国的学说是基本一致的。② 但也有学者如苏永钦先生认为，实际上类型决定内容，类型强制应包含类型固定，③ 因而没有必要区分类型强制和类型固定。这种说法虽然很有道理，但并不占据主流。对于物权法定主义含义的理解应该还是限于"类型强制"和"内容固定"的传统解释。

关于物权法定主义的功能，不同学者的概括也颇不相同，但细究其实质则大同小异。④ 近代民法上确立物权法定主义主要为了实现以下两方面的功能。其一，为了保护自由主义所有权，明晰物权体系，使所有权不至于承受太多的负担或限制，或为了一些不值得保护的利益而牺牲物的整体利用价值。在19世纪采行物权法定主义更具有防止封建复辟的政治意义。近代民法的物权制度正是在复杂混乱的封建物权秩序解体和得到清理的基础上，以近代民法绝对所有权为核心形成的崭新的物权体系。物权法定主义就是在构筑这一体系过程中确立起来的基本原则。其二，为了维护交易安全和便捷，只有通过类型限制，一般人才可能对任何私有财产的归属一目了然，实现财产秩序透明化，这与物权的绝对性和对世性相契合，因此登记制度才能负荷公示的功能，物权交易不需要花很多时间去研究权利的内容细节，从而达到交易便捷的目的。

但是随着社会经济的发展，物权法定主义这两方面的功能很快就表现出逐渐淡化的倾向。首先，封建经济走向消亡和自由市场经济的发展使物权法定主义防止封建复辟的政治意义已经消失，而依据物权法定主义构筑

---

① 参见〔德〕鲍尔·施蒂尔纳《德国物权法》（上册），张双根译，法律出版社，2004，第7页。
② 参见〔日〕近江幸治《民法讲义Ⅱ物权法》，王茵译，北京大学出版社，2006，第6页；王泽鉴：《民法物权1通则·所有权》，中国政法大学出版社，2001，第46页。
③ 参见苏永钦《私法自治中的经济理性》，中国人民大学出版社，2004，第86页。
④ 具有代表性的是谢在全先生的观点，他认为物权法定主义有三点存在理由：第一，确保物权之特性，建立物权体系；第二，整理旧物权，防止封建制物权复活；第三，便于物权之公示，确保交易之安全与迅速。这三点理由虽然较全面，但只是中华民国时期民法立法的理由，在当前不具有普遍性。参见谢在全《民法物权论》，中国政法大学出版社，1999，第41~42页。

的物权体系也不断因应经济发展而更新物权类型和内容，自由主义所有权的保护让位于对物的使用价值和交换价值利用的保护，物权体系处于不断变动中。其次，公示方法的技术性提高使物权法定主义维护交易安全和便捷的功能也在淡化。随着计算机技术和网络技术的发展，登记系统的成本随之减少，通过登记来公示物权信息变得很容易，甚至无需登记也可以通过其他渠道获取物上的权利信息，[1] 这种情况下维护交易安全和便捷已经无须采用严格的物权法定主义了，甚至有学者认为在此情况下物权法仍然采用物权法定主义也值得商榷。[2]

（二）物权法定主义的前提条件

物权法定主义的两大支柱是作为其成立的前提条件的"债权和物权二分"与"所有权绝对"。[3] 这两大支柱并非直接表露，均隐藏于制度之后，为什么《德国民法典》和《法国民法典》均未明文规定物权法定主义，而《德国民法典》可认为当然包含物权法定主义，《法国民法典》却需要通过扩大解释第543条呢？就是因为法国没有严格的债权和物权二分，缺少了两大支柱条件之一。

物权法定主义第一个隐藏的前提就是物权和债权的可分与对立性。对财产权利物权与债权的两分法，并不是从来就有的。在罗马法上，虽然有各种各样的具体的权利类似于近代的物权，但并没有抽象出一个等同于近代法上物权的概念。但是从功能上说物权和债权二分法是沿袭了罗马法上对物权与对人权的二分法，而所谓对物权是可独立通过对物之诉（即可对任何第三人提起诉讼）获得保护的权利，[4] 在理论上阐释债权和物权二分是萨维尼的贡献，萨维尼基于对民法体系的重新认识，直接将债权与物权进行对比研究，构成债权与物权区分说的真正起点。他指出了债权和物权

---

[1] 在美国，不动产的交易更多的是通过产权保险公司来实现信息披露的需求，而且所有权保险具有比登记更加方便快捷和服务周到的优点。参见马新彦《美国财产法与判例研究》，法律出版社，2002，第294页以下。
[2] 参见苏永钦《私法自治中的经济理性》，中国人民大学出版社，2004，第113页。
[3] 参见苏永钦《私法自治中的经济理性》，中国人民大学出版社，2004，第85页。
[4] 参见〔意〕彼德罗·彭梵得《罗马法教科书》，黄风译，中国政法大学出版社，1992，第183页。

在客体和相对人这两方面的区别,又按照其共性与联系而将之整合于财产权概念之下,他还以物权行为作为从债权向物权转化的桥梁,将物权行为作为彻底区分债权与物权的内在支撑,使债权物权区分说自始即与物权行为理论紧密结合。其学说对潘德克顿法学和《德国民法典》产生了极大影响。① 这种区分其实早在19世纪大陆法系的民法典如《法国民法典》中就有不同程度的体现,但是只有德国民法把债法和物权法划分为两个独立的财产法领域,通过温德沙伊德的理论阐释,② 明确使用物权这一概念,并且找到各种物权的内在逻辑而将各种物权按这种逻辑规定为一个完整的体系。物权与债权的区分与对立是《德国民法典》存在的基础,它有助于明确权利的性质,有助于建立一个逻辑自足的理论体系。这种明确区分为后来的民法典如《瑞士民法典》等所继受。在近代民法理论中,物权特别是所有权,其本来的目的只是实现对动产和不动产的现实支配,由所有权人使用、收益和处分。物权属于对物为现实支配的实体权,其根本属性就在于对物的直接支配。而债权虽然也能够达到使用物的目的,但其本质和物权不同,它是对特定人的请求,使用不过是债务人给付的结果,债权人最多是基于物的占有可以直接排除第三人的干预,但占有并非债权的内容。根据物权和债权二分法,物权表现了直接支配性,能够排除不特定第三人对权利人的干涉,并且具有明确的公示性,这些都要求物权的类型和内容必须能够为不特定的第三人所确知,在立法上则表现为物权法定主义。

但是债权和物权的二分存在很多问题,并且日益受到现实的挑战,主要表现在以下三个方面。其一,权利划分的不周延性。一般的物权概念是以物作为权利指向的客体的,它不能解释针对权利的权利,如在他物权之上设立抵押权。其二,权利性质的模糊。对现实生活中的权利,给予一个恰当而严密的归属是很困难的,除了典型的物权(所有权)和典型的债权(金钱债权)外,其他权利的性质都处于物权与债权的强弱过渡中,一种

---

① 参见金可可《私法体系中债权物权区分说——萨维尼的理论贡献》,《中国社会科学》2006年第2期,第139页。
② 参见金可可《温德沙伊德论债权与物权的区分》,王洪亮、张双根、田士永主编《中德私法研究》第一卷,北京大学出版社,2006,第168页。

权利如租赁权此时可能为债权，彼时可能为物权。对于大多数权利而言，我们不能将其简单归类于物权或债权，而是认为"更具有物权性质"或"更具有债权性质"。其三，权利之间的相互转化。通过一定的公示程序，债权可以转化为物权。哪些权利可以转化为物权在很大程度上取决于实际的需要，取决于立法和政策的趋向。① 实际上债权和物权的二分本身就是萨维尼为了分析权利性质而做的阐释，任何权利都包含私的属性和社会属性，尤其是在权利关系日趋复杂的今天，只有典型的物权和债权才可以进行区分。在这些现实情况下，债权和物权二分本身的合理性已受到严重的质疑，以此为支柱的物权法定主义自然也失去了根基。

  物权法定主义的第二个隐藏的前提条件是所有权绝对。在绝对所有权的观念下，"所有权表现为对物完整的、统一的、全面的、不可分割的、不可割裂的权利，其处在全面占有的罗马法传统中。"② 近代物权理论以所有权为整个制度体系的基础与重心，认为所有权是一种天赋人权，应该予以绝对保护，即一个完整的所有权应包含排他权、使用权和处分权三个重要权能，通过建立这三个权能，资源才能市场化，并利用价格调整机能，达到有效率利用的结果。这些要求在对物的支配原则上成为"全有或全无"，而且很自然地倾向于抵制"有一些"的支配方式，使得"限定物权"仅能以"必要的罪恶"而有限存在。③ 也就是说除所有权外，其他物权必须通过所有权的"权能分离"而产生，由于从所有权中分离出来的他物权限定所有权的权能，所以在绝对所有权观念下他物权的类型和内容都应该受到限制，并且排斥普遍任意的功能性的分割所有权。物权法定主义起到了限制对绝对所有权任意分割的作用，但是对这种限制分割作用的理解仅是法学家的一厢情愿。由于法律对分割的限制体现在对分割权益的种类而不是分割后的权利主体的统一数目上，④ 结果并没有减少对所有权进行的分割，可能只是对一项所有权进行了限制类型框架下的重复分割，实

---

① 参见杨玉熹《论物权法定主义》，《比较法研究》2002年第1期，第44页。
② 〔德〕罗尔夫·克尼佩尔：《法律与历史——论〈德国民法典〉的形成与变迁》，朱岩译，法律出版社，2003，第239页。
③ 参见苏永钦《私法自治中的经济理性》，中国人民大学出版社，2004，第87页。
④ 参见赵廉慧《财产权的概念——从契约的视角分析》，知识产权出版社，2005，第158页。

际上绝对所有权的存在成为一句空话。关于绝对所有权的存在,谢哲胜先生认为,"基于物权的创设是为了提供生产的诱因的功能,享有物权而不创造生产的结果(自己生产或使他人生产)的人,就不值得保护,享有物权却做出损人不利己的事也不值得保护,成文法典有规定固然如此,即使成文法典未规定,利用时效制度、诚信原则等法理,都可以限制物权的行使,所以,在当代社会,物权权利的行使,尤其是不动产物权权利的行使,其实都在绵密的法律限制下,而无绝对(自由)性可言。就此而言,并无'所有权绝对'的概念可言,此一用语只是概念上存在,而不存在于人类社会,也非曾经存在的法律制度。"① 因此,物权法定主义的第二个根基也是并不存在的空中楼阁。

（三）物权法定主义的历史局限

物权法定主义自从被萨维尼在理论上详加阐释以来,在功能上就承受了其不能承受之重,结果非但没有完成其理应起到的作用,反倒在功能淡化的趋势下表现出很多历史局限性。保护自由主义所有权的功能在 19 世纪被添加了反封建的历史使命,然而从长期的观点来看,封建势力终究是要被资本主义的发展吞噬,即使不采纳物权法定主义,复杂到难以清理的土地产权还是会在价格机制和竞争法则下逐步被清理,只是这样的拉锯会拖得比较长一点而已。② 英国法上没有大陆法系意义上的物权法定主义,其财产法也脱胎于封建的财产制度,经过长期的演化,其财产制度也完全脱离了封建制度的束缚,实现了对资本主义自由市场经济的要求。

在现时的社会经济条件下坚持物权法定主义应有一个前提,即法律把现有或将会产生的物权种类及其内容全部包容在内。但是这显然不可能,而现时社会的发展速度已经异常快速,若社会对物权种类和内容的需要考虑不彻底的话,很可能导致洪水溃堤般的危险,这种情况下的物权法对物权法定主义的采纳就是历史的倒退。事物未来的发展充满了不确定性,加上信息不对称与不完全性以及人的理性的有限性等诸多因素

---

① 谢哲胜:《台湾物权法制发展》,《财产法专题研究(五)》,台湾财产法暨经济法研究协会,2006,第 103 页。
② 参见苏永钦《民事立法与公私法的接轨》,北京大学出版社,2005,第 214 页。

的制约，物权法定主义存在以下制度局限。其一，立法者提炼与整理的物权种类与客观存在的物的支配方式并不吻合，总有被立法者遗漏的既存的物的支配方式；其二，科技与立法技术的进步以及其他社会变迁催生新的物的支配方式，立法不可能亦步亦趋地适应社会的变迁。随着社会经济的发展，法定种类的物权可能完全无法满足现实经济生活对物的利用方式物权化的要求，各种新的物的支配方式必将应现实经济的需要不断涌现。①

物权法定主义的局限性，更深层次的原因是人的认识能力与社会发展之间的矛盾，通过法律限定物权种类和内容的做法，在法律观念上表现为对人的完全理性的认同，认为人有足够的能力认识世界，对社会的发展变化认识不足，表现为一种静止和僵化的发展观。这样的法律观念使立法者确信，各种法定的物权能够包容未来社会发展的需要。基于对法律稳定性和安全性的要求，牺牲了法律的灵活性和妥当性。② 正如梅因所说："社会的需要和社会的意见常常是或多或少地走在'法律'的前面的，我们可能非常接近地达到它们之间缺口的结合处，但永远存在的趋势是要把这缺口重新打开来，因为法律是稳定的，而我们所谈到的社会是进步的。"③ 物权法定主义体现了物的利用的单一性，在对物的利用效率提高的情况下，显得不适应，因为它制约富有经济绩效的物权类型的创新与发展，这是物权法定主义目前的主要制度缺陷。

在对物权法定主义的功能进行反思的过程中，有的学者基于物权法定主义的缺陷而认为物权法定主义应该予以缓和，甚至认为《德国民法典》没有明文规定物权法定主义是因为德国人发现"固守物权法定主义不利于新型物权的产生，有必要对此进行适当的缓和"。④ 这种说法比较牵强，《德国民法典》没有明文规定物权法定主义是因为立法者认为物权法定主义从物权与债权的对立以及物权法和债权法的独立性出发，作为契约自由

---

① 参见刘正峰《论无名物权的物权法保护——从对物权法定原则的检讨展开》，《法商研究》2006年第2期，第10页。
② 参见杨玉熹《论物权法定主义》，《比较法研究》2002年第1期，第37页。
③ 〔英〕梅因：《古代法》，沈景一译，商务印书馆，1959，第15页。
④ 梁上上：《物权法定主义：在自由与强制之间》，《法学研究》2003年第3期，第48页。

反面解释的演绎就自然而然地得到了。① 对于物权法定主义功能的认识应该采取的是一种历史的眼光,既不能只看到它曾经和现实存在的功能而忽略现时表现的缺陷,也不能因为现时表现的缺陷而一概否认物权法定的功能。

二 "物权法定"基本原则地位的弱化

(一) 财产利用观念的转变对"物权法定"的影响

由现代人的生活经验可以得知,在同一个物上成立多个法律关系,不仅可能而且是经常的。如一栋房子的所有权人,自己居住该房屋的一层,将另一层为其父母或其他亲属设定一项居住权,为向银行贷款而设立一项甚至多项抵押权。在绝对所有权的观念下,对于这种现实的解释不能与绝对所有权自由主义的本质相违背。物权法定主义下物权类型区分的基础是基于绝对所有权观念的"权能分离论",所谓所有权的权能即所有权的内容,是指为贯彻所有权的支配本质而享有利益、在法律规定的范围限度内对物可以自由采取的措施或手段。权能的可分离性成为绝对所有权的一项特点。所有权权能的部分或全部,可通过设定他物权而与作为整体的所有权分离。分离后所有权人仍享有所有权,他物权人在一定范围内行使部分或全部权能,他物权是限制所有权的物权,当满足一定的条件后,他物权人归还其享有的权能,所有权回复绝对所有权的圆满状态。权能分离论表面上看起来符合生活,但实际上并不符合生活的全部内容,虽然这种理论能够以一种不言而喻的方式说服人们,却不能成为物权法上不可颠覆的真理。权能分离论产生在绝对所有权观念占据主导的大陆法系产生之初,那个时代人们对于物的利用方式相对单一,在权利配置方面强调对物的完全占有和消费。而且由于受封建的物权状况影响,保护绝对所有权的自由成为物权法的首要功能。但是物的利用并非只有绝对所有权能够满足,对于物上多重权利的现实需要,则在坚持绝对所有权观念的基础上使所有权的权能分离,所有权和其他物权所串起的不仅仅是参加债之关系的两个当事

---

① 参见段匡《德国、法国以及日本法中的物权法定主义》,梁慧星主编《民商法论丛》第7卷,法律出版社,1997,第260页。

人之间的联系，而更重要的是，所有权和其他物权绝对地、完全地作用于每一个人，以一种既定的方式，所有权和其他权利组成了一个垄断。在营利活动和增加社会财富的意义上，即使权利享有者能够理性地使用物权自由，仍需存在这样一种机制，其证明权利的存在并提醒非权利人注意该权利的存在，从而使非权利人能够认识到该权利的存在并"在与市民状态的理念一致中绝对地、长期地遵从该权利的存在"。①

应该承认，这种财产理念促进了早期资本主义市场经济的发展，但也造成了资源在主体之间的不均衡分布。因为所有权绝对原则使得所有权人在利用关系上处于优势地位，其所掌握的大量资源往往难以有效利用。这种缺陷在资本主义发展的初期并不是颠覆性的问题，但是当社会经济发展到今天，随着物的利用的多重性和立体性的出现，用绝对所有权和"权能分离论"来解释物的利用的现状显然已经脱离了实际。实现财产的多极化利用和社会化利用并不仅仅是物权法演进的方向，也是整个民法发展的轨迹。② 当然这种轨迹并非直线，其发展与社会经济发展的需要是紧密相关的。苏联在20世纪60年代所进行的苏维埃民事立法法典化中完全废除了限制物权制度。③ 这就是因为在计划经济体制下，财产的流转和利用形式相对简化，因而不仅不需要复杂的限制物权体系，而且所有权制度也与绝对所有权制度相去甚远。

（二）物权种类的迅速发展对"物权法定"的影响

在物权法定主义下近代民法物权的类型是相对封闭的，社会经济的发展对新的物权个别类型的需要只能由立法被动地去增加规定，而立法周期的相对缓慢和经济发展速度的不断加快之间的矛盾更加凸显。在这种情况下，一方面物权法定主义受到质疑，另一方面在经济交往中通过其他手段逾越物权法定主义设定的鸿沟来缓解矛盾。通过物权个别类型的发展可以

---

① 〔德〕罗尔夫·克尼佩尔：《法律与历史——论〈德国民法典〉的形成与变迁》，朱岩译，法律出版社，2003，第248页。
② 参见高富平《中国物权法：制度设计和创新》，中国人民大学出版社，2005，第146页。
③ 参见〔俄〕E. A. 苏哈诺夫《限制物权的概念和种类》，张建文译，易继明主编《私法》第5辑第2卷，北京大学出版社，2005，第387页。

窥见此种突破物权法定主义的情形。

1. 绝对所有权框架下的突破

例如利用共有关系的潜在可变性，共有人可以自由约定共有物的利用关系。按照我国台湾地区现行"法律"，这种共有关系可以利用登记制度使其发生对世效力。由于共有关系是可以自由约定的，灵活的交易者会利用这种约定来按照自己的意愿为交易相对方在自己所有的物上以设定共有关系的方式设定物权，从而突破了物权法定主义的限制。[①] 再如，在我国的现实生活中还存在对居住权的需求，居住权对某些类型的社会弱者具有生活保障功能，如离婚时男方在其个人所有的一套房屋上为女方设立终生居住权，子女以自己的名义购房并为再婚的父母设立一项终生居住权，富人为了接济亲属为其设立一项居住权等。海南省三亚市在早期土地开发时，地方政府拥有土地但没资金开发房地产，就采取自己出地，投资方出钱，投资方享有一定期限的所有权（如20年、30年，最多50年），期限届满后，该房产将归土地所有权人或使用权人所有的方式。其实这种情况下的有期限的房屋所有权，并非真正意义上的所有权，可以解释为居住权。即出地一方享有房屋所有权，在其所有权上为出资方设定了一定年限的居住权这样一个负担。投资方享有 20～50 年的居住权，待期限届满时，居住权灭失，出地一方就获得了完全的所有权。[②] 但是由于我国《物权法》未规定居住权，居住权只能通过特别法规定或者通过解释变通的方式获得物权的效力。

2. 内容很难固定的物权

某些权利既需要物权的对世效力，又很难按照物权法定主义做到内容固定。典型的是我国农村的土地承包经营权。在我国《物权法》制定工作启动之初，农村土地承包经营权物权化的思路在学界得到了广泛的认同。根据这一思路，《物权法》将改变以前农村土地承包经营权的缺陷如稳定

---

① 2009年新修订的我国台湾地区现行"民法"第826条第一款规定："不动产共有人间关于共有物使用、管理、分割或禁止分割之约定或依第820条第1项规定所为之决定，于登记后，对于应有部分之受让人或取得物权之人，具有效力。其由法院裁定所定之管理，经登记后，亦同。"参见苏永钦《民事立法与公私法的接轨》，北京大学出版社，2005，第232页。

② 参见申卫星《视野拓展与功能转换：我国设立居住权必要性的多重视角》，《中国法学》2005年第5期，第79～94页。

性不高、土地经营短期性及农民权利易受侵害等源于该权利的债权性质，而将农村土地承包经营权物权化，赋予其强大的、统一的物权效力则能够解决上述问题。这一思路将农村土地承包经营权的缺陷归于其债权性质，并把将其物权化作为解决方法，这一做法隐含了这样的法律观念：物权与债权是相互对立的法律制度，物权作为债权的对立概念，可以解决土地承包经营权存在的问题，然而，这一观念本身即存在问题。① 农村土地承包经营权制度是根植于我国特殊的国情的，由于地区间差异较大而产生了千差万别的农地制度，姚洋先生将其归纳为六种类型，② 实际上每种类型中还有较大的地区差异，这些差异和当地的客观情况紧密相关。作为国家立法的物权法很难将这些差异性体现在法定化的农村土地承包经营权中，甚至也很难用传统的用益物权的性质来概括农村土地承包经营权的属性。"农地承包经营权物权性质的意义在于其性质与效力的法律强制，是一种抽象的价值宣示。"③ 但是对于土地承包经营权流转方式缺乏统一的法律用语界定，"流转"这一非精确的用语作为法律概念使用，④ 就是因为农村土地状况的差异性决定了很难用简单列举的方式来归纳其现状，通过法律的颁布强制统一农村土地利用制度的全部内容，无疑会消灭自发秩序中对各地不同情况的适应性，扼杀农民自发进行的制度创新，虽然符合传统的物权制度，却不利于解决我国农村土地的现实问题。从这一点看，我国《物权法》并没有完全按照近代大陆法系用益物权的模式规定土地承包经营权，而是考虑到我国的实际情况来设计制度的，虽然会产生很多问题，但是也有其实用性的一面。

---

① 参见杨玉熹《论物权法定主义》，《比较法研究》2002 年第 1 期，第 44 页。
② 六种类型是：第一种类型是农户经营加"大稳定、小调整"；第二种类型是两田制；第三种类型是以机械化集体耕作为特点的苏南模式；第四种类型是以贵州湄潭县为代表的"生不增、死不减"模式；第五种类型是以浙南为代表的温州模式；第六种类型是以广东南海为代表的土地股份制。参见姚洋《中国农地制度：一个分析框架》，《中国社会科学》2000 年第 2 期，第 55 页。
③ 陈小君：《农村土地制度的物权法规范解析——学习〈关于推进农村改革发展若干重大问题的决定〉后的思考》，《法商研究》2009 年第 1 期，第 4 页。
④ 陈小君：《农村土地制度的物权法规范解析——学习〈关于推进农村改革发展若干重大问题的决定〉后的思考》，《法商研究》2009 年第 1 期，第 6 页。

3. 非典型担保物权的发展

担保物权的发展在实践上已经抛弃了物权法定主义。物权法正日益表现出一种价值化的趋势，这种趋势是财产流转关系极大发展的要求。随着社会的发展，财产流转正前所未有地频繁发生。为满足这种要求，担保物权以令人吃惊的速度发展变化着。近年来，担保性物权的极大发展，使担保物权几乎成了物权法的代名词。① 担保物权发展的一个显著特征是从属性的降低，即担保物权与所担保债权之间的关系相对分离，甚至产生不从属于特定债权的担保物权，这时候的担保物权纯粹为一个价值权，其流通的作用明显大于担保特定债权的作用。而且在这一趋势下，担保物权的内容总是处在调整的状态下并不断涌现新的担保方式，如所有权保留、让与担保制度的创设等。② 物权法定主义在担保物权领域已失去了生存的土壤。

三 物权法定下物权自治的可能性

（一）物权自治的历史渊源

物权自治即物权法定的反面，也就是物权的种类、内容可以由当事人自行约定，而不是由法律限定。法律或许可以规定一些典型的物权形式，如合同法上的各种有名合同，但这些规定不过是任意性条款，当事人可以变更。物权自治并非全新的产物，它在历史上就曾经存在过，只不过从未取得像物权法定主义这样尊崇的地位。

罗马法上物权的设定有法定的限制，③ 这被认为是近代物权法定主义的渊源。相对于罗马法，日耳曼法则没有物权种类的限制，只要对物有

---

① 参见梁上上《物权法定主义：在自由与强制之间》，《法学研究》2003年第3期，第50页。
② 甚至还有新的 ABL（Asset Based Lending）担保方式，可翻译为流动资产融资担保。流动资产融资担保根据的是集合动产让与担保和集合债权让与担保。在金融机构和法人企业融资的场合，首先以法人企业的在库商品设定让与担保，但法人企业仍可以在通常的营业范围内处分在库商品，所以又以在库商品的应收账款债权设定让与担保。作为担保对抗要件的是动产让与登记和债权让与登记。法人企业对于应收账款债权保留收回的权利，但是必须将收回的价金存入在担保权人的金融机构开立的账户，以此为该金融机构设定质权。金融机构遇到紧急情况时，可以从该存款中回收债权。参见〔日〕堀龙儿《关于ABL》，刘惠明译，渠涛主编《中日民商法研究》第9卷，法律出版社，2010，第123页以下。
③ 参见陈朝璧《罗马法原理》，法律出版社，2006，第250页。

Gewere 就可以就其物获得法律上保护的权利。① 所以 Gewere 的取得可以对应任何权利，不动产依据伴随的登记要件就有成为物权的可能，由此对物权的限定就被否定了。从近代民法的视角看，可以认为日耳曼法奉行的是物权自治的原则。而实际上就日耳曼法来说既无物权法定也无物权自治，因为从整个日耳曼法的历史过程来看，处在一个经济交易相对贫乏的时代，其对物权种类的需求相对较少。但是德国统一前的很多地方法却把日耳曼法传统的 Gewere 体系继承下来，发展出物权自治。特别是 1794 年的《普鲁士普通邦法》规定，特定物的债权依据标的物的交付或者在抵押登记簿上进行登记即可物权化。这依据的是当时"取得权原和形式"理论，依照这一理论，根据取得权原的存在，当事者具有对此物的权利，通过交付以及登记的形式，物的权利即被转化为物权。在这里没有物权和债权的严格区分和对立，也没有绝对所有权的观念，所谓物权自治同时也表现出物权的权利属性，与近代民法中的物权相去甚远。另外在《普鲁士普通邦法》中，物权的创设也并没有完全委托给当事者的任意，当该权利对当事者没有任何利益可言时，即使设定该权利的契约经过登记也是无效的。② 随着社会经济的发展，这种物权自治在 19 世纪以后被物权和债权区分学说下的物权法定主义否定，以至于在《德国民法典》当中再也找不到它的影子了。

（二）适当允许物权自治的原因

历史上曾经存在的物权自治被物权法定主义所取代，并不意味着在今天物权自治就没有存在的必要性。恰恰相反，由于物权法定主义在经济高速运行的今天表现出太多的不适应，所以呼唤有限制的物权自治对物权法定的修正，但是这里所说的物权自治并非原始回归，而是一种全新的面目。我们可以从经济分析的角度更好地理解需要物权自治的原因。

首先需要明确的概念是外部性。所谓外部性，是指在一项交易中，市场交易主体向交易之外的其他人强加的收益或损失。前者被称为正外部性，后者被称之为负外部性。它包括损失或成本、收益以及非财产利益。

---

① 参见李宜琛《日耳曼法概论》，中国政法大学出版社，2003，第53页。
② 参见段匡《德国、法国以及日本法中的物权法定主义》，梁慧星主编《民商法论丛》第7卷，法律出版社，1997，第259页。

外部性存在是因为对市场主体来说内在化的成本大于内在化的收益。理想的财产制度安排要求所有的外部因素被内部化。① 如果物的所有人要在某物上创设一种新的物权，由此而来的信息成本将有一部分转嫁给别的市场参与者，这就是信息成本的外部化。可能受新型物权影响的市场参与者分为三类：肇始当事人（创设新型物权交易的当事人）、潜在利益继受人（可能从肇始当事人处继受新型物权或除却新型物权后的剩余物权者）、其他市场参与者。其中，其他市场参与者又包括两类主体，第一类主体交易的标的物与新型物权标的物类型相同，第二类主体不参与前类交易，但负有不侵犯此类标的物的物上物权的义务。② 如果采取分散型信息披露机制，由创设新型物权的当事人各自进行信息披露，而不对这些信息集中管理，那么就不会产生信息成本外部化问题。因为在此种情况下，意图取得标的物者"应当"知道物权负担的途径只有一条，就是创设物权者直接向其披露，如无披露，便"不应当"知道。如果采用集中型信息披露机制，情况就会不同。典型的集中型信息披露机制就是登记系统，它集中收集标的物上的物权信息并进行公开发布。此时，创设新型物权者需将其物权在登记机关进行登记，而意欲获得此类标的物者则需在登记机关调查其上的物权信息。倘若采用这种登记系统来披露新型物权，那么物权自由将引发成本外部化。③ 张巍先生认为，这种信息成本的外部化不会因为计算机和网络等技术的提高而实质性消除，这里有一个假设的前提，即这种新类型物权的创设应该是社会普遍的一种状态，即不特定的每一个民事主体都可以进行，但是实际上典型物权之外的新类型物权的创设多因为经济发展的需要而产生于商业交往当中，所以很多非使用者的成本会在短期内最小化以至消除。

苏永钦先生认为，物权法定因为是由立法者建立"标准化"的物权，种类既有限，内容又统一，可以大幅降低估量成本，抑制它的不断扩增。

---

① 参见〔美〕H. 德姆塞茨《关于产权的理论》，刘守英译，载〔美〕R. 科斯等《财产权利与制度变迁——产权学派与新制度学派译文集》，上海三联书店、上海人民出版社，1994，第 97 页。
② 参见张巍《物权法定与物权自由的经济分析》，《中国社会科学》2006 年第 4 期，第 130 页。
③ 参见张巍《物权法定与物权自由的经济分析》，《中国社会科学》2006 年第 4 期，第 132 页。

但法定主义的挫折成本也不容忽视，现代交易社会绝对不能轻易把法律关系的简化奉为美德，个别交易者因为标准化的物权无法满足其特殊要求，就会产生挫折，也就是不适交易的效率减损。① "物权法定可能比物权自由带来更大的监管与执行成本，尤其当侵害权利者处于破产状态时，如果严格贯彻物权优先于债权的原则，物权法定体制可能令当事人完全无法实现交易目的。可以说，监管与执行成本是物权法定造成的最主要的挫折成本。之所以如此，关键原因在于物权的优先性无法通过债权机制加以拟制，或者拟制需要极高的交易成本。"② 物权自由主义在封建体制犹存之际有可能成为封建主的工具，不能进一步推论到封建体制消亡以后它还会成为有利于封建"复辟"的工具。契约自由既然是市场经济的柱石，落实契约自由的物权设定自由，纵然有增加交易成本的问题，也还不至于为回复到以"身份"为中心的封建社会提供任何诱因，历史足以证明这种想法是多余的。因此对于市场经济体制的共识已经成熟的社会，这个古老的论点不能成为限制契约自由的理由。③

（三）纯粹物权自治的缺陷

虽然物权法定主义存在很多缺陷而物权自治在一定程度上具有弥补这些缺陷的功能，但是放弃物权法定而采用单纯的物权自治原则在现阶段并不可行。由于受传统物权观念的影响和公示方法的限制，物权自治在现阶段具有明显的缺陷。

允许物权自治而又不为其设立集中型信息披露机制，可以降低挫折成本却不引发信息成本外部化；反过来，不允许物权自治，对于监管与执行成本不高并且不特别强调破产保护的财产用益权而言，不会带来太大的挫折成本，当然也没有信息成本外部化的问题。如果采取物权自治的体制，就需要衡量"使用者收益"、"系统成本"与"非使用者成本"，确定是否需要为特定种类标的物上的物权建立集中型信息披露机制。在现有技术条件下，不具备建立可以完全实现对物权自治下的新型

---

① 参见苏永钦《民事立法与公私法的接轨》，北京大学出版社，2005，第216页。
② 张巍：《物权法定与物权自由的经济分析》，《中国社会科学》2006年第4期，第137页。
③ 参见苏永钦《民事立法与公私法的接轨》，北京大学出版社，2005，第214页。

物权完全充分的公示的条件，也就是说即使法律规定完全的物权自治，也没有办法建立完善的集中型信息披露机制。因为无法建立与所有任意创设的物权相对应的登记簿，特别是建立动产的登记簿更是困难。苏永钦先生所说的计算机技术和网络技术的发展使登记系统的成本随之减少的情况虽然是事实，但是这种减少只是一种相对的量的变化而没有实现根本的质的变化，即登记系统的成本并没有减少到可以任意创设新的登记簿和随意查询的程度。

从另一个方面来说，虽然有自治的呼声，但不能一概而论地认为自治的呼声必将摧毁传统对物权法定的要求。物权法定在一定的条件下、一个较长的时期内还会存在于物权法中，对物权法的体系构筑起作用。物权法定有其存在的原因，这种原因根植于一定的社会经济环境，而随着经济的发展，物权法定也应该随之变化，如果仅仅因为物权法定表现出一些不适应就加以废弃，也是不合适的。任何事物的发展都不是突然变化的，都有一个渐变的过程。在这个渐进的过程中放弃物权法定而采用完全的物权自治也会发生与传统观念的激烈冲突，导致很多的不适应。

（四）物权自治的方法

在具体物权制度创新中如何实现物权自治是一个非常令人头疼的问题。原因在于两个方面：一是物权自治在现阶段的社会经济条件下自身就存在诸多缺陷，这在前文已有详述，此处不赘；二是传统绝对所有权观念和物权法定主义的影响可谓根深蒂固，任何一种解决问题的方案都或多或少地受这些传统观念的影响而可能使其功效大打折扣，更重要的是，这些传统观念影响的存在导致某种物权自治的方案最后变为物权法定的重新解释，从而使该方案变得不具体和不可行。要想真正实现物权自治就必须打破这些传统观念的束缚。

由于受传统观念的影响，物权自治方法极易简单类型化，即将物权自治进行简单的归类。例如，梁上上先生就根据物权性质的不同以及在法律体系乃至在整个社会中所扮演的角色和地位的不同，而把物权区分为基础性物权和功能性物权，基础性物权主要包括所有权和用益物权，功能性物权主要是担保物权，并且认为基础性物权需要法定，而功能性物权需要自治。① 笔者不赞同这种简单类型化的观点，原因在于两个方面。一方面物权区分为基础性物权和功能性物权没有脱离传统物权分类的窠臼，没有反映物权对于自治的具体需求，某些用益物权完全可以物权自治，如我国台湾地区"民法"物权编修正案第836条规定："地上权约定之使用方法经登记者，对土地及地上权之受让人或其他第三人具有效力。"通过该规定，当事人就可以把原来具有相对效力的债权关系变成物权内容，这无疑可以大大降低目的不明的估量成本和计划操作成本。② "债权和物权的区分在许多情形只是相对的而非绝对的，许多定性为债权的权利，其实本质上是物权，也就是不符合物权法定原则而事实上存在的物权，也可称之为事实上物权。"③ 而按照梁上上先生的说法，用益物权属于基础性物权只能法定。实际上开放用益目的的具体定限自由给市场交易者，一定可以大大改善物权法定主义的僵硬性，降低所谓的交易挫折成本。④ 另一方面担保物权的自治必须给出自治的具体内涵，主要表现在担保物权的优先效力、约定的实现方式和约定的实现效果等方面必须有具体的规定，否则仅靠简单分类来运行的话，担保物权的自治即成为空话。所以物权自治不能通过区分基础性物权和功能性物权的简单类型化的方法来实现，必须解决如何确定物权自治的方法的问题。

笔者认为，解决物权自治的方法并非特别的复杂，只要使物权自治下的物权能够保证其物权的效力，在现有的物权和债权区分的模式下能够不产生新的问题即可。物权自治在现有情况下可以通过设定信托的方式和行业自治的方式实现。⑤ 由于对新的物权的需求多数是经济上的呼声，在现代商业发展的专业化时代，商业上的自主性及对先进技术手段的应用，使很多传统法律上的问题都不再是问题，如在金融担保领域，针对让与担保

---

① 参见梁上上《物权法定主义：在自由与强制之间》，《法学研究》2003年第3期，第53页。
② 参见苏永钦《民事立法与公私法的接轨》，北京大学出版社，2005，第230页。
③ 谢哲胜：《台湾物权法制发展》，《财产法专题研究（五）》，台湾财产法暨经济法研究协会，2006，第103页。
④ 参见苏永钦《民事立法与公私法的接轨》，北京大学出版社，2005，第231页。
⑤ 笔者所说的行业自治仅限于某些对信息控制具有优势地位的行业，如担保行为主要发生的金融领域，无论对于权利的效力还是公示的方法，金融机构都可以凭借其经济能力（如信用档案的建立）来自我实现，只要担保权设定的成本能够被内部化，这种仅适用于特定行业的担保就可以不通过公权力的干预而实现。

等新的担保形式无法到公权力机关进行登记的问题,就可以通过产权保险公司来解决集中信息披露的问题。只要具有适当的信息披露方法,社会可以对此种权利产生公信,在实现权利时,该物权的内容就可以确定。另外对于实现方式和消灭方式的问题,完全可以通过当事人自行约定的方式来实现。为了防止这种自行约定可能损及处于弱势地位的一方当事人的利益,可以通过裁判中个案审查的方式来弥补,在个案审查的时候,由强势一方承担举证责任等,就可以防止流质、流押等方式对弱者造成损害。在现阶段经济发展的境况下,物权自治有其特定的生存空间,因为《物权法》规定的各类物权类型基本上可以满足当今社会对于物权客体利用的要求,无须总是创设新的物权形式,而且基于成本内部化的考虑,民事主体一般会选择法定的物权形式而轻易不会自己创设物权类型。但是在特定领域特别是金融担保领域,基于快速发展的经济的需要,只要设立一种物权获得的收益足以抵消不被他人接受的负面影响时,民事主体自然会选择创设一种新的物权形式。鉴于此,只要在解释论上把所有权的观念更新,在观念上允许对所有权进行实质的分割,物权自治就不会破坏物权法既有的完美体系。

四 物权法定的制度定位

(一) 理论界对物权法定地位的看法

我国理论界对于物权法应如何对待物权法定分歧颇大。概括而言可以分为三种。一是坚持传统物权法定主义的观点,代表学者如梁慧星先生。这类观点认为应该坚持传统的物权法定主义,并且物权法应该规定违反物权法定主义的后果,以做到能在物权法中真正贯彻物权法定主义的真义。[1] 二是坚持物权法定主义但是规定适当缓和空间的观点,代表学者是王利明先生。这种观点考虑到我国社会正处于转型时期,适当为新类型物权的创设留有一定的空间有利于保持法律的稳定性。[2] 三是以物权自治取代物权

---

[1] 参见梁慧星主编《中国物权法草案建议稿:条文、说明、理由与参考立法例》,社会科学文献出版社,2000,第101~105页。
[2] 参见王利明主编《中国物权法草案建议稿及说明》,中国法制出版社,2001,第156~157页。

法定的观点，代表学者是谢哲胜先生。这种观点认为大陆法系传统的物权法在引进信托法后，在信托法的架构下，物权已可自由创设，物权法定主义的存在值得检讨。[①] 当然，除了这三类比较鲜明的观点以外，如前文所述的苏永钦先生、梁上上先生等在深刻检讨物权法定主义存在的缺陷的基础上，主张介于后两者之间的暧昧的观点。

物权法定主义在现阶段存在诸多缺陷已为学者所共知，即使是坚持物权法定主义的梁慧星先生也在其著作中提到物权法定主义缓和的发展动向，[②] 只是他认为在我国现阶段应该彻底贯彻物权法定主义，除此之外的大多数学者都试图通过自己给定的方案来弥补物权法定主义的缺陷。有的学者通过对物权法定主义含义的重新解释回避传统物权法定主义存在的缺陷。如房绍坤先生认为，"物权法定的目的在于实现私法自治，物权法定应以种类法定和物权公示法定为限，而物权内容不宜法定。"[③]他的观点是要法律给权利人行使权利提供更大的私法自治的空间，把物权法定主义对私法自治的限定确定为物权的种类和公示方法。但是这种观点最大的局限性在于并没有给定具体的解决方案，而且所谓的内容自治并没有解决社会经济发展对新类型物权要求的问题。日本学者普遍认为应通过习惯法来缓和物权法定主义。[④] 但是用习惯来扩张物权的场合，整理旧物权只在日本可行。也许是因为日本是封建制国家通过改革迅速引入大陆法系的法律传统，并且在第二次世界大战后吸收了很多美国判例法的内容，所以法律体系相对灵活，而我国情况与日本相去甚远。正如敬从军先生所论述的那样，"有条件的承认习惯法的效力和对物权法定内容作出从宽解释，有疑问的是：由谁来承认习惯法的效力和由谁对物权法定内容作从宽解释？如何来判断是否已形成习惯？按什么标准来判断某习惯已达到能被认可为物权要求的程度？进行从宽解释依据何标

---

① 参见谢哲胜《大陆物权法制的立法建议——兼评王利明教授物权法草案建议稿》，《人大法律评论》2001年卷第二辑，中国人民大学出版社，2002，第239页。
② 参见梁慧星、陈华彬编著《物权法》，法律出版社，2003，第二版，第41页。
③ 房绍坤、王洪平：《论私法自治与物权法定之辩证关系》，《法学杂志》2005年第5期，第13页。
④ 参见〔日〕近江幸治《民法讲义Ⅱ物权法》，王茵译，北京大学出版社，2006，第7页。

准？有无界限，界限在哪里？"① 对于这些问题都无法给出确定的回答。

（二）不是基本原则的物权法定

笔者认为，正确解决问题的做法是放弃作为基本原则的物权法定，使物权法定和物权自治各有其发挥作用的空间。从基本原理的角度讲，"原则之间可以相互冲突或相互衡量，但原则项下不可以有例外，否则，法律原则不称其为法律精神的最集中表现，也不称其为对法律制度、法律规则与法律规范起统帅和指导作用的立法方针"。② 在现阶段固守严格的物权法定主义是错误的，但是单纯物权自治也是不可行的，必须考虑物权自治并不能成为物权法的原则，基于成本的考虑还应该在一定程度上坚持物权法定，即物权法定下有限度的物权自治，在现阶段坚持典型物权体系的法定化，同时通过法律的灵活规定给定物权自治确定的空间和方法。这样有利于提高资源的利用效率，节制恢复原状的资本，并减少变更利用的成本，克服反公有财产关系，降低担保交易的成本，降低调查及公示成本。另外，给定物权自治确定的空间和方法更加重要，否则物权自治必将改变物权的对世效力，影响整个交易秩序，不仅没有使因严格物权法定主义而导致的外部化成本内在化，而且会扩大成本的外部化。我国《物权法》第5条规定："物权的种类和内容，由法律规定。"这似乎明确在立法上确立了物权法定主义为物权法的基本原则，但是这条规定在现实中很快会被打破，商业交往中新类型的物权层出不穷，任何违反历史潮流的规定，都会成为立法上的"白纸规定"，起不到预期的作用。笔者更赞同《物权法》草案（第五次审议稿）对于物权法定的表达："物权的种类和内容，由法律规定；法律未作规定的，符合物权特征的权利，视为物权。"但即使现在的《物权法》第5条中没有允许物权自治的规定，从实用主义的角度讲，通过信托等制度变通实现物权自治也是可能的。

---

① 敬从军：《物权法定主义存废论》，《西南政法大学学报》2006年第2期，第45页。
② 马新彦：《罗马法所有权理论的当代发展》，《法学研究》2006年第1期，第123页。

第四节　所有权限制的根据

即使在绝对所有权观念的主导下，所有权应该受到限制也已经成为学界共识，在坚持绝对所有权观念的近代私法理论中，所有权人也不能完全绝对或任意行使所有权。① 所有权要受到私法和公法的各种限制，但法典中这些限制性的规定又总是和所有权绝对性的规定相伴而存在，表现为逻辑上的一种矛盾。随着社会经济的发展，对所有权的限制越来越多，上述矛盾也更加凸显。多数私法学者以所谓"所有权的社会化"来解释所有权为何受到限制，② 这种解释看似合理，在表面上促使私人利益和社会利益相和谐，但是隐含着社会利益要优先于私人利益的前提，而"社会利益"是一个模糊且难以界定的概念，于是最终在立法和司法中被简化成为了社会利益，而实行所有权社会化，就是要限制私人所有权。在这种观念指导下的法律制度在实践中往往成为利用公权力寻租的工具，最终损害私人利益。在此，笔者意图揭示所有权限制的根据，通过对所有权限制的具体规定的分析，归纳所有权应该受到限制的内在原因，指出"所有权的社会化"理论的先天不足和后天缺陷，并对现代私法上的所有权观念加以阐释。

一　从限制到界限——所有权限制的历史演进

（一）自由主义所有权的限制

近代私法上的绝对所有权观念认为所有权是所有民事权利中最完整、最充分的权利，亦称完全物权。作为典型的物权，所有权应该具有如下法律特征：它是对世权、绝对权，具有独占性和排他性，享有追及力和优先

---

① 这种共识表现在几乎所有的物权法教科书中都有大段的内容来讲述"所有权的限制"，参见鲍尔·施蒂尔纳《德国物权法》（上册），张双根译，法律出版社，2004，第524页；梁慧星、陈华彬《物权法》，法律出版社，2010，第四版，第110页。
② 参见郑玉波《民商法问题研究》（二），三民书局，1991，第101页；〔日〕内田贵『民法講義Ⅰ總則・物權法』，東京大學出版会2005年，三五六頁；〔日〕加藤雅信『物権法』，有斐閣2005年，二五一至二五二頁。

力等。① 把这种典型的绝对所有权与其他的民事权利相比，称所有权为最充分、最完整的物权并非言过其实。在"所有权绝对"原则下，所有权被界定为不受限制的权利，不仅国家对于个人所有权不得侵犯与剥夺，而且个人对其所有权的使用、收益与处分亦有绝对自由，不受任何人干涉，否则，法律即赋予权利主体物上请求权以为保障及抵抗。"所有权绝对"的观念，不仅是19世纪资本主义社会发展的原动力，而且至今仍是民主社会的主要经济架构。然而这种观念或许只存在于法学家理想化的世界，至少不能解释现实世界中普遍存在的所有权的实然状态。"'所有权绝对'虽然被认为是近代民法典的一个原则，但也只是特定历史情境下的口号而已，所有权人并不能真正绝对或任意地行使其所有权。"② 奥诺雷更认为，"所有权从来就不是绝对的。即使是在古罗马和美国的个人主义最盛行的时代，它也具有一定的社会属性。这通常被表达为所有权的一些标准要件的权利义务，如有害使用的禁止、债务执行责任、纳税责任和服从公共机构的征收的责任等。"③ 自由的确是可贵，自由的条件性又是确定无疑的，任何自由权利都有一个相对的限制，离开了这种限制，基于这一权利的期待利益就不会转化为现实，所有权也不例外。④ 无论是作为"绝对所有权"观念起源的罗马法的个人主义所有权，还是自由主义最盛行的《法国民法典》制定时的绝对所有权，所有权乃至任何自由权利都是有限制的。

1. 罗马法时代所有权的限制

在罗马法上所有权被理解为"对物最一般的实际主宰或潜在主宰"。⑤ 奥地利学者 Georg Klingenberg 将罗马法的所有权定义为："所有权是对物概

---

① 参见〔日〕松井宏興、鈴木竜也、上谷均、今村與一、中山知己『民法2物権法・担保物権』，法律文化社2001年，二頁。
② 〔日〕内田貴『民法講義I総則・物権法』，東京大学出版会2005年，三五五頁。
③ 〔美〕奥诺雷：《所有权》，金可可译，《公法评论》，http://www.gongfa.com/caichanquanaonuolei.htm，2007年8月19日登录。
④ 从古希腊到近代哲学家都论述了私有权的限制：亚里士多德和托马斯·阿奎那认为私人所有是从促进共同的"善"出发，如果所有权和共同的善矛盾的场合，所有权就消灭；格劳秀斯从社会契约的角度认为私有财产是为了所有者的利益，但应该在不损害其他不特定的人的范围内使用。参见〔独〕Göran Lantz『所有権論史』，島本美智男訳，晃洋書房1990年，一一二至一一四頁。
⑤ 〔意〕彼得罗·彭梵德：《罗马法教科书》，黄风译，中国政法大学出版社，1992，第194页。

括性的、原则上无限制的、能够对抗任何人的支配权。"① 换句话说，所有权是具有绝对性和排他性的权利，能排斥任何限制和任何外在的影响。罗马法谚云："行使自己的权利，无论对于何人皆非不法（Qui iure suo utitur, nemini facit iniuriam）。"② 但是这并不意味着罗马法时代的所有权人可以不受限制地恣意行使其所有权。从《十二铜表法》时代一直到帝政以后，罗马法对所有权始终存在着限制。具体说来，可以做如下分类。根据法律来分类，可以分为公法上的限制和私法上的限制；根据保护的利益来分类，可以分为基于公共利益的限制、基于相邻关系法的限制和基于私人利益的其他限制。③ 罗马法所有权虽然受到如此多的限制，但是近代罗马法学者仍认为所有权是不受限制的绝对的权利，为了回避实际存在的这种矛盾，则解释为所有权的无限制性是在观念上的无限制。Georg Klingenberg 就认为，罗马法上"所有权在其观念构成上是无限制的支配物的权利。限制不是从所有权的本质中导出的，而是来自于外部的东西"。④

2. 《法国民法典》制定之时所有权的限制

近代资产阶级启蒙运动使得自由主义思想在哲学和法学上占据了显要的位置，天赋人权思想甚嚣尘上，所有权被认为是权利人与生俱来的、对标的物完全支配的绝对权。1789 年法国《人权宣言》第 17 条规定："财产权是不可侵犯的、神圣的权利。"1804 年《法国民法典》第 544 条规定："所有权是对于物有绝对无限制的使用、收益及处分的权利，但法令所禁

---

① 〔澳〕Georg Klingenberg『ローマ物権法講義』，竜沢栄治訳，株式会社大学教育 2007 年，三九頁。
② 〔美〕埃尔曼：《比较法律文化》，贺卫方、高鸿钧译，上海三联书店，1990，第 76 页。
③ 这两种分类是完全对应的，基于公共利益的限制即为公法上限制，基于相邻关系法的限制和基于私人利益的其他限制即私法上的限制。具体说，基于公共利益的限制主要是奢侈禁止法、户口调查官的风纪的监督、禁止虐待奴隶的皇帝立法、公共卫生上的义务（如禁止在城市内埋葬）、放火上的义务（如禁止在建筑物附近火葬）、建筑监督上的义务（如和邻地的建筑物之间至少有一定的间隔）、刑罚上的限制、为公共建筑规划的土地征收等；基于相邻关系法的限制主要是根枝突出、果实落下、不可称量物侵害、雨水的流出、建筑物倒塌的危险、不当建筑物、邻地通行等；基于私人利益的其他限制主要是让与的禁止。参见〔澳〕Georg Klingenberg『ローマ物権法講義』，竜沢栄治訳，株式会社大学教育 2007 年，四〇頁。
④ 〔澳〕Georg Klingenberg『ローマ物権法講義』，竜沢栄治訳，株式会社大学教育 2007 年，三九頁。

止的使用不在此限。"紧接着第 545 条规定:"任何人不得被强制出让其所有权;但因公用,且受公正并事前的补偿时,不在此限。"法国民法的精神和罗马法一脉相承,一方面强调所有权绝对,另一方面又对所有权设定来自外部的限制。另外从法国民法典时代开始,学者们更加注重调整所有权之间的关系。1793 年 4 月 24 日罗伯斯庇尔在《关于人权和公民权利宣言》的著名演说中,根据卢梭的学说提出了关于所有权的四点建议。"所有权是每个公民使用和支配法律保障他享有的那部分财产的权利;所有权也和其他权利一样,受到尊重他人权利的义务的限制;所有权不能损害我们周围人们的安全、自由、生存和财产;违反这个原则的占有,任何交易,都是不合法和不道德的。"① 这是一种超越罗马法的新解释,按照这种解释,所有权受到了法律、公民责任心、社会道德准则的约束,其"神圣不可侵犯"的属性更多地成为大革命时代的精神要求,这就为从法律上限制所有权提供了理论依据。

3. 修正的自由主义所有权的受限制理论的发展

自由主义所有权在社会的不断发展中,暴露了诸多弊端,19 世纪后期,各种社会矛盾空前激化,经济危机更加频繁和沉重。基于所有权绝对原则存在的弊端,工业的发展、社会福利、文明社会的进步等方面都需要对"所有权绝对"进行限制。到 19 世纪末,所谓的"社会所有权"的思想出现,试图取代传统的个人主义的所有权思想,"社会所有权"理论认为所有权的行使应满足社会公共利益的需要,不容个人恣意妄为、损害其他人的利益、强调个人利益要与社会利益相协调。首先提出强调个人利益和社会利益协调的是德国的耶林,他在《法的目的》一书中指出,利益分为个人利益和社会利益,两者不可偏废。② 其后的法国社会法学派代表人狄骥提出,"人在社会中没有绝对的自由,为尽到一个社会人的责任,所有权只有依社会利益而行使。"③ 从狄骥的观点可以看出,"社会所有权"的思想逐渐发展为强调个人利益应该服从社会利益,所有权在观念上仅存

---

① 〔法〕罗伯斯庇尔:《革命法制和审判》,赵涵舆译,商务印书馆,1965,第 137 页。
② 参见何勤华《耶林法哲学思想述评》,《法学》1995 年第 8 期,第 39 页。
③ 〔法〕莱昂·狄骥:《〈拿破仑法典〉以来私法的普通变迁》,徐砥平译,中国政法大学出版社,2003,第 139 页以下。

的绝对性标签也不幸被撕掉,个人所有权的思想有逐渐被社会所有权思想所取代的趋势。这一变化使法律思想关于所有权的观念也随之发生了转变,私法上"所有权绝对"原则的地位岌岌可危。

在立法上,最早引入"社会所有权"思想的是德国 1919 年《魏玛宪法》153 条第 3 项的规定。"所有权负有义务,其行使应同时顾及公共福利。"这一规定用社会本位的思想代替了个人本位的思想,但是需要注意的是,《德国民法典》诞生于《魏玛宪法》之前,仍然属于自由主义时代的法典,因而并没有确立替代个人本位,建立社会本位的所有权制度,用拉德布鲁赫的话说,《德国民法典》"与其说是 20 世纪的序曲,毋宁说是 19 世纪的尾声",或者像齐特尔曼所说的"一个历史现实的审慎终结,而非一个新的未来的果敢开端"。① 《德国民法典》在原则上肯定了所有权神圣不可侵犯的绝对所有权观念,但是又因为其所处的时代,"立法者也意识到,完全的所有权自由的社会意义不在于所有权人的积极能力,而在于其'消极'一面,即禁令,排除所有其他'法律主体'对于所有权客体的侵犯是该权利的本质。"② 所以在具体制度的规定上又有较多的所有权限制的内容。制度的修正可能是迅忽的,但是理论的变迁从来都是渐进的,即使《德国民法典》时代的理论观念还停留在自由主义所有权的时代,《德国民法典》的具体制度安排已经超越了《法国民法典》,不仅规定了对所有权的限制,而且这种限制还是具有一定逻辑和根据的。

(二)现代私法所有权的界限

前文述及,自罗马法时代以来,传统私法理论一般认为所有权私法上的限制来自外部,即所有权本身的内涵是绝对的和无限制的,但是这种说法本身就是一个矛盾,即应该受到限制的所有权还能被称为绝对所有权吗?所以笔者以为,矛盾的逻辑说明要么是所有权受限制的理论是错误

---

① 〔德〕茨威格特、克茨:《比较法总论》,潘汉典、米健、高鸿钧、贺卫方译,法律出版社,2002,第 266 页。
② 〔德〕罗尔夫·克尼佩尔:《法律与历史——论〈德国民法典〉的形成与变迁》,朱岩译,法律出版社,2003,第 251 页。

的，要么是所有权概念内涵的本身存在缺陷。从所有权限制理论的历史演进过程中可以看出，所有权应受限制是社会发展的一种客观需求，而并非学者的个人臆测，所以应该是自由主义的绝对所有权观念本身存在缺陷。"在过去一个世纪的民法典中，对所有权施加的限制没有触及其本质——绝对的个人主义。"①

在新的社会历史条件下，所有权概念的内涵不应再被理解为绝对和无限制，权利都有相对性的一面。人们生活在一种相互关系之中，在现实的社会关系中，很难发现一个个独立的利益范围，各种利益相互交错在一起。一项正当利益的实现往往需要依靠其他正当利益的协作，而协作本身又往往意味着限制和制约，因此调整这种错综复杂的利益关系的权利也就很难具有真正的绝对意义。② 作为正当利益在法律上表现的权利不应该超出正当利益本身的需求，并且不能损害相互交错在一起的其他正当利益。那么，作为一种私权的所有权也应包含一定的界限，即可以将所有权定义为在一定的范围内支配物权客体的权利。从私法视角来看，所谓所有权的限制，实际上是对所有权界限的确定，在解释所有权概念时，将法律上限制所有权的内容纳入所有权含义之内。一般情况下，所有权的限制就是所有权的效力能够最大程度实现的范围，它更多的是从法学意义上来说的，指的是其可能的范围，而不仅仅从实然的法律来看待限制。当然从这层意义上看，任何权利不仅应该有限制，而且也不可能没有限制。即使坚持"所有权绝对"观点的学者也认为，"因为所有权先验的具有绝对性和完全性，就认为所有权的限制指的是从外部对所有权加以限制，这是对这个用语的错误看法。所有权因为具有内在的特殊的历史性的原因本身就包含对自身的限制。"③ 所有权本身是有一定的界限的，即权利人行使权利并不是任意和绝对的，但是这个界限的确定又是困难的，自所有权概念确定以来，人们逐渐认识到所有权存在界限，并通过具体条款对所有权进行限制来表达对所有权界限的认识。

---

① 高富平：《物权法原论》，中国法制出版社，1998，第 1020 页。
② 参见彭诚信《主体性与私权制度分析——以财产、契约制度的历史考察为中心》，中国人民大学出版社，2005，第 137 页。
③ 〔日〕末川博『占有と所有』，法律文化社 1962 年，一七〇頁。

但是因为相互交错的正当利益之间的衡平关系不是固定的，一种正当利益总是处于与其他正当利益的交错中，其可能的范围也是不确定的，需要具体衡量，因而，表现这个的权利的界限也是不固定的。为实现特定目的而缩小在一般情况下原本可能实现的权利的范围，这种限制并非普遍情况，它随着某些情况的出现而出现，对所有权的一项或几项权能进行限制。这种限制的最明显的表现是基于一般条款所确立的民法基本原则而对所有权的限制，其次就是依据所谓公共利益对所有权的公法上的限制。在《法国民法典》时代，这种限制相对较少，因为基于当时经济发展的需求，法律试图以市民社会的经济自由来改变以往政治国家对自由的任意介入，如果不采纳自由的、私法上的所有权概念，公权力就会以各种名义限制所有权的用益权能与处分权能，在实质上构成对人的自由的限制。[1] 但是现代社会，"越来越多的物体被解释为所有权的客体并随之带来所有权人将所有其他人排除在其使用之外的后果，那么社会将越来越受到阻塞的威胁。"[2] 如不加以限制，势必破坏自然环境，使人类居住空间日益恶化。因为我们在使用物的过程中会造成大量的污染，这都是农业社会中从未出现的问题，但现代社会必须加以关注，因而限制在所难免。否则势必使有限资源消耗殆尽，环境持续恶化。现代社会人口多而自然资源日寡，人类在法律形式创设之公司制度、在科学上发明之机器设备，莫不为转化、利用、加工、消耗物而设计。在此情形下，必然对所有权有所限制，以保护面临枯竭的自然资源。保护野生动物、禁渔期的设立，都是对所有权取得上的限制。

所以仅从私法上来理解，所有权的限制是所有权内涵本身应该设定的所有权的界限，而称公法上的规定为所有权的限制更加准确。需要注意的是，所有权内涵本身虽然有其预设的界限，但是要明晰而具体的确定却是难上加难的事情，这是因为对任何概念的认识总是处在一个从模糊到清晰的过程中，而且这个过程又是没有终点的，即随着社会发展以及法学理论的发展，对所有权界限的认识虽然将逐渐清晰，但是这种清晰始终是一个

---

[1] 参见王洪亮《分割所有权论》，《华东政法学院学报》2006年第4期，第116页。
[2] 〔德〕罗尔夫·克尼佩尔：《法律与历史——论〈德国民法典〉的形成与变迁》，朱岩译，法律出版社，2003，第251页。

相对清晰的过程，因而如果仅仅从所有权概念本身出发去界定所有权内涵的界限，只能适应现在乃至以前的状况，而无法与未来尚不知的发展状况适应，一旦世异时移，发生某种新的情况，物权法理论又必须用外部对所有权的限制来解释。这也是所谓"禁止权利滥用"① 作为一般条款存在于立法中的原因。

二 所有权限制的具体内容

所有权限制的具体内容是一系列内生性的制度，它们随着社会经济的发展而演进，在对这些具体的内容进行分析的时候，必须从私法理论和立法的体系入手，因为自法国的民法典始，各国民法典都是把动产与不动产的区分作为设计其物权体系架构的前提，而且针对典型的动产与不动产的所有权限制也是不同的，所以笔者的分析也从动产与不动产的区分入手，唯应注意的是笔者在前文已经论述过动产与不动产的区分已经走向二者的交错与同化，以下分析主要是针对典型的动产和不动产来说，当然也涉及动产与不动产交错与同化的问题。

（一）不动产所有权的限制

不动产所有权的限制根据规制的具体法律规范的性质的不同，又可以分为私法限制和公法限制，需要注意的是虽然可以做如此的分类，但是要清楚地区分所有权的私法限制与公法限制是极为困难的，甚至是不可能的。这里就像散乱的农田不易耕作一样，常常存在"混乱"状态，也增加了理解的难度。②

1. 不动产所有权的私法限制

所有权在私法上的构造特征，体现为立法者对所有权人利益与他人权利间的冲突予以规范协调的种种努力。所以，必须针对所有权人的权利内

---

① 从语义上来分析，所谓"禁止权利滥用"应该是一个错误的提法，即如果是滥用的权利还是权利本身允许的内容吗？因为权利概念本身即包含了其行使的正当性，所谓滥用云云，应该是权利的行使超越了其本身预设的界限，但是这种界限又因为未在行使之前加以完全揭示而缺乏限定，故以"禁止权利滥用"的条款来对权利行使加以限制来解决问题。
② 参见〔德〕鲍尔·施蒂尔纳《德国物权法》（上册），张双根译，法律出版社，2004，第524页。

容,或者针对因所有权而受影响的第三人的利益,而对所有权的内容进行界定。但是立法者所运用的界定标准又有不同:先以所有权人的合理使用为标准;其次又以妨害所有权的妨害人的优势利益为准;最后又强调,对"通常的"也就是合乎平均标准的妨害必须忍受,从而使所有的所有权人的地位"彼此平等",即处在相同环境中的土地,其在相邻关系法上的命运也应相同。在《德国民法典》中,不动产所有权内容的准绳是所有权人原则上享有自由与不受约束的地位,但是在出现下列情形时,将会失灵,即所有权人在实现其权利时,不存在自己值得保护的利益;或者干涉所有权者的利益,占绝对优势地位;或者干涉依其方式与范围,同等地涉及某一区域全部所有权人的土地所有权。①

(1) 相邻关系对所有权的限制。因为不动产的相互邻接而基于所谓的相邻互助互让精神对不动产所有权加以限制,这种限制具有私法的性质。②由于不动产的相邻各方在行使对不动产的占有、使用、收益以及处分权能时,可能给对方的权利和利益造成不利影响和有害侵扰,法律规定不动产的相邻各方相互之间应给予便利或接受限制,形成相邻各方的容忍义务。给予便利与接受限制是统一的,给予对方便利就要对自己的权利适当加以限制。相邻关系法中对不动产所有权的限制,突出反映了私法谋求和谐秩序的精神,不仅有利于发挥不动产的效益,而且有利于减少损害,防止纠纷,使邻人间尽可能地和谐相处。

根据我国《物权法》第七章的规定,不动产的相邻关系包括相邻用水关系、相邻通行关系、邻地使用关系、相邻通风采光日照关系、相邻固体废物和不可量物侵害关系等。这些规定虽然和《德国民法典》等民法典的规定略有出入,但其宗旨和作用基本相同,所涵盖的范围也基本一致。现实中需要处理的相邻关系可能多种多样,其具体情况也是千差万别,《物权法》不可能都做出具体的规定,而只能通过第七章的9个条文给出解决

---

① 欠缺自有利益可以分为刁难情形和所有权在垂直线上的界线;优势干涉利益包括紧急避险、越界建筑和必要通行的情况等。这些内容属于广义的相邻关系法的内容,表现为所有权自身的界限。参见〔德〕鲍尔·施蒂尔纳《德国物权法》(上册),张双根译,法律出版社,2004年,第523~535页。

② 参见〔日〕末川博『占有と所有』,法律文化社1962年,一八三頁。

相邻关系的原则和列举典型的相邻关系的类别。第85条规定："法律、法规对处理相邻关系有规定的，依照其规定；法律、法规没有规定的，可以按照当地习惯。"立法者的任务只是在双方权利义务间确立合理的界限，并对产生损害的后果确定赔偿责任的归结。

（2）他物权的限制。所有权和用益物权、担保物权可以同时并存在同一物上，但是由于同一物具有整体性，某种物权的行使一般会构成对设定在同一物上其他物权行使的抑制。用益物权和担保物权对所有权的限制往往是所有权人主动、自愿接受的限制。按照近代物权法"权能分离论"的解释，设定用益物权和担保物权的实质就是所有权人行使所有权的具体表现，它通过所有权权能的分离与恢复，适应民事活动的需要，充分发挥财产的经济价值，从而实现经济效益和社会效益。而从相对所有权的观念来看，所有权和他物权也构成对物上价值的实质分割，在分割的过程中需要协调关系以实现效率。

用益物权对所有权行使的限制较为明显与深刻。《物权法》第40条规定："所有权人有权在自己的不动产或者动产上设立用益物权和担保物权。用益物权人、担保物权人行使权利，不得损害所有权人的权益。"用益物权的行使前提是在一定期间内对标的物转移占有，并由用益物权人使用、收益，所以所有权人实际上只保留对物的最终处分权，用益物权作为相对独立的物权成为可以对抗所有权的物权。《物权法》规定的用益物权种类包括土地承包经营权、建设用地使用权、宅基地使用权和地役权。

担保物权设立后，债务人或第三人（物上保证人）对于担保物的所有权受到了限制。《物权法》规定的不动产的担保物权只有第十六章的抵押权，在设定抵押权的情况下，抵押物所有人仍然保留物的占有、使用、收益权能，仅把物的交换价值提供给抵押权人，因此所受限制最少，有利于发挥财产的价值。

（3）债权的限制。所有权与债权之间存在对立统一的关系。二者的对立表现在：就同一财产而言，所有权人要设立债权就必须转移财产的所有权或其部分权能，如果要保留完整的所有权，就不能就这一财产设定债权。二者的统一性表现在：由于所有权制度设立的目的之一就是追求清晰的产权界定，为债权法律关系的实现即财产交易流通进而实现其经济价值创造先决条件，而债权的设定也是所有权人实现其财产价值的重要手段，财产只有在流通使用中才能保值增值。就债权对所有权的限制而言，二者间的对立关系证明了这一点。

债权对所有权的限制的最典型的例证是租赁权。租赁权是承租人依照租赁合同请求出租人在合同期限内交付出租财产，并占有、使用这一财产的权利。尽管在现代社会中，各国法律对租赁权的保护性规定已具有了物权特点，但是一般认为租赁权仍然是基于租赁合同而产生的债权。租赁权对财产所有权的限制集中表现在"买卖不破租赁"和承租人享有"优先购买权"这两个原则上，前者体现对房屋新所有人的所有权的限制，后者体现对房屋原所有人即出租人的限制。关于"买卖不破租赁"，我国《合同法》第 229 条明确规定："租赁物在租赁期间发生所有权变动的，不影响租赁合同的效力。"从表面上看，租赁权对买卖合同的限制属于对债权的限制，但在根本上，租赁权的有效存在构成了出租方对其出租财产进行转移必须考虑的一个限制因素，即应将出卖物已出租的事实明示给受让方，受让方在取得租赁物所有权后在原租赁合同期限内不能妨碍承租人的租赁权，所以其已获得的所有权并不能实际占有、使用，而处于抑制状态，这便是租赁权对于新的所有人权利的限制。关于承租人的"优先购买权"，《合同法》第 330 条规定："出租人出卖租赁房屋的，应当在出卖之前的合理期限内通知承租人，承租人享有以同等条件优先购买的权利。"优先购买权对出卖人处分权的限制是植根于租赁权的，是租赁权的派生权利，体现了作为债权的租赁权对所有权的限制。

（4）基于新的所有关系而产生的对所有权的限制。随着社会的发展，新型的所有关系也不断产生，近代以来不断发展的建筑物区分所有制度即为典型事例。根据《物权法》第六章"业主的建筑物区分所有权"的规定，建筑物的区分所有人依其应有份额对独自占有部分享有专有所有权，对共同使用部分享有共有权和共同管理权。由于建筑物区分所有法律关系的独特性，专有权人尽管对专有部分享有所有权的一切权能，但专有权人行使专有权时必须接受如下限制。按照专有部分的使用目的或规约规定使用专有部分，不得违背，否则为不当使用；有维护建筑物牢固与完整的义务，不得在专有部分加以改造，更换拆除，也不能增加超出建筑物负担的添附；不得随意变动、撤换、毁损位于专用部分内的共用部分，应负担维护其完好的义务。

由于业主的建筑物区分所有权的客体是一个建筑物的部分，各个业主区分所有人之间的关系既有所有权的独自性，也有一定的共同性。所以其受到的限制相较于一般的不动产所有权人来说更多，而且建筑物区分所有的情况下的各个所有权的界限即使是专有部分也很不清晰。形式上的条块分割往往并不代表明确的利益界限，相反，再精细的区分技术，也难以实现利益边界的绝对清晰。"壁心说"、"空间说"、"最后粉刷表层说"、"壁心和最后粉刷表层说"的争论本身就表明专有权的边界是不确定的、模糊的。① 仅就"壁心和最后粉刷表层说"而言，专有权的边界最终须依"公共利用"的需要而定，而何为公共利用显然是一个不确定的概念，由此导致的权利边界的模糊性是不言而喻的，因而只能在具体的情境下通过对区分所有人的专有权进行限制来衡平不同区分所有权人之间的利益。

2. 不动产所有权的公法限制

所有权的公法限制是指经济法、行政法等限制所有人权利的规定。公法对所有权的限制，就其目的而言，都是为了保护社会和国家的公共利益；就性质而言，多是属于行政法规予以调整，如土地法规、城市建设法规、环境保护法规或污染防治法规等；就标的而言，可为动产和不动产；就限制内容而言，有使所有人负作为的义务，有负忍受的义务；就违反的效果而言，有使法律行为归于无效或撤销，也有使其负损害赔偿责任，甚至刑事责任。公法是强行法、干预法，基于公法的行为是为维护国家利益、社会公共利益而实施的，不以当事人的意思表示为要件。因此，公法对所有权的限制也是所有权受到的限制中相对严格的。

公法限制的一种方法是划分所有权的不同类型。在俄罗斯，农民集体所有权、手工业者所有权以及政府所有权，都受到与私人所有权不同

---

① 关于建筑物区分所有的专有部分的确定理论上主要有这四种学说，其中"壁心和最后粉刷表层说"为通说。参见梁慧星主编《中国物权法研究》，法律出版社，1998，第390~392页。

的对待，其相互之间也被区别对待。当然，它们之间的区别在于：政府官员对于上述类别进行干涉的权力有所不同，国家对其源于财产的收益的规制也有所不同，同时关于它们的转让的规则也有所不同。通过这种方式，在自由主义的意义上行使的所有权的空间缩小了，而代之以政府参与经营管理的形式。社会控制的一种形式是政府官员对国家的"私有"财产进行经营管理。这种安排徒具自由主义意义上的所有权的形式，并不具备其实质。经营管理和收益的享有相分离，资源的分配、对所有物的使用都直接或间接地受到政府控制。英国的国有化企业就属于这一控制模式。① 我国《物权法》第五章的规定基本上也属于此类。与此不同，德国学者根据适用法律的不同将所有权的公法限制分为公法建筑法上的所有权限制、规划法上的所有权限制、基于自然保护与文物保护而生的限制、基于交通利益而限制所有权、基于农业政策原因而产生的限制、通过经济调控而限制所有权和征收七种。② 根据对所有权限制的程度的不同，大致可以将公法对所有权的限制措施分为两个大类：一是征收和征用，二是管制。

（1）征收和征用。征收和征用是两个不同的法律概念，但在某些方面又有类似之处。第十届全国人民代表大会第二次会议通过的"宪法修正案"第十三条第三款规定："国家为了公共利益的需要，可以依照法律规定对公民的私有财产实行征收或者征用并给予补偿。"这是修订后的宪法为了正确处理私有财产保护和公共利益需要、公民权利和国家权力之间的关系，而确立的我国征收、征用制度。我国《物权法》第42条第1款规定："为了公共利益的需要，依照法律规定的权限和程序可以征收集体所有的土地和单位、个人的房屋及其他不动产。"征收和征用的主要区别在于：征收是所有权的改变，征用没有改变所有权而只是使用权的暂时改变。征收是国家从被征收人手中取得了所有权，发生了所有权的转移；征用则是在紧急情况下对私有财产的强制性使用，在紧急情况结束后，要把

---

① 参见〔美〕奥诺雷《所有权》，金可可译，《公法评论》，http://www.gongfa.com/caichanquanaonuolei.htm，2007年8月19日登录。
② 参见〔德〕鲍尔·施蒂尔纳《德国物权法》（上册），张双根译，法律出版社，2004，第564～581页。

被征用的财产归还权利人。征收即对所有权人的所有权的剥夺，原则上是全部的剥夺，例外的情况也可以是部分的剥夺；① 征用则是对所有权暂时的剥夺。根据《中华人民共和国宪法》（以下简称《宪法》）和《物权法》的规定，征收和征用都必须是为了公共利益而为之，这一点其他国家的法律如《德国基本法》也是这样规定的，但是如何界定公共利益从而确定征收行为的正当性，却是法学界争论不休的问题，关于这个问题，笔者将在后文详细论述。

（2）管制。公法上限制所有权人行使所有权的各种规定可以统称为管制，也就是说将征收和征用之外的其他公法上的所有权限制都称为管制。周林彬先生认为从所有权人对财产利用的维度上讲可以将管制归为三类：一是对所有权利用深度的限制，即法规限制财产所有人使用财产的程度；二是对所有权利用宽度的限制；三是对所有权利用长度的限制，即法规对财产所有人使用财产的期限的限制。② 这三种分类基本上涵盖了德国学者七种分类中除征收之外的六种限制措施。我国规定对不动产所有权进行管制的法律主要是《中华人民共和国环境保护法》、《中华人民共和国土地管理法》、《中华人民共和国城市规划法》、《用水管理条例》等，这些法律规定的对所有权的限制都属于部分限制，而不像征收和征用那样是对所有权的剥夺。

（二）动产所有权的限制

在动产与不动产交错与同化的趋势下，原则上对于不动产所有权的限制也可以适用于动产，但是与不动产相比，这些原理在动产领域的适用，并不像不动产所有权领域那样是显然的、现实的。德国学者鲍尔等人认为原因有两方面。一是"在动产所有权领域，与他人利益以及公众利益发生

---

① 我国物权法没有规定部分剥夺所有权，这与其他各国立法一致。《德国民法典》也没有规定部分的剥夺，但是基于现实的需要通过判例确认了部分的剥夺所有权，即为了生活供给企业的利益，或为了他人在土地上架设高压线路的发电厂的利益，通过强制设立一项限制的人役权，而征收土地。所以说部分剥夺也有其适用的空间。参见〔德〕鲍尔·施蒂尔纳《德国物权法》（上册），张双根译，法律出版社，2004，第579页。
② 参见周林彬《所有权公法限制的经济分析》，《中山大学学报》（社会科学版）2000年第4期，第38页。

冲突的可能性要远小于不动产领域。而正如我们所知道的，不动产所有权的波及面是如此的广泛，以至于随着其内容的确定就已经（几乎是自然而然地）规定了有利于邻居和公众利益的约束。与此相反，动产所有权的运用是在所有权的'私生活'（intimsphäre）范围内的事情，他人和公众利益不会因该人动产所有权的使用而受影响或者说是受到本质的影响。"总体而言，"动产的使用既不涉及他人利益，也不涉及集体利益。利益冲突并不多见，一旦出现冲突，立法者必须尝试通过影响动产所有者的行为来解决冲突。只有在出现紧急或长期苦难时期时，国家才会剥夺动产所有权。"二是"动产在通常情况下是可以互换的：一件物品可以被等值替换。国家为了实现公共任务而恰好需要动产所有者的某一物品的情况是很少见的。因此，只要国家具有通过购买获取动产的必要资金，也就足够了。换句话说，获取公共动产的手段不是征收，而是通过税收。"①

但是在特殊的情况下，如国家为了抢险、救灾等紧急需要，对私人所有动产也可能采取强制征用。我国《物权法》第44条规定："因抢险、救灾等紧急需要，依照法律规定的权限和程序可以征用单位、个人的不动产或者动产。被征用的不动产或者动产使用后，应当返还被征用人。单位、个人的不动产或者动产被征用或者征用后毁损、灭失的，应当给予补偿。"但是总的来说，对于典型动产的所有权的限制是比较少见的。

三 所有权社会化理论的检讨

（一）所有权社会化理论的一般表述

前文述及，所有权限制的理论依据是"所有权社会化"，这种理论是在批判自由主义绝对所有权的基础上发展而来的，其目的在于重新界定所有权概念的内涵，对所有权的限制给出合理的解释，以适应社会经济的发展。"所有权社会化"的理论一出可以说是万众响应，在解释所有权限制的根据时普遍加以应用，即使有的学者实际上仍是坚持自由主义的绝对所有权观念的，也丝毫不影响其在其论述中提及"所有权社会化"，可见这

---

① 〔德〕鲍尔·施蒂尔纳：《德国物权法》（下册），申卫星、王洪亮译，法律出版社，2006，第342页。

一理论的影响力之大。比如谢在全先生在《民法物权论》中称:"基于个人主义之思想,所有权固应属于个人,但其行使与公共利益有关,应受社会之规律。所有权之行使,惟于符合公共利益时,其个人归属方可认为系正当。易言之,所有权乃是公共预期个人存在利己心之原动力,仍能为公共利益作最有效之行使,方将之委诸个人,固社会基于公共利益,自须限制或剥夺个人之所有权。所有权何以成为本质上负有条件而可以限制之权利,终于在其本身觅得理论上之正当证据。"① 但是需要注意的是,他为所有权所下的定义以及对所有权概念特征的分析都坚持了近代私法的绝对所有权观念,体现出逻辑上的矛盾。

多数学者认为,"所有权社会化"是时代的要求,是私权关系随着社会经济发展而发展的必然选择。郑玉波先生认为:"私法关系之发展,系由'义务本位',进入'权利本位',而'权利本位'又由'个人本位',进入'社会本位',20世纪之后,社会本位之思想日见抬头,最主要者系于所有权上见之。易言之,所有权之社会化乃一方兴未艾之现象。"② 所有权社会化理论的核心思想就是要求个人权利在面对社会利益或公共利益时应该让步,即对所有权进行限制的依据是法律的目的或是依据社会利益而行动的义务,或者权利实质上是国家为实现其目的而赋予个人行动的法的可能等。按照主张"社会连带说"的学者狄骥的说法,"所有权不是一种权利,而为一种社会功能。所有主,换言之就是财富的持有者,而持有财富的事实,自有完成社会功能的义务;当他完成了这个功能,他的所有主之行为就被保护,倘若他不完成这个义务,或则做得不好,例如他任他房子崩坏,或不垦殖他的田地,统治者强迫他完成所有主的社会功能是合法的干涉。这个干涉在于确保他所持有之财富依照他的用途的加以利用。"③ 自由主义的绝对所有权赋予所有权人的是一种可以向任何不特定人主张的具有绝对性的主观权利,所有权既有使用、处分物品的权利,当然也有不使用、不处分它的权利,而且所有权主体必须是实在的人即自然人。但在

---

① 谢在全:《民法物权论》,中国政法大学出版社,1999,第116~117页。
② 郑玉波:《民商法问题研究》(二),三民书局,1991,第101页。
③ 〔法〕莱昂·狄骥:《〈拿破仑法典〉以来私法的普通变迁》,徐砥平译,中国政法大学出版社,2003,第15页。

狄骥看来，这种自由主义的绝对所有权概念正趋于消灭，因为主观的所有权纯粹是一个空想的而与近代实用主义法学绝对不相容的概念，而且这种所有权制度旨在保护个人本身，而不认可团体的财产的独立性，而近代社会要求每个人履行相应的职能，人是生活在社会关系当中的，所有的个人利益都不能独立存在。

随着人类生产力的提高，环境遭到巨大的破坏，自然资源的浪费也达到前所未有的程度。人类在反思中力图弥补自己所犯下的巨大过错，社会可持续发展和资源有效利用的理念被提出来，环境资源法作为新兴的法律部门异乎寻常地快速发展，而环境资源法为了贯彻其理念以对抗私权观念中绝对化理念，也提倡"所有权社会化"的理论。法学家们认为是经济环境的变化加之对民法调整机制的反思共同促成了民法社会化位移的实现，具体表现为绝对所有权理念受到限缩，建立在"环境公共财产论"基础之上的所有权多元化格局初步显现。[①]

（二）所有权社会化理论的缺陷

毫无疑问，所有权社会化理论是有一定现实基础的，社会经济的发展宣示了绝对所有权观念的不合理性。但是用所有权社会化的理论来代替绝对所有权观念却又进入私法理论的另一个误区。

1. 所有权社会化会吞噬私法所保护的个人利益

虽然随着社会的发展，人与人的关系变得复杂，人与人的结合如公司等已经成为独立的经济体，但是这并不意味着个人主义的灭失，而仅仅彰显公共利益，只是个人利益的边界变得模糊。即所谓的社会化并不能用公共利益来吞没个人利益，而只是个人利益之间的一种衡平关系复杂化。高富平先生认为，"国家干预经济实质上也就是对私人权利的限制。而这种限制的基础便是私法社会化或公共化、所有权社会化。于是，一些法学家敏锐地指出，个人所有权除了满足个人利益外，还承担社会功能，满足社会整体利益。于是所有权不仅被认为有权利，而且还有义务，国家为保障所有权人履行这一义务有必要对所有权的行使予以限制。因此，所有权社

---

① 参见郑少华《可持续发展与第三次法律革命》，《法学》1997年第11期，第18~20页。

会功能理论提出的深刻社会背景是解决 20 世纪以后在西方世界普遍出现的社会——经济危机或问题。"① 在相互联系占主导地位的现代社会，自由理念已转变为运用个人体力、智力和道德力量促进这种相互依赖的义务。同样，财产也就成了它的拥有人的客观义务或运用其财富支持和扩大社会依赖性的义务。每个人都有为社会履行某种功能的义务，这种义务由国家通过法律决定。因此财富持有人有义务履行别人不能履行的义务，即通过其资金的使用，增加公共财富总量。因此他有义务履行这一行为，也只有履行了这一义务，社会才保护他的权利。所有权不再是所有人的主观权利而是财富持有人的社会功能。

但是 20 世纪后期的社会发展告诉我们，这种国家干预经济的体制是失败的，因为依据人生活在社会关系之中就把个人的命运交给公共社会，实际上相当于有限理性的人把自己的命运交给了另一个有限理性的人。既然单个的人不能使自己的生活和社会的发展和谐，那么抽象的社会也不能，经济社会的"有形之手"的作用永远要受到"无形之手"的制约。所以笔者认为，所有权社会化的理论正如因为社会生产力不发达而使人类把最困难的问题交给神一样，是只能获得心理安慰而不能从根本上解决问题的。

2. 恃强凌弱的问题不是所有权社会化所能解决的

所有权社会化的一个作用在于通过限制所有权而解决因为自由市场带来的恃强凌弱的问题。郑玉波认为，绝对所有权虽然有助于资本主义经济的发展，然而却有两种不良后果。一是"盖富有乃所有之积，所有人既系财富之拥者，在经济上乃处于强者之地位，对于经济上之弱者，遂不免仗势欺凌，如工人往往在极苛之条件下受雇，房客往往在不利之情形下租屋，而佃农亦往往在被压迫中耕田，皆其适例。"二是"所有权既系绝对的权利，而不含任何义务，则所有可行使之故有自由，不行使尤有自由，因之富而连阡陌者，得任意使其荒芜；而坐拥广厦万间者，亦得任意使其空废矣。"②

---

① 高富平：《物权法原论》，中国法制出版社，1998，第 150 页。
② 郑玉波：《民商法问题研究》（二），三民书局，1991，第 102 页。

但是笔者不同意这种观点。绝对所有权观念虽然有诸多不对之处，但郑玉波先生所说的问题并非是绝对所有权引起的，而且所谓"所有权社会化"也并不能解决这两个问题。首先，财富的积累是市场竞争的必然结果，但是并非所有的财富都可起到恃强凌弱的作用。英国哲学家霍布豪斯认为财产权有两个功能，其一是自由和安全，其二是通过控制给予所有者权力。① 基于第二种功能，所有权人通过控制物可以控制人，也就是资本家通过控制生产资料而剥削工人。但是事实证明，即使财富归于政府，施行公共管制也不能改变工人受制于权力财产的状况，只是所受制的具体对象发生变化而已。其次，房地之所有权人坐视田地荒芜和房屋废弃的事情是臆想的证据，除非田地和房屋已经没有使用价值，抑或没有充分自由交易的市场。否则任何一个理性的"经济人"都不会坐视田地荒芜和房屋废弃，要么自己加以利用，要么选择交易以谋求市场上的其他资源。

总而言之，所有权社会化理论只是发现了绝对所有权存在的问题，但并不足以作为所有权应该受限制的根据。所有权应该受限制的根据从经济学上看是追求效率的需求，从法律理论上分析是"权利冲突"。

四 公共利益还是效率——所有权公法限制的经济学根据

（一）"公共利益"内涵的不确定

基于公共利益而限制所有权，成为在公法上限制所有权的根本理由。现代私法的所有权已经与公法重叠，通过此种方式，生产关系的直接社会性将变得非常清晰。为了提供财产权产生的诱因，原则上应当符合公共利益，如果放任不动产财产权的自由，就可能造成对公共利益的侵犯。世界各国都在宪法上贯彻这一理论，1919年的德国《魏玛宪法》第153条第3项规定："所有权负有义务，其行使应同时有益于公共福利。" 1949年《德意志联邦共和国基本法》第14条第2项继承了这一规定。1946年《日本国宪法》第29条第2项规定："财产权之内容，须符合公共福利，以法

---

① 参见〔英〕霍布豪斯《财产权的历史演化：观念的和事实的》，翟小波译，http://www.gongfa.com/caichanquanhuobuhaosi.htm，2007年7月8日登录。

律规定之。"1948年《意大利宪法》第42条第22项规定:"私有财产受法律承认及保障。法律为确保私有财产之社会机能并使一切人均能享受,应规定其取得、享有之方法及其限制。"这些规定的初衷在于立法者"一直不甚信任法律主体的自由选择,所以一再存在以法律政策上的动力去限制所有权人的权能,特别是限制所有权人的处分自由。"[1] 庞德也认为,"今天的法理学编制的个人主张,个人需要,个人愿望的目录和清单同19世纪的法哲学完全一样,唯一不同的是今天的法理学并没有到此止步,而且假设这些主张不可避免地要有法律的承认和保护,它会进一步问,在这些个人要求被放在首位的社会生活中涉及什么样的社会主张和社会要求,这些个人要求在多大程度上让位于社会利益或等同于社会利益,在什么时候,按社会利益它们被纳入其中,什么程度上它们可被当成社会利益看待。什么时候可对社会利益产生最充分的效果而只作最小的牺牲?"[2]

通行的观点是想当然地把公共利益当成限制所有权的依据,而实际上"公共利益"本身就是一个难以界定内涵的范畴,什么是"公共利益"令人难以琢磨。德国1919年《魏玛宪法》第153条第3项规定:"所有权负有义务,其行使应同时有益于公共福利。"这被称为立法上"所有权社会化之滥觞"。[3] 即便如此,德国学者对于应该如何解释与适用"公共利益"这个典型的不确定的法律概念仍众说纷纭,尚无一致见解。[4] 在英美法系,对公共利益的看法也不统一。边沁认为,"共同体的利益是道德术语中所能有的最笼统的用语之一,因而它往往失去意义。在它确有意义时,它有如下述:共同体是个虚构体,由那些被认为可以说构成其成员的个人组成。那么,共同体的利益是什么呢?是组成共同体的若干成员的利益总和。"[5] 哈耶克反驳认为,这种想当然的说法是导致事态恶化的原因,它掩盖了问题的本质,因为其本质不是所有的私人利益集合起来的问题,而是

---

[1] 〔德〕罗尔夫·克尼佩尔:《法律与历史——论〈德国民法典〉的形成与变迁》,朱岩译,法律出版社,2003,第243页。
[2] 〔美〕罗科斯·庞德:《普通法的精神》,唐前宏、廖湘文、高雪原译,法律出版社,2001,第144页。
[3] 郑玉波:《民商法问题研究》(二),三民书局,1991,第103页。
[4] 参见王文宇《民商法理论与经济分析》,中国政法大学出版社,2002,第87页。
[5] 〔英〕边沁:《道德与立法原理导论》,时殷弘译,商务印书馆,2000,第58页。

"在个人可以为实现自己的目的而自由运用自己的知识的大社会中，政府所应当在达致的那种普遍利益不可能是由分立的个人所得到的特定满足的总称构成的，道理很简单，因为作为决定因素的那些情势，绝不是政府或任何其他人所可能完全知道的。"① 哈耶克还认为，"公共利益或公益这两个术语直到今天仍是最难给出明确定义的概念。"② 总而言之，公共利益是难以确定的概念，以一个不确定的概念为根据来限制所有权显然是不可靠的。

（二）公共利益的滥用

为了维护私法秩序，所有权作为基本的私权应受到公法的尊重，德国学者认为，"普通立法者在其定义'所有权'，构造所有权内容之活动范畴中，不得给私所有权内容，塞进一些不符合私所有权名称的东西，以致私所有权名实不符。否则，普通立法者之活动，即为违宪。故而，所有权制度保障所保障者，乃所有权在宪法上的最低存续状态，私法立法秩序对此最低存续状态，不得进行侵蚀。普通立法者不得将不存在的权利，创设为'所有权'；亦不得对已存在之所有权，在内容上进行如此之限制，以至于权利人根本不可能再就所有权客体，按其个人意愿进行使用。因此，规定住宅所有权人永远不得为自己之目的使用其住宅，而只能保留使用出租人地位者，该法律规范已违宪。"③ 但是现代法上规定的公共利益却常常被利用而扮演了任意侵犯私人所有权的角色。按照邓正来先生的论述，那种试图通过各种"社会立法"去实现或保障各种"社会利益"的做法，不仅有可能一步一步地摧毁自生自发秩序所必须依凭的基础，而且还可能会渐渐地致使以"目的依赖性规则"为依凭的组织秩序侵吞以"目的独立性规则"为依凭的自生自发的秩序并最终侵吞个人自由——至少会给个人自由设定种种不正当的限制。另外，与此紧密相关的是，法律在承认和保障业

---

① 〔英〕弗里德里希·冯·哈耶克：《法律、立法与自由》（第二、三卷），邓正来译，中国大百科全书出版社，2000，第2页。
② 〔英〕弗里德里希·冯·哈耶克：《法律、立法与自由》（第二、三卷），邓正来译，中国大百科全书出版社，2000，第2页。
③ 〔德〕鲍尔·施蒂尔纳：《德国物权法》（上册），张双根译，法律出版社，2004，第520页。

已确定的"社会利益"的过程中还必定会在人们当中创造出谋求或追逐那些"社会利益"的取向,而这就可能导致一些个人或利益群体以"社会利益"的名义要求法律对其既有的相对地位施以保护或者是要求法律对其既有的利益予以增进,因此,"社会利益"便构成了一些个人或既得利益群体谋求特权的依据,甚至还可能演变成国家对某些既得利益群体进行保护并为他们创设新的特权的依据。套用哈耶克据此得出的结论,大量自称是社会的东西,从"社会的"这个词所具有的更为深层且更为真实的含义来看,实际上是一些彻头彻尾反社会的东西。①

从单纯私法的角度看,在民事法律关系中,公共利益和私人利益没有谁优先的问题,即公共利益和私人利益其实不存在冲突,而是各有其界限,既不能因为私人利益而损害公共利益,也不能因为公共利益而损害私人利益。对于前者,学界认识较为一致,但是后者却往往被忽略。如果把这个命题置于今日的法制环境中,则后者的被忽略常常是致命的。因为在公法和私法并存的法制环境中,公法无理由要优位于私法。在带有公权力内容的公法规范中,政治国家和公民(包括其他主体)是绝对处于不平等的地位的,而政治国家所秉持的口号就是公共利益的优先,至于什么是公共利益,恐怕如上文所述,只有"神"才知道。赫费认为,"社会利益及社会福利或公共福利的说法,掩盖了这样的事实:一个群体或公共体无非是一个同质意义上的构成物,即不是这一个人与那一个人的幸福毫无问题地协调起来这一意义上的构成物。相反,会出现各种各样的分群体和个体,他们都有各自的需要和利益,相互竞争,一句话,相互争斗。"② 所以在现实中,"公共利益"往往成为部分私人利益实现的工具,通过宣示为了实现公共利益而使竞争中原本平等的个体变得不平等,尤其是政府的行为,民主选举的政府也并不能代表所有人的利益而往往形成所谓的多数人暴政,尤其是在崇尚"商品是天生的平等派"的市场经济当中,"政府不可以为了使觊觎 A 财产但尚未能说服他把财产出卖给自己的 B 得到该财

---

① 参见邓正来《社会学法理学中的"社会"神——庞德法律理论的研究和批判》,http://dzl. legaltheory. com. cn/info. asp? id = 6068,2007 年 8 月 2 日登录。
② 〔德〕奥特弗里德·赫费:《政治的正义性》,庞学铨、李张林译,上海译文出版社,1998,第 57 页。

产，而强迫 A 出卖其财产。"① 所以说，"公共利益"的说法往往仅成为托词，虽然可以作为公法上宣示的口号，但并不足以成为解释所有权限制的理论依据。

（三）用"效率"来解释所有权公法限制的根据

经济学上区分个人效益和社会效益，但不是把二者对立起来。个人效益和社会效益会由于所有权的滥用出现偏差，其中自然是由于外部性的存在。个人会依照对其效用最大化的方式来使用其财产，某人或许认为将他的汽车停放在露天场地最合其心意，对此法律自然无权干涉，也无需干涉，因为市场会运用其定价机制来促使该人发挥财产的更大效用。但如果该人将汽车停放在交通要道上，法律就会出来干涉，因为此时该人的行为产生了外部成本。在私法的视野里，社会利益应该和个人利益是平等的。当个人利益与社会利益冲突时，扬一抑一的解决之道不可能同时满足双方，所以说要通过社会化使个人利益与社会利益相得益彰，协同一致地共同得到满足，几乎近于神话。因为双方利益同时得到改善只有在完全竞争市场中自愿交易才能达致。

笔者认为，所有权公法限制在具体操作上应依据正当程序论，即程序性优先的理论。虽然程序性优先并不能改变公共利益界定模糊性的顽疾，但是可以降低公法限制可能带来的危害性。季卫东先生认为，"中国的传统文化以及其他社会条件却并不利于法律程序观念的形成和发展。众所周知，作为儒学核心价值的道德观重视的是人的主观动机而不是行为方式，强调的是崇高而不是普遍性，既不同于社会正义的理念，更难以把公正与形式性、结构性结合起来考虑。对于民间的有序化机制，人际互动关系起着关键性的作用，促进非正式讨价还价的倾向，使决策过程具有情境思维的特征并且缺乏透明性和外部监督。就国家制度的范畴而言，集中化、绝对化的权力以及自上而下的逐级个人承包责任构成维持规范效力的两大支

---

① 〔美〕罗伯特·考特、托马斯·尤伦：《法和经济学》，张军译，上海三联书店，1994，第263页。

柱。"① 在具体判断的场合,权利人的负担如果过重,或此种负担不成比例,将构成对实质的正当程序的违反,亦即此种限制违反比例原则,限制的法令必须具有形式上的合法性,而且也必须依法对规定的程序加以限制。② 而对于公法限制中存在的补偿问题,也并非以市场价格补偿可以解决。因为以市场价格进行补偿不是任何物(财产)都适用的,如果仅仅是作为种类物的典型动产,其市场价格比较容易测算,但是如果是非种类物的其他财产可能就无法测算其所谓市场价格,而所谓根据一定的人为设定的标准进行的评估价实际上并不是市场价格。所以涉及补偿问题仍然需要通过一定的听证程序来获取一个相对合理的解决方式,而无法预先确定一个明确的标准。

五 所有权限制的权利冲突论解释

(一) 以权利冲突论解释所有权限制的合理性

权利冲突论是关于所有权的限制根据的最佳的解释方案。任何一种权利,都存在一个运用和行使适当与否的问题。"权利不是一种纯客观的东西,也不是一种纯主观的东西,而是一种主客观相结合的产物。这种主客观具体而言,就是利益和价值(或价值观)。利益代表了客观的根由,价值代表了主观的需求……权利冲突的实质就是利益的冲突和价值的冲突。"③ 所有权的限制即其界限的划定,也是冲突的所有权之间的利益平衡。换句话说,所有权是有界限的权利,所有权界限的具体设定以其所涉及的利益为界。根据末川博的观点,所有权的限制涉及三种利益:相邻的其他个人的利益、一般的共同生活的利益和国家的利益。④ 其解析的对象不外是相邻不动产所有权人(或使用权人)、社会环境和资源、一国的国防等国家主体。第一种是涉及私法限制的利益而后两种是涉及公法限制的利益。按

---

① 季卫东:《法律程序的形式性与实质性——以对程序理论的批判和批判理论的程序化为线索》,《北京大学学报》(哲学社会科学版) 2006 年第 1 期,第 109 页。
② 参见谢哲胜《不动产财产权的自由与限制——以台湾地区的法制为中心》,《中国法学》2006 年第 3 期,第 150 页。
③ 刘作翔:《权利冲突的几个理论问题》,《中国法学》2002 年第 2 期,第 58 页。
④ 参见〔日〕末川博『占有と所有』,法律文化社 1962 年,一八三页。

照前文所述，第一种还可以扩展到受限制的不动产上其他物权人和债权人的利益，基于三种利益而限制物权，实际上就是利益所映射的权利之间冲突的解决方法之一，包括私权之间的冲突，也包括私权和公权的冲突。

关于权利冲突，有学者持否定意见。郝铁川先生认为，"所谓权利冲突问题，实际上是个权利边界的划定问题。而只要是被法律所确立或承认的权利，边界都是清晰的。即使是因立法技术原因未界定清楚的，我们也完全可以按照法理和公序良俗予以判断明白。因此，所谓权利冲突是因大家未能搞清权利边界而引发的一种误会，是一个本不该成为问题的问题。"[①] 但是他所赖以为凭的这些依据，都是无法确定的，都是界定困难的抽象概念，所谓的"法理"和"公序良俗"即如此。笔者赞同郝铁川先生的权利应该有边界的观点，[②] 但是认为权利的边界以学者认识能力看，是很难清楚界定的，也就是说在实然的状态上，权利的界限是模糊和变动的，那种认为仅仅确定权利的界限就可以解决权利冲突问题的观点在理论上是幼稚的，在实践中也是无法实现的。张平华先生认为，"权利边界并非具体的、物理性边界，而是抽象的制度产物，是无形的边界。因此，权利边界是贯通权利问题的微观或主观、宏观或客观层面的枢纽。在微观或主观（权利）层面，权利边界划定了主体的自由空间，决定当事人利益的最大可能限度，是权利本体论的支撑点；在宏观或客观（法律）层面上，权利边界总涉及实证法的规定，而权利边界清晰与否也最终取决于法律的结构特点，如形式是否合理，以及法律解释的主观性与客观性等。可见，权利边界的抽象性绝不意味着人们无法识别权利边界。概言之，其存在三条识别路径。从权利边界的基本构造手段上去识别权利，如果权利边界的基本构造手段能够实现权利边界清晰，则不可能存在权利冲突；从权利边界的法律规范基础去考察，如果权利的法律基础能使权利边界清晰，也不会存在权利冲突；从权利边界的最终实现机制——法律解释去考察，如果

---

① 郝铁川：《权利冲突：一个不成为问题的问题》，《法学》2004 年第 9 期，第 5 页。
② 参见郝铁川《权利冲突：一个不成为问题的问题》，《法学》2004 年第 9 期，第 6 页。

法律解释能实现绝对的客观性，则权利冲突最终难以存在。"① 总而言之，权利边界模糊性是最能说明权利冲突存在的原因的。② 所以理论界并不应该停止关于权利冲突的讨论而转向权利边界的确定，而应该就权利应有边界去分析权利冲突的解决之道。

多数学者对权利冲突持肯定意见，并对什么是权利冲突予以界定。王克金先生认为，"权利冲突就是指两个或者两个以上同样具有法律上之依据的权利，因法律未对它们之间的关系做出明确界定所导致的权利边界的不确定性、模糊性，而引起的它们之间的不和谐状态、矛盾状态。"③

（二）根据权利冲突论构造对所有权限制的制度

权利冲突是权利的一种消极状态，与法律理想相悖，任由权利冲突存在，必将导致整个法律大厦的坍塌，所以必须设法消除这种权利的消极状态。权利限制通过限制冲突中的权利，使多种权利得以和谐共处，而成为权利冲突的基本纠偏机制。对于所有权来说，权利边界的模糊性虽是其本性，但因为这是基于人类经验的有限性而产生的，那么在人的有限理性的范围内实际上应该有一个相对最优的解决方法或途径。因此权利冲突之解决就成为一个如何在一定的范围内明晰权利边界、重新界定冲突着的权利的范围和边界的问题，基于物权客体上可能存在的多重权利结构，平衡权利间关系的方法即在于确定其边界，这个边界并不是固定的，而是变化的，这取决于冲突着的权利的数量和权利人的意志，因为当事人是其利益的最佳决定者，因而有私法自治原则，所有权和他物权都属于私权，当然也有私法自治原则的适用。④

---

① 张平华：《权利冲突是伪命题吗——与郝铁川教授商榷》，《法学论坛》2006年第1期，第12页。
② 参见王克金《权利冲突论——一个法律实证主义的分析》，《法制与社会发展》2004年第2期，第53页。
③ 王克金：《权利冲突论——一个法律实证主义的分析》，《法制与社会发展》2004年第2期，第45页。
④ 参见谢哲胜《不动产财产权的自由与限制——以台湾地区的法制为中心》，《中国法学》2006年第3期，第150页。

解决权利冲突的具体方法不外乎立法和司法两方面的手段。首先，就所有权限制的立法来说，如何在立法过程中做到审慎，将理性所能够认识到的情况考虑进去，避免因立法不周而引起的权利冲突，这受制于立法者的立法水平，包括立法者对权利事态的把握能力、概括能力、总结能力和审慎的程度。还有就是借鉴已有的立法成果。已有的立法成果是人类长期的理性认识的结晶，并在历史中经受了种种考验，应该说它们对权利事态的把握是比较全面的，因此我们在立法中应该给予充分重视，并吸纳到我们的法律中来。其次，通过司法途径解决权利冲突包括两种情况：一种是在现有的法律范围内通过法律解释来解决权利冲突，另一种是在现有法律根据无法通过法律解释来解决权利冲突时，法官根据法律之精神来制定新的权利规则来解决权利冲突，即自由裁量。[①] 就所有权限制的司法构造来说，因为限制的需求随社会发展而不断变化，所以只有通过解释法律和发挥法官的能动作用，才能够及时从法律上回应这种需求，避免法律调整处于真空状态。

权利冲突的实质是利益冲突，权利冲突中隐含利益冲突，也正是因为利益冲突的存在才使权利冲突得以发生。因此，解决物权客体之上的权利冲突、重新确定和明晰权利边界的过程就是一个对冲突着的利益进行衡量和取舍的过程，同时也是一个价值选择的过程。选择保护不同的利益就体现了不同的价值取向，体现了选择者不同的价值观念。对各种利益的承认或拒绝承认，以及划定那些得到承认的利益的界限，最终都是按照一个确定的价值尺度来进行的。权利冲突的产生在于法律规定的权利的边界具有模糊性，此种情况实际上是法律的一种漏洞。法律之漏洞乃是指我们期望法律中予以清晰规定以解决现实生活中发生的问题而实际上却没有予以规定或清晰的规定者。因此，既然权利冲突是因为法律没有明确对冲突的权利的边界进行规定而产生的，那么通过简单适用法律规则是不能够予以解决的。而我们又不能对权利冲突这种法律上的漏洞采取漠视的态度，因为法律的设定就是为了解决现实中所发生的法

---

① 参见王克金《权利冲突论——一个法律实证主义的分析》，《法制与社会发展》2004年第2期，第57~58页。

律纠纷，否则，设定法律的目的必然落空。因此权利冲突的现实存在和我们设定的法律目的都要求我们给出解决方案，所以要解决发生的权利冲突只能进行利益的衡量和价值的选择。① 在相对所有权的观念下，物权客体上是多重权利结构的状态，权利之间虽然有应然的界限，但是在实然上这种界限是不确定的，因而权利之间的冲突不可避免。所有权和他物权之间、他物权和他物权之间都可能存在冲突，这种冲突因为其权利的法定性还相对容易解决，而对于相对所有权进行实质分割生成的非典型物权，如信托关系生成的物权和非典型的担保物权等，必须借助解释论的能动作用，在具体个案中衡量不同权利间的利益，而这种判断是无法用制定法予以具体限定的。

---

① 参见王克金《权利冲突论——一个法律实证主义的分析》，《法制与社会发展》2004 年第 2 期，第 58 页。

第四章
相对所有权观念的解释论扩张

第一节 民法解释学的发展与相对所有权观念的解释论应用

法律制度并不能自己运作起来,法律制度离开了人的运用就不能有效运行,任何部门法都涉及法律制度运行问题,即法律的适用和解释的问题。① 私法制度和理论正是在适用和解释的活动中才获得其灵魂的。可以说民法学本身就是一门解释的学问。民法的运行需要运用民法学理论对民法制度予以解释,而在解释民法制度的过程中民法学理论也获得了发展,其背后的推动因素就是经济的发展和整个社会的进步,通过民法解释保证民法制度能达到其所追求的目的并弥补其在社会发展中不断表现出来的漏洞。在民法运行的社会环境中,人的权利观念的形成和社会发展是息息相关的,究竟发展中的社会需要什么样的民法制度,民法制度又会影响人产生什么样的心理,这是民法学发展的基本问题。笔者将从民法解释学的发展出发,论证相对所有权观念如何通过民法解释学而得以应用。

---

① 《孟子·离娄上》中说:"徒善不足以为政,徒法不足以自行。"其本意是,只有善德不足以处理国家的政务,只有法令不能够使其自己发生效力。可以说即使是在古人对法的认识中,也包含了在法的实际运行中对人的能动性的重视。

一 民法解释学的发展及其对所有权观念的影响

(一) 民法解释学的发展

民法解释学是关于民法解释适用方法规则的理论,是操作性较强的实用法学。法律制度的创设不可能是完美的,其所对应的社会又处在不断发展变化中,在这样的前提下,包括民法解释在内的所有法律解释都力求达到弥补现存制度适用中存在的缺陷的目的。而民法解释学实现这一目的的过程客观上推动了民法理论的发展。民法解释学也从关于单纯的技术规则的理论发展成为综合的学问,成文法国家的民法学教科书以及与民法相关的论文,都是从现行的民法制度入手,在理论上、实务上进行历史的、体系的整理,实现能动地理解和适用民法制度。民法解释学有一个发展演进的历史过程,并且表现为两种立场(客观主义和主观主义)争鸣的过程,在某一个历史阶段,某种立场取得学说上相对主导的地位,对这一过程可以大致人为地分为三个阶段。①

1. 客观主义主导阶段

民法解释要达到客观的目标,有一个前提条件必须为真,即解释目标是客观的。如果解释目标不具有客观性,则民法解释的客观性就成了没有依据的目标。按照梁慧星先生的说法,法律解释的目标是指解释者通过对法律条文、立法文献及其附随情况进行解释,所欲探究和阐明法律规范之法律意旨。② 黄茂荣先生也认为,"法律解释的对象是作为法律意旨表达方式的法律文本,包括法律规范的条文,立法文献如立法理由书、草案、审议记录,以及立法当时的社会、经济、政治、技术等附随情况。法律解释

---

① 在这里笔者论述的是大陆法系法解释学的发展历程,与此相对的英美法系法解释学的发展也经历了一个演进的过程。通过对三种主要解释方法即"文理解释"、"黄金规则"、"论理解释"的交替应用,某个阶段某种方法较占上风,这个过程可以区分为不同的阶段,从死板的依从法律的文本意义发展到根据立法机关在立法时的目的,然后以这个或这些目的为指导性原则,去解释法律条文的含义,尽量设法使有关目的得以实现。在这个过程中,不必拘泥于条文的字面意义,条文如果有缺陷或漏洞,法院甚至可以通过解释予以修正或填补,从而使立法机关立法时的意愿能够更充分地得到实施。参见陈弘毅《当代西方法律解释学初探》,《中国法学》1997 年第 3 期,第 107 页以下。
② 梁慧星:《民法解释学》,中国政法大学出版社,1995,第 205 页。

的目标是通过对法律文本的解释所要探明的法律规范的法律意旨。"① 仅从两位先生的定义来看，法律解释的目标应具有客观性，但是这里有两个问题非常容易忽略：一是立法当时应有确定的法律意旨，但是基于人的有限理性却很难加以还原，而且法律意旨本身涵盖性较强，即使作为法律条文的起草者也难以就法律意旨做出确定边界的清晰界定；二是法律所欲解决的是发展中的社会问题，立法时的社会经济状况偏移，法律意旨难以存在，所以客观主义本身存在重大缺陷。但是客观主义却与法治社会初创时对法律应有宗教般信仰的精神相契合，即能够把解决纠纷的能动主体的精神限制在立法精神所预设的框架内，法官判案的唯一正确的依据就是法律，法官通过对法律概念、法律原则、法律规范以及法律构成理论的逻辑推演，就可以解决一切纠纷，法官不具有也不需要具有造法功能。这种法律实证主义的倾向，假定法律不仅是独立存在的，而且在法律中隐含着解决问题的"客观"规范，法律学的任务无非是合乎逻辑的概念计算。

2. 主观主义主导阶段

随着社会经济发展速度的加快，客观主义的缺陷越发明显。于是替代客观主义的相反的立场——主观主义就粉墨登场而争取主导地位，民法解释学也进入发展的第二个阶段。主观主义立场不承认法律解释目标具有真正的客观性，而认为法律的意义取决于法官的判断。当然，容许法官的判断并不等于是法官的任意，而仅仅意味着法院不仅适用法律条文，根据明确的法律进行推理，而且可以根据社会上各种利益要求和国家的秩序要求从现实中归纳和创造新的法律规范，承认法律渊源的多元性，特别是在法律没有明确规定的情况下强调非正式法源在构建审判规范时的作用。对于法律解释的主观主义，一般认为来自耶林的自由法学。伴随"自由法学"所开创的关于法律的自由研究，许多学者把法律解释的利益考量、科学法学等可自由注入法律意义的做法引进法学研究，其中弗兰克对法律的客观性理论进行了最为猛烈的批判，弗兰克用弗洛伊德的精神分析法来考察法律界的众生相，认为传统的概念法学和法律客观论就像那些坚信父亲全知全能的儿童一样不成熟。他甚至公开说，在实际审判过程中，决定判决内

---

① 黄茂荣：《法学方法与现代民法》，中国政法大学出版社，2001，第 263～264 页。

容的既不是法律规范也不是逻辑，更不是概念，而是跟着感觉走。①

主观主义作为客观主义对立面出现，过分强调对客观主义缺陷的弥补，而忽略了客观主义的正确之处，因此极容易走入另一个极端，即过分强调解释法律的主体的能动性，使解释活动完全没有约束，尤其是可能会导致法官的恣意裁判行为的发生。

3. 倡导主客观相结合的第三阶段

主观主义与客观主义的划分只是理论的区分，法律的意义只有存在于解释过程中才能具体化和臻于完善。主观主义主导的阶段相比客观主义主导的阶段既短暂又不纯粹，它并未取得客观主义那种在民法解释学上的绝对主导地位，而随后就进入民法解释学发展的第三个阶段。在第三阶段，既不是客观主义占据主导地位，也不是主观主义立场在起主导作用，而是理论与文本共同制约着法律解释者。虽然有时在进行法律解释时，对于某一解释者来说，追求客观性的想法强烈地激励着他，但他仍然不能摆脱这一事实，即解释主体不可能简单地面对他的对象和生活环境，相反，解释者是生活中鲜活的、充满个性的人，因为他是社会中的人，所以他必须根据对社会的体验来实现对文本的应用。"理论的解释问题与应用问题密不可分地联系在一起。这双重的任务自继受罗马法以来就向法律科学提出了。因为当时不仅要理解罗马法学家，而且也需要把罗马法的教义学应用于近代的文明世界。由此在法律科学内造成一种诠释学任务与教义学任务相当紧密的联系，如神学那样负起法律科学的任务。只要罗马法仍然保持其法律上的法权有效作用，那么，罗马法的解释理论就不能消除罗马法的历史的异化过程。"② 要纠正部分法条主义者中存在的本末倒置的庸俗倾向，而不是否定合理制度、公正的规范以及法治原则。立法和现实之间总存在一定距离，这个距离不因立法的精确和细致而减少，它取决于社会的不断发展。法律解释学应改变那种以法律文本为对象、以注解为方法的研究，转向研究文本与事实的互动关系。立足于本体论解释学，站在存在的高度去审视和考察一切法律及其现象，那么法律解释的文本或对象就不再

---

① 参见陈金钊《法律解释的转向与实用法学的第三条道路（上）》，《法学评论》2002 年第 1 期，第 14~15 页。

② 〔德〕伽达默尔：《真理与方法》，洪汉鼎译，上海译文出版社，1999，第 726 页。

是封闭、固定的，而是存在于人和人、人和物的相互关系当中，是一个开放的体系。拉伦茨认为，"法律解释的最终目标只能是探求法律在今日法秩序的标准意义，而只有同时考虑历史的立法者的规定意向及其具体的规范想法，而不是完全忽视它，如此才能确定法律在法秩序上的标准意义。在这一过程中，所有因素不论是'主观的'，或是'客观的'，均应列入考虑"。① 也就是说，在民法解释目标的决定上，应当考虑主客观上一切相关的因素。

在某些近代从大陆法系移植传统私法制度的国家，基于其本国不同于欧洲大陆的社会经济发展状况，这种主观主义和客观主义交错的民法解释学第三阶段的特点尤为明显，日本和我国即为其著例。关于日本的情况，段匡先生论述道，"日本在明治维新制定民法典的时候，起初选择是以《法国民法典》为蓝本，继而由于国内政治、社会环境等原因，再度起草时基本上沿用了《德国民法典》的体系。这种转变的原因在于：首先，《法国民法典》是革命的产物，而《德国民法典》是体制不变之下向近代化转化的产物，更为符合日本当时维新的政治需要；其次，革命的产物难免会带有一定的粗糙，而一方面德国起草民法典晚于法国近百年，在一定程度上避免了《法国民法典》的弊病，另一方面，严谨的体系、统一的制度对于志在自上而下推动变革的日本来说更为适宜。当然，这样的选择也是与公法体制上君主立宪有一定的联系的。由于日本在维新前后，虽然已经对欧洲法治文明有所研究，但是从社会层面来看，还是白纸一张。为此，在完成立法第一步后，日本学界就全面导入了德国民法学的体系，并且这种理论体系的移植也影响了司法的实务。这样，日本明治维新后建立的私法教义学与德国的私法教义学有着类似的构造和性格。其中体现出不少日本自身的特征。也为其今后的发展打上了烙印。"② 与日本的情况类似，我国民法制度及理论同样源于国外，而且受到的影响更加庞杂。中华民国时期的民法，按照梅仲协先生的说法，"现行民法（指中华民国时期制定的民法），采德国立法例者，十之六七，瑞士立法例者，十之三四，

---

① 〔德〕卡尔·拉伦茨：《法学方法论》，陈爱娥译，商务印书馆，2003，第199页。
② 段匡：《日本的民法解释学》，复旦大学出版社，2005，第373~374页。

而法日苏联之成规，亦尝撷取一二，集现代各国民法之精英，而弃其糟粕，诚巨制也。"① 中华人民共和国成立后，虽然一直没有制定民法典，但民法理论受苏联影响较大，改革开放之后的民事立法更是在受苏联影响的基础上广泛借鉴各国的制度，甚至包括英美法的制度。在这种情况下，我国的民法解释学必然要走上一条主观和客观相结合的实用主义的道路。因为这种移植外国法律的模式面临的主要问题是法律制度对本国社会经济状况的适应，而仅仅通过立法的更新显然需要漫长的过程，只有在司法实践的解释活动中才能更直接、更具体地发现社会所需要的法律制度。因而主客观相结合的实用主义法学就成了移植大陆法系私法国家的法学理论首选的法解释学模式。

（二）民法解释学发展对所有权观念发展的影响

从发展过程来看，所有权观念经历了罗马法时期的个人主义所有权、封建时代的双重所有权、近代自由主义的绝对所有权等阶段，最后进入现代的修正的绝对所有权阶段。在所有权观念的发展过程中，民法解释学也在不断发展，在不同的阶段，民法解释学给予所有权观念的发展以不同程度的影响，同时所有权观念的发展也反作用于民法解释学的发展。

根据前述的民法解释学发展过程，在罗马法时代应该还没有真正意义上的民法解释学。但是作为解释、适用法律的民法解释行为应该是存在的，而这种解释适用法律的活动也多少影响到民法制度的发展。从罗马法所有权发展过程看，早期的罗马法并没有个人所有权的概念，古罗马社会是一个充斥着等级观念的社会。在这样的背景下，罗马市民法以家庭为单位确定财产的归属，在家庭内部，靠家父的权威维系一种等级身份的差别。不平等的身份制度不仅在国家中得以体现，而且渗透到家庭之中，家父是家族的主权者，是唯一为法律承认的拥有完整权利能力的人，被称为"自权人"。家父的权威在财产的支配上也得到充分体现。根据纯粹原则，家父是财产权利的唯一主体，他不仅可以随心所欲地处置家庭财产，而且由家子取得的财产也归他。但是随着商品经济的逐渐发展，频繁交易的需

---

① 梅仲协：《民法要义》，中国政法大学出版社，1998，序言第1页。

要促使家父允许家子甚至奴隶拥有某些财产，家子对这些财产有权享用和经营，但不能赠与或者采用临终处分行为。① 在这种演变的过程中，理论的每一步质变和社会的重大变革相伴，如新的法律的颁布，但是其量变的积累都是在同时代法学家的解释论中实现的。在优士丁尼颁布《国法大全》的四个法律汇编——《学说汇纂》、《法学阶梯》、《优士丁尼法典》和《新律》之前，罗马法的所有权制度一直处于不断的变迁之中，其根本原因当然是社会经济的发展，但是法解释活动也是其推动力之一，而《国法大全》颁布后，解释法律的活动被禁止，这一时期罗马社会的经济发展也因为各种外因而陷于停滞，所有权制度及观念的发展也随之停止。

民法解释学与所有权观念发展关系较为密切的时代应该是近代私法的绝对所有权阶段。在近代民法典的代表——《法国民法典》中，所有权是神圣不可侵犯的，所有权人对自己的物有使用、收益、处分等不受限制的自由，甚至滥用的自由。其后的《德国民法典》坚持的也是绝对所有权的观念。从《法国民法典》到《德国民法典》正处于民法解释学从客观主义主导向主观主义主导演进的过程，这两部法典坚持的仍然是客观主义解释立场赖以存在的土壤——法律的精确性。从《法国民法典》的事无巨细——规定了鸽舍、兔园到酒类、干草等内容——的规定就可以看出，立法者的出发点是不给法官任何的解释自由，他必须严格按照法典规定的内容来处理纠纷。但是法律适用过程中的现实还是无情打碎了立法者的梦想，针对滥用所有权的情况，以1855年科玛尔法院和1856年里昂法院的两个判决为契机，通过借用学说上的解释，对禁止所有权滥用进行了类型化，进而成为其行使私权的一般指导性原则。② 民法解释在这里表现出对所有权理论发展的影响，同时纯粹的客观主义的民法解释学也开始松动。《德国民法典》比《法国民法典》更为成熟，《德国民法典》第一草案说明书对所有权权能进行了解释。"此种解释符合自19世纪以来的一种要求，即从不同的专业学科和意识形态的立场出发所坚定追寻的要求：私法的所有权保护包含积极的用益权能和处分权能，但是不包含不使用权

---

① 参见〔意〕彼得罗·彭梵得《罗马法教科书》，黄风译，中国政法大学出版社，1996，第129～130页。
② 参见梁慧星主编《中国物权法研究》，法律出版社，1998，第256页。

能、破坏权能、令（所有权）荒废的权能或不保护'不作为的使用'。"[1]虽然《德国民法典》制定时已经通过对所有权概念内涵的修正来适应社会的发展，但是《德国民法典》施行之后的100年仍然是不断修正的历史，尤其是1919年通过的《地上权条例》和1951年通过的《住宅所有权法》，都是应社会的发展变化，通过解释学理论对所有权理论进步的显著推动。[2]而随着社会发展进入知识经济的时代，近代的几个民法典的规定都已经明显滞后于社会发展，正是民法解释学使得《法国民法典》在200多年后，《德国民法典》在100多年后，还能保持生命力并继续存在。

可以说，所有权理论发展的每一步都有民法解释学的推动，而民法解释学所经历的不同发展阶段，正是基于实用法学的出发点——如何能动地解释和发展法学理论以解决现实中存在的问题——而出现的。但是民法解释学要发挥其对理论的推动作用，也需要借助民法理论的质变，民法解释学本身所能起到的作用是有限的。在修正的绝对所有权的阶段，民法解释学不断突破绝对所有权观念的限制，当绝对所有权观念基本上被打破的时候，必须有一个新的所有权观念来支撑所有权理论的进一步发展，笔者以为这种理论就是相对所有权观念所负载的民法理论。

二 相对所有权观念在民法解释学中的应用

（一）相对所有权观念的范畴解释功能

所谓范畴解释功能，是指在解释适用民法规则的过程中，运用民法理论对基本概念内涵进行解释，使基本概念之间具有逻辑的合理性。相对所有权观念在民法解释学中得到应用首先就在于其能适应社会经济的发展，对基本概念的内涵进行解释。在私法发展的过程中，不管具有"完美"逻辑结构的传统理论体系是否愿意，新的权利或制度都层出不穷。这些新产生的权利或制度很难进入传统物权的体系之中，因为它们的内涵与绝对所

---

[1] 〔德〕罗尔夫·克尼佩尔：《法律与历史——论〈德国民法典〉的形成与变迁》，朱岩译，法律出版社，2003，第262页。
[2] 这两部法律使建筑物从土地的主要组成部分中独立出来，作为独立的物进行交易，从而促使民法上对物进行实质分割设定多重权利的观念更加完善。

有权观念是矛盾的。因而在私法制度应用上就出现了大量的特殊权利和特殊规定，没有比将一种独特的权利进行特殊规定更方便的了。当解释论中产生了大量的特殊权利或特殊制度的时候，私法理论的危机也就到来了。危机面前，唯有用新的理论去解释基本概念内涵，才能使新的权利或新的制度更好地融入私法体系中。相对所有权观念的范畴解释功能的表现主要包括两个方面。

1. 对所有权概念本身的解释

最主要的表现是解释我国社会主义市场经济体制下以主体来划分所有权的合理性。公有制是一种经济关系的体现，为保护这种体制下国家和集体的利益，需要经物权法加以物权化，通过物权法的调整使之成为一种财产权关系，从而明确产权归属，确定权利和义务的内容，如此才能使公有制的优越性得到充分体现。多年来，由于物权制度不完善，特别是由于国家和集体享有所有权不符合传统民法理论的逻辑，随着社会主义市场经济的不断发展，逐渐造成公有财产中所有者虚化、财产无人负责、产权界限不清等问题，这不仅限制了公有制的优越性的充分发挥，而且还使社会生产力受到束缚，并导致国有资产严重流失。[1] 笔者认为这种局面的造成很大程度是因为在公有制的体制下仍然坚持用大陆法系传统的绝对所有权理论来解释国家所有权和集体所有权，而作为所有权主体的国家和集体根本不具备传统民法典型民事主体——自然人、法人——那种自我维护私权的能力，换句话说国家和集体并不适合享有一个"绝对所有权"。既要保护这种利益，又要维持交易秩序，就必须根据相对所有权理论使"所有权"破碎化，作为公有制主体的国家和集体所享有的所有权自始就是要分裂的，套用传统民法权能分离论的观点就是国家所有权和集体所有权一开始就要发生权能分离，在国家和集体享有所有权的基础上，必须为其他一般的民事主体设定他物权，如在国有资产上设定股权投资于公司、在国有土地上设定建设用地使用权、在集体土地上设定土地承包经营权等。通过这些权利的设定，使国家和集体的利益得到保护，也使这些财产进入一般的民事法律关系领域。笔者赞成王利明先生以下的观点："制定物权法时必

---

[1] 参见王利明《物权法研究》，中国人民大学出版社，2002，第281页。

须要充分体现对于各类所有权的平等保护,但平等保护与在物权法中对国家所有权及集体所有权做出专门的规定并不矛盾,因为平等保护意味着没有必要在保护规则方面对哪一类财产或所有权予以特别的保护。事实上,在物权法中规定国家所有权和集体所有权并不意味着要对这些财产给予特殊保护,而只是因为这些财产客观存在,需要通过物权法予以确认和保护。"① 实际上,正因为按照相对所有权理论将国家所有权和集体所有权加以相对化,使得国家和集体所享有的公法上的权力仅仅是在为自然人、法人设定物权时才有意义,而这时候的公权力起到的是管理作用。

2. 对新出现的物权概念的解释

所谓新出现的物权概念,是指近代民法的传统物权体系不包含的物权概念。主要表现为对建筑物区分所有权、股权、信托中受托人的权利和受益人权利的解释等。

第一,关于建筑物区分所有权的解释。高层建筑物的发展促使建筑物区分所有权的产生。② 由于建筑物本身和土地是浑然一体、不可分割的,因此区分所有人所享有的权利受到极大的限制,这与传统民法上的所有权颇为不同。理论上将其区分为专有所有权、共用部分持分权和成员权。③ 这三种权利的区分只是人为抽象地把一个权利分成三个部分,实际上三者是复合在一起不可分的。但是无论是否做这种区分,绝对所有权理论都无法解释建筑物区分所有权存在的合理性。即使对其专有部分,区分所有人享有的也不可能是完整、绝对的所有权,而更多地体现为对一整体物共同协作使用的模式,民法上所有权的效力如排他性、绝对性、回复性等都不能完整地得到体现。所有权的核心支配权和处分权在这里也不能体现出私权的纯粹性,因为专有部分作为建筑物的一部分,实际上不可能由某一人完全支配,其他所有住户的权利及于专有部分。就建筑物共有部分而言,区分所有人的物权性支配更是几乎丧失殆尽,仅仅体现为一种社员权。在

---

① 王利明:《物权法研究》,中国人民大学出版社,2002,第282页。
② 现代多数国家都制定了有关建筑区分所有权的特别法,无论是属于大陆法系的国家还是英美法系的国家。参见陈华彬《建筑物区分所有权研究》,法律出版社,2007,第16页以下。
③ 参见梁慧星主编《中国物权法研究》,法律出版社,1998,第386页。

绝对所有权观念下，这是一种矛盾的逻辑，但是如果用相对所有权观念去解释将不存在矛盾。整个建筑物的各个业主之间只不过存在相对所有权的交错而已，也不需要对这种权利进行定性，每个业主所享有的权利都受到其他业主权利的限制，同时也限制其他业主的权利，而且权利人之间还表现出一种团体性的关系。

第二，股权性质的解释。关于股权性质的争议就是如何处理公司与股东的关系问题，或者说股东投入公司的财产的归属问题。"股东设立公司的终极目的是以风险最小的方式获取最大的经济利益，获利最大化的驱动使其以出资财产所有权换取股权，股权是保障其获利的手段，即确保公司按照符合股东利益的方向运作，保证由股东出资形成的公司财产不致被别人随意地作无谓的冒险，终归使股东的经济利益得以实现。"① 我国法学界历来都认为股权是私权的一种，但是对股权是什么性质的私权有不同的认识，虽然后来争议有所平息，但关于股权究竟是什么性质权利的讨论仍然有意义。② 确定股权的性质是为了确定股东在公司中究竟享有什么权利，或者说在公司治理中能够具有多大的权力。例如，所谓的"股权所有权说"就是强调股东具有和民法上所有权人一样的地位，对公司的财产享有所有权，其意在给予股东更好的保护。但是所有权是民法上宣示自由主义保护个人利益的良好手段，仅仅强调股权的私的属性，并不适合解释现代公司财产的构成，其他各种学说虽对此有所认识，但都没能正确而全面地揭示其社会属性。在现代社会，"公司充当着这样一种手段：它将无数个人的财富集中为庞大的集合体，并将对这些财富的控制权置于统一的管理之下。伴随着这种集中的力量，产生了其社会地位尚待确定的产业巨头。投资者放弃对其财富的控制权，

---

① 孔祥俊：《论现代公司的产权结构》，《政法论坛》1994年第3期，第46~50页。
② 股权是不容于大陆法系传统民事权利分类的一种权利，无论是依据权利的内容区分还是依据权利作用的区分，股权都很难简单归类，这不是股权本身的问题，而是由于传统权利分类标准不足。参见王利明主编《民法》，中国人民大学出版社，2000，第46页。对于股权的性质探讨，我国学界主要有"股权所有权说"、"股权债权说"、"股权社员权说"、"股权独立民事权利说"等观点，其中"股权独立民事权利说"为多数学者所接受，持此说的江平教授认为"股权只能是一种自成一体的独立权利类型"，石少侠教授认为股权既不是所有权，也不是债权，实质上是与所有权和债权并列的一种权利。参见范健主编《商法》，高等教育出版社、北京大学出版社，2002，第160~162页。

这有效地破坏了既有的财产关系。"① 实际上，当公司作为一个独立的法律主体存在以后，其所享有的法人财产权是一个宽泛而不确定的概念，既包括以所有权为核心的物权，也包括知识产权等无体财产权。"法人财产权的确立和归属是公司治理的基础和保障，是公司治理权力分化与制衡的出发点及归宿，这一因果逻辑关系在公司理论发展中是不争的事实；而科学有效的公司治理结构的建构与确立也维系着法人财产权的地位，是实现法人财产权的组织保证。"② 当法人财产权形成的时候，股东已经和他享有所有权的财产分离了，而交易得来的股权并不能和所有权同日而语，换句话说，股东投资的有体物或者其他资本已经成为公司法人享有的所有权的客体，而股东对这些特定物不再享有物权。因此可以说，股权和法人财产权是相互关联而又并非同一语境的概念，股权指向的是股东以让渡财产而换取的权利，法人财产权指向独立主体的法人所享有的物权等财产权。而所有关于股权性质的学说，都试图将股权和法人财产权的关联解释清楚，从而明确股东在公司中的地位，但是实际上这仅仅强调股权的私的属性，要真正揭示股权性质应该是去探究股权的权利客体以及其在社会关系中的效果。

"权利的客体是对权利设立在何种基础之上的说明。这种说明是从静态的角度，而且是从外部对权利的说明。如果将权利问题分为两个层面，即发生的层面和实现的层面，前者是静态的层面，后者是动态的层面，那么权利的客体是从权利发生的层面，即静态的层面对权利的说明。"③ 虽然不同权利的客体存在各种差异，但所有的权利客体都表现出一定的利益，权利客体是立法者通过授予主体法律上的权利予以保护的利益的具体化。权利客体的事物是多种多样的，它们既可以是有体的，也可以是无体的；既可以是事实存在的事物，也可以是制度上的建构，即法律上的权利，甚至无线电频谱资源这样的集中控制的权力也因而被卷入"私有财产"的结

---

① 〔美〕阿道夫·A. 伯利、加德纳·C. 米恩斯：《现代公司与私有财产》，甘华鸣、罗锐韧、蔡如海译，商务印书馆，2005，第4页。
② 赵旭东：《公司法人财产权与公司治理》，《北方法学》2008年第1期，第60页。
③ 方新军：《权利客体论——历史和逻辑的双重视角》，博士学位论文，厦门大学法学院，2006年，第151页。

构之中。而就股权来说，股权的客体指向的是什么？如果比照民法上物权的逻辑来看，股权的客体一般来说是股份。① 股东是通过对股份或者出资额的支配参与公司治理，实现对公司的控制，进而实现股东的利益。

但是股份本身不能带来利益，股份的利益是因为公司经营积累而得到的，所以股权最终的利益指向仍然是公司。也就是说，股东通过对股份享有权利，进而与公司的财产和经营发生关系，股权的利益来源不是直接的，而是一种间接的。股东通过拥有股份对公司的控制也可以说是对公司的"所有"，因为上述联系使公司成为股东私人财产的来源。整个社会的财富的分裂，其中的大部分将由公司经营者来运作，尽管其"所有权"将体现为股票、债券和其他流动性要求权等个人"财产"。股东利益体现为对股权的"所有"，股权似乎成为所有权的客体，这在设定权利质权这样的他物权时更为明显。实际上，"随着技术以及在生产和使用中技术组织的发展，财产也将会得到发展。'私有的'（更进一步讲是个性化的）各个方面将会被逐渐削弱。"② 这是权利"泛化"时代的产物，权利的客体也可以指向权利。但是这种所有在公司的股权分散到一定程度的时候就变得微不足道了。"公开公司中的股东不'拥有'古典企业家或者封闭型公司的股东所拥有的'所有权'意义上的公司。"③ 股东虽然仍然拥有对股份的控制权，但多数股东已经与公司的经营管理分离，通过复杂的社会关系维系股东和股东之间、股东和公司之间的关系，股东利益主要体现为股份本身的收益，也就是所谓的投机利益，传统民法的权利和权利客体的概念很难概括今天经济发展下的"股权"这种事实的存在。

我国学者研究总结得出，股权是一种涵摄身份权在内的包括性权利，在股东的权利中，按照出资比例分取红利、依法转让出资、公司终止后依法分得公司剩余财产等表现为财产权的内容，其余则表现为身份权。作为资本的原所有权人将其财产的所有权移转给公司法人，保留按照出资比例分取红利（收益权）、依法转让出资（处分权）、公司终止后依法分得公司

---

① 胡吕银：《股权客体研究及其意义》，《法学论坛》2003年第4期，第68页。
② 〔美〕阿道夫·A. 伯利、加德纳·C. 米恩斯：《现代公司与私有财产》，甘华鸣、罗锐韧、蔡如海译，商务印书馆，2005年，第26页。
③ 〔美〕斯蒂芬·芒泽：《财产理论》，彭诚信译，北京大学出版社，2006，第274页。

剩余财产（所有权弹力性的表现）等权利；同时换取作为公司法人股东的地位及相应的身份权。股权中的身份权是指股东作为出资者基于与公司法人身份关系而享有的权利。公司具有强烈的资本性，股东地位完全取决于股东的股份或出资额，从权利形态上看即股权中的财产权属性。公司以赢利为目的并将赢利按照股份或出资额分给股东，这种特质与公益社团和合作社形成鲜明对照，公司的资本性决定自然人或法人只要出资就可以换取股权，即只有享有财产权才能享有身份权。财产权是衡量某些身份权的基础，身份权的一个特点就是平等性，每个身份所享有的权利与义务应是无差别的。但是在股东权利中，财产权的基础性地位，决定了某些身份权的不平等性，因享有股权份额的不同享有的身份权也有差异。比如表决权和选举权，每个股东按其出资比例享有不同的表决权和选举权。可以说，股东是为了收益而设立公司，而不是为了仅仅获得股东这一身份。[①] 德国学者将股权划分成自益权和共益权，这种区分影响深远，现代公司法学普遍认为共益权是为实现全体利益而给予社员的权利，自益权则是为了满足个人利益所赋予社员的权利。[②] 自益权和共益权的概念区分并不能完全正确地表达股权的独特属性，也可以说用自益权和共益权的区分来表达股权概念是不准确的。公司相对于除了股东以外的其他任何民事主体而言，具有本身的、整体的利益，但对于股东而言，股东享有的一切权利都是为了满足股东的利益，不过是直接和间接的区别罢了。也就是说，股东的全体利益的存在是相对的，股东的共同利益是为了股东的个体利益服务的，二者是统一的，而不是矛盾不相容的。每个股东都享有财产权，而某些身份权并不确定为每一个股东享有，最突出的体现是无表决权的股东虽然可以参加股东大会，但是对股东大会的决议事项没有表决权。随着现代公司规模的扩大和股票的普及，少数股东的个体数量急剧增加，由于种种原因，大部分少数股东并不参加股东大会来行使其表决权、选举权以及其他身份权，但少数股东并不会放弃自己的财产权。[③]

日本学者岩井克人指出，股东拥有公司，但并不实际拥有公司的财

---

① 秦伟、杨占勇：《论所有权及其权能分离的双向性》，《东岳论丛》2001 年第 7 期，第 103 页。
② 刘俊海：《股份有限公司股东权的保护》，法律出版社，2004，第 47~53 页。
③ 秦伟、杨占勇：《论所有权及其权能分离的双向性》，《东岳论丛》2001 年第 7 期，第 103 页。

产，而公司是公司财产的实际拥有者。股东和公司是相互独立的个体，公司实际上扮演了双重角色，既是拥有财产所有权的"人"，又是被股东拥有的"物"。① "法人财产的独立性，反过来说是与法人成员对法人财产的对立要求间的强弱对比与消长关系。"② 可以说股权作为财产权的私的属性表现为股东基于股权对公司产生的收益和处分的权能，股东对股权的处分虽然不能影响公司法人财产权，却会影响公司的构成，这同时表现出其社会属性，对于那些意图扩大股权比例而影响公司经营管理的股东来说，则创造了改变公司权力结构的机会。所以股权的财产权属性并不在于股东对公司的财产享有自由主义所有权，而在于对于股权的处分可以影响公司权力结构的变化。"决定商品交易的合法性和公平性不在于卖方有无所有权，而在于是否有权处分"，③ 此时的股权成为一种可以交易的商品，其所具有的利益就是对于公司潜在的控制权力。法人获得的所有权是权利目的分裂的产物，是资产的原所有人利用所有权的名义的结果。所有权人利用了物的所有权的名义，并为自己保留了价值所有权。

第三，对信托中信托人的权利和受益人的受益权的解释。在英美法中，信托人将信托财产交给受托人管理或处理，受托人取得该项财产的处分权，信托人或受益人则享有信托利益的收益权。对于受托人和受益人享有的权利的性质，英美法通过"双重财产权"获得了与其传统理论一致的解释，而大陆法系学者则一筹莫展，始终不能自圆其说。依据相对所有权观念，在信托关系中，设定信托的委托人将物的所有权在目的上和价值上加以分裂，将物的所有权名义让渡给委托人，将价值所有权交给受益人，受托人和受益人都享有所有权，但是他们享有的所有权所支配的内容是不同的，也可以把受托人的权利当成所有权而把受益人的权利当成他物权，但无论如何，这两种权利都不同于近代民法的传统物权，都表现为对某种价值利益的支配。受益人的权利虽然在信托期间仅表现为获取收益的属

---

① 参见 Katsuhito Iwai, Things and Corporations: The Corporate Personality Controversy and Comparative Corporate Governance, *The American Journal of Comparative Law*, Volume 47, Fall, 1999。
② 张力：《法人独立财产制研究：从历史考察到功能解析》，法律出版社，2008，第 11 页。
③ 孟勤国：《物权二元结构论——中国物权制度的理论重构》，人民法院出版社，2002，第 56 页。

性，但是在特定的时候，如受托人破产的时候，这种价值支配权会直接作用于对整个物的支配。

（二）相对所有权观念的体系解释功能

相对所有权的体系解释功能，是指依据相对所有权观念来解释物权法体系中制度之间的逻辑关系的功能。简而言之，就是怎样解释所有权和用益物权、担保物权之间的关系。大陆法系传统物权法体系的构筑有赖于"权能分离论"。传统物权法学说将所有权定位为唯一的完全物权，并且认为所有权包含两个重要的权能，即对物的使用权能和将物通过转让而予以变价的权能。所有权人对所有权的自己使用与自己变价，是其行使所有权的一种形式，但不是唯一的形式。所有权人可以让别人分享对物的使用，也可以将对物的变价权转让给别人，甚至还可赋予第三人取得属于自己所有之物的取得权。换言之，所有权人有可能为了他人利益，从其完全权利中'分离'出去一部分权能，并且这种分离可以采取使该他人取得一项物权性权利的方式。"① 这种从所有权中分离出的物权为限制物权，限制物权是依据对所有权所设定的限制而形成的。根据所支配的内容，限制物权可分为用益物权和担保物权。用益物权是指以支配物的使用价值为内容的物权，担保物权是以支配物的交换价值为内容的物权。所有权是自物权，是对物的归属权，而限制物权仅仅是对他人之物的利用权，这样就产生了一个对立——所有权和限制物权的对立，结果是限制物权针对客体的使用价值和交换价值的归属性被忽视了。

"权能分离论"创设于物权客体限于有体物的时代，换句话说，这种理论可以解释的是有体物上多重权利设定的问题，却不能解释现代物权法上设定于无体财产上的物权问题。例如，权利质权可以设定于知识产权、股权之上，甚至可以设定于债权之上，而这三种权利根本就没有一个可供权利分离的绝对所有权。仅从这一点看，"权能分离论"在现代物权法中已经丧失了解释学上的功能。依据相对所有权观念，所有权和用益物权、担保物权都是设定于物权客体上的物权，它们之间并不存在分离的关系，

---

① 〔德〕鲍尔·施蒂尔纳：《德国物权法》（上册），张双根译，法律出版社，2004，第32页。

而是一种平等和协调的关系，在有体物上设定用益物权、担保物权的情况是客体的使用价值和交换价值的一种分离，所有权受到客体上新设定的权利的限制，表现出一种剩余支配权的属性，实际上所有权的内容（或权能）没有变化，只是其支配的价值范围发生了变化；而设定于无体财产的物权因为本身就不存在一个抽象的"所有权"，所以相对所有权观念的解释则更加便利，任何物权都是对某种价值的支配权。如此解释，现代物权法体系上的矛盾则不复存在，获得了逻辑上的相对自恰。

三 在解释论上构建以裁判为中心的物权制度

（一）以裁判为中心的物权制度的必要性

"法律要对社会的一定生活关系根据法律来处理。换言之，法律把最广泛意义的裁判作为其中心的职能。"① 民法理论应用所涉及的一个中心问题是裁判，如果一种民法理论不能在纠纷的解决中发挥作用，其理论价值将不复存在。"为了使法官能够做出正确的判断，以达到纠纷的妥善解决，法律学的任务在于对作为决定基准的法律规范和判例等进行解释、研究。也就是说，如何通过审判妥善解决纠纷是法律解释学的中心课题。"② 若依据相对所有权观念去解释我国的《物权法》制度，就会发现很多制度虽然具有很强的宣示性，但是很难直接用于裁判，换言之，具备行为规范的属性而缺乏裁判规范的功能。例如《物权法》第57条规定："履行国有财产管理、监督职责的机构及其工作人员，应当依法加强对国有财产的管理、监督，促进国有财产保值增值，防止国有财产损失；滥用职权，玩忽职守，造成国有财产损失的，应当依法承担法律责任。违反国有财产管理规定，在企业改制、合并分立、关联交易等过程中，低价转让、合谋私分、擅自担保或者以其他方式造成国有财产损失的，应当依法承担法律责任。"依据《物权法》的制度设计，国有资产通过为自然人、法人设定物权的方

---

① 〔日〕我妻荣：《债权在近代法中的优越地位》，王书江、张雷译，中国大百科全书出版社，1999，第348页。
② 〔日〕棚濑孝雄：《纠纷的解决与审判制度》，王亚新译，中国政法大学出版社，1994，第1页。

式进入市场，国家作为主体享有相对所有权，即通过受益权对其交换价值加以支配。如果发生纠纷的话，则通过对受益权的举证和对自然人、法人设定的物权的举证来解决纠纷，而《物权法》第57条的规定，毫不涉及国有资产在市场交易中可能出现的问题，却规定管理、监督国有资产的工作人员应当依法对国有资产保值增值，如果因为市场风险导致资产贬值，他们是否也该承担责任呢？这就脱离了裁判这个中心，而且国有资产不可能在国家占有状态下进行利用，它必须通过设定物权移转到法人或自然人手中，能否保值增值还有赖于获得其使用价值的民事主体的经营，如果不能保值增值，该主体要承担相应的民事责任。至于国家和民事主体之间物权的设定，应依照一定的程序，通过程序性优先的法律规制，确定工作人员在为自然人、法人设定物权过程中的责任，从而也赋予裁判功能，但是这个规范则属于公法规制的内容，相应的，应该制定国有财产管理法，而不是应该由《物权法》来规定，或者说《物权法》不具备此功能。

《物权法》第五章有关所有权的规范明显失去了法律规则应有的完整性，主要表现为后果归结的普遍缺失。"规则是指具体规定权利和义务以及具体法律后果的准则，或者说是对一个事实状态赋予一种确定的具体后果的各种指示和规定。"[①] 缺乏后果的归结，法条所表述的就不是完整的规则。而物权法在现实的应用却不仅是行为规范，更是裁判规范，后果的归结更加重要。在司法裁判中，法官适用条文应该是对规则的解释，不能把解释的作用置于立法之上，由于法条对规则表述的不完整，法官在裁判中可能会随意偏离法律条文，或者随意偏离条文的常规适用进行随心所欲或者别有用心的裁判，这是断不可取的，法官的自由裁量亦绝不可随意而为，一定要在严格的技术框架内进行，必须是针对案件事实确实缺乏法律依据或确实是为了追求法律的正当价值，依据法律解释或漏洞填补的方式获取成文法的含义，或根据法律原则、法律精神及其背后潜藏的理念等进行判断。唯其如是，才能真正做出符合案件具体情况的裁决，也才能够真正体现和实现事实对于司法过程的构建性功能。

按照相对所有权观念来分析国家所有权，可以更好地区分其中应由私

[①] 张文显：《法哲学范畴研究》，中国政法大学出版社，2001，第48页。

法规制的内容，从而有利于物权法构建以裁判为中心的私法规范。对于具体的司法实际，就要做到在现行法的解释上进行裁判，即从立法的精神层面去完善解释适用中的规则，法律规范在法条上的表述可能是不完整的，但是在具体解释适用的过程中必须是完整的。裁判的本质只能是就具体事件宣告法规的逻辑结论，要向裁判中导入理想的成分，那也只能在类推或对法律精神的解释的外衣下承认，或者正面肯定在各个裁判中导入理想的成分，而这种在具体场合导入理想成分而构成的裁判仍然只是对法律的宣告，把法律的本质作为可以与法规和判例分离的一种可动的理想的体系。① 所以，即使《物权法》第五章的规定没有从以裁判为中心来构筑规范，但是从解释论的角度完善以裁判为中心的制度则是可能的，也是必需的。

（二）如何在解释论上构建以裁判为中心的物权制度

在司法的过程中应用相对所有权观念以实现构筑以裁判为中心的所有权制度，必须把握社会经济的发展变化。作为具体的指导原理的主要内容，我妻荣指出，必须明确在现代人类社会中法律要规范的生活关系的范围，必须考察应该采取什么样的处理方式，还要探究在该范围内的规范所要实现的理想，这三点是相当重要的。② 在社会生活关系日益分化并呈现复杂多样的时候，要把这一微妙的关系以一种形式的逻辑运用规范起来，必须承认还存在不能与具体的妥当性相结合的情形。相对所有权观念应用于司法实践最大的优势在于其所具有的一定的开放性，这种开放性能够把司法实践对现实生活的理解快速融入物权制度当中，从而有利于解决新发生的问题。即使现实生活关系分化产生新的物权并导致新的纠纷发生，因为相对所有权观念不存在严格的物权法定主义的束缚，也能够通过解释物权法规则来解决问题，充分尊重民事主体之间的意思自治以实现经济上的效率。

在解释论上构建以裁判为中心的物权制度要做到以下三点。第一，在

---

① 〔日〕我妻荣：《债权在近代法中的优越地位》，王书江、张雷译，中国大百科全书出版社，1999，第355页。
② 参见〔日〕我妻荣《债权在近代法中的优越地位》，王书江、张雷译，中国大百科全书出版社，1999，第360页。

解释论上做到概念与内涵的统一。在同一内涵上使用所有权概念看似简单，但实际很难做到，因为在诸如所有权这样的内生性制度的发展中，由于"所有权"概念被通俗使用及其本身的不易界定，使其作为一个包容性极强的概念而被广泛应用。从近代民法规定看，无论是《法国民法典》第554条的权能列举式的定义，还是《德国民法典》第903条的抽象概括式定义，在内涵上表现的都是绝对所有权的概念内涵。而我国《物权法》的规定却表现为第39条的绝对所有权定义和其他具体规定所表现的相对所有权内涵的矛盾。从体系上按照相对所有权的内涵来统一解释"所有权"这一概念，是适用第五章进行裁判所必须做到的。

第二，超越绝对所有权观念，在相对所有权内涵上使用所有权概念。"相对所有权"作为一个名词早已为法学界所使用，这主要有两种解释。其一是指中世纪封建主义的双重所有权和现代英美法系中的双重所有权。这些所有权概念与罗马法的所有权概念截然不同，往往是多重的、相对的权利。其二是认为"相对所有权"是"绝对所有权"的对称。大陆法系国家民法中规定的所有权，因其在内容上受到法律的诸多限制，因此不是绝对所有权，而是受限制的相对所有权。本书所说的"相对所有权"是接近后一种含义的所有权概念，但又有所区别。所谓相对所有权，是对物权客体价值的一种立体分割，即在同一物权客体上可以存在两个或两个以上相容的物权，也可以在不特定的物权客体上成立一个或多个特定的物权。或者用梅夏英先生的话说是一种所有权的"质的分割"。"质的分割就是权利分割，它无需通过物的空间归属来界定当事人的利益，而是直接赋予当事人一定的行为范围，从而明确划分当事人的利益。"① 相对所有权是对一系列针对价值进行直接支配的权利的共同性的抽象，是物权观念的进步，它在很大程度上满足了大陆法系成文法传统追求形式理性的愿望，能对法律中无法定位的权利现象做很好的解释。避免了立法和司法实践中不断产生的具有物权性质的权利在现行法学理论上无法定位的问题，仅仅从特殊性来规定这些权利是法学上最简单也是最不负责任的做法，如果失去对它们所具有的物权的排他性和支配性的约束，那么就会逐渐倾覆民法的大厦，

---

① 梅夏英：《物权法·所有权》，中国法制出版社，2005，第23页。

最后导致物权法的死亡。实际上，我们完全有可能以更加具有弹性和包容性的相对所有权观念来解释物权法中的权利现象，包括近代私法的传统权利，更主要的是新产生的权利，在这一过程中，我们不需要改变传统私法的权利体系，而只需要打破学者们的在近代绝对所有权观念主导下的物权法的基本原则。

第三，在物权体系完整的层面上解释物权概念。相对所有权观念既然包含对传统所有权观念的修正，就必须能够对整个物权法体系进行解释，否则就达不到理顺逻辑、解决问题的目的。依据相对所有权观念来解释物权法体系，就是要打破以"权能分离论"构造的所有权和他物权的体系结构的内在逻辑，以新视角阐明所有权和他物权的关系，[①]从而做到传统的他物权制度功能的提升，并且使新型物权能融入物权法体系之中。应该看到近代大陆法系私法理论对于财产权利的分类仍有较强的生命力，因为这些分类也是建立在对客观物质生产关系理解的基础上的，并且使人容易理解现实生活中的财产关系，大陆法系的抽象概念在原有的财产关系范围内也能较好地解释既有的财产关系。因此，传统物权概念系统的存在并不是重构财产权理论系统的主要障碍，找到运用概念进行分析的方法才是主要问题点。物权法体系构造的重塑与其说是一个概念形式问题，不如说是一个方法选择问题，应当在正视具体物权微观结构的基础上，充分考察权利运行的整体机制，从而对具体物权的功能有深入理解。

第二节　相对所有权观念在所有权平等保护中的解释论应用

我国《物权法》第五章用 35 个条文规定了"国家、集体和私人所有权"。通过这些规定，《物权法》意图在坚持我国所有制结构的基础上实现对三种类型所有权的平等保护。但是《物权法》第五章至少有两个问题没

[①] 在近代私法绝对所有权观念的影响下，所有权被称为"自物权"，而通过"权能分离"设置的物权都是"他物权"，这种分类包含所有权优位的意思，这在现代私法所有权观念转变的过程中已经不适用了，但是基于习惯用法仍然可以继续使用"他物权"一词，只是其地位已经发生了变化，而把所有权称为"自物权"的说法则已经不合适了。

有解决。一是《物权法》第 39 条的规定仍然坚持以"绝对所有权"观念的权能列举式表述来定义所有权概念，但是同时整个第五章的条文又贯穿对"绝对所有权"观念的否定，使制度上的规定和观念上的逻辑不相符合；二是作为经济关系表现的所有制的内容没有真正转化为所有权的私法规范，《物权法》第五章的规定多为我国经济所有制的宣示性内容，这就很难在司法实践中达到其预设的目标，今后将成为贯穿《物权法》施行过程的一个难题。笔者试图依据相对所有权观念①来说明所有权平等保护的问题，从而为《物权法》第五章的规范在司法实践中的适用和解释提供一个解释论基础。

一 公有制下私的所有权——所有制和所有权的关系

（一）什么是所有制

所有制概念最早是由圣西门学派提出来的，后来马克思、恩格斯把它作为一个基本范畴来使用。② 所有制是根据个人与劳动的材料、工具和产品的关系决定他们相互之间的关系。③ 马克思用"所有制"意欲说明的问题，"不是财产归什么人所有决定经济关系的性质和内容，而是经济关系的性质和内容决定财产的所有者究竟是些什么样的人，决定这些所有者在现实经济生活中扮演什么角色、发挥什么作用。"④ 在抽象的意义上，所有制的本质是劳动者和生产的客观条件的关系。在财产属于私人主体所有的

---

① 相对所有权是笔者对于超越近代私法绝对所有权观念的现代私法上所有权观念的概括，认为所有权不再是近代私法上整体的、全面的、完整的物权的概念，而应该是反映私法上权利归属秩序的一个基本概念。
② 参见邹东涛、欧阳日辉《所有制改革攻坚》，中国水利水电出版社，2005，第 1～2 页。所有制并不是一个有确定内涵的概念，从用语上看，在德文中马克思选用的是"eigentum"；马克思亲自修订的《资本论》法文版第一卷中选用的是"propriété"；恩格斯亲自校订的《共产党宣言》英译本中选用的是"property"，而在《资本论》第一卷英文版中既用"property"又用"ownership"。马克思的这些用语，从法学者的视角看是可以翻译为"财产"或者是"所有权"的，而经济学者在翻译马克思的著作时为什么译为所有制呢？这是因为马克思在这些表达其经济学观点的著作中所要表达的不是作为法学范畴的"财产"或者"所有权"概念，而是要说明生产关系的问题。
③ 马克思、恩格斯：《马克思恩格斯全集》（第一卷），人民出版社，1995，第 26 页。
④ 郑成良：《一个关于财产所有权的神话》，《天津社会科学》1994 年第 2 期，第 32 页。

条件下，现实经济关系和其他社会关系并不一定都具有资本主义的性质和特征，在财产属于国家所有和集体所有的条件下，现实经济关系和其他社会关系也不一定都具有社会主义的性质和特征。

所有制是一个经济范畴，它是人们在一定的社会经济活动过程中对再生产条件进行占有、使用和处理时形成的各种关系的总和。生产资料所有制是由各种复杂的外部关系和内部关系组成的关系体系。所有制是反映基本经济制度的概念，是生产关系的总和，而生产关系的总和就是社会经济结构或经济基础，也就是经济制度。所以，所有制实际上是历史规定的经济制度，研究所有制问题必须将其作为历史的经济制度来研究，而不是研究单纯的财产归属关系。马克思认为合理的所有制尽可能地促成每个人的自由发展，保证在社会主义社会，每个人享有日渐充裕的可自由支配的私有财产；在共产主义社会每个人实现充分的自由发展的物质基础极其丰富，人人"各尽所能，各取所需"，私有财产自然消灭。"通过社会生产，不仅可能保证一切社会成员有富足的和一天比一天充裕的物质生活，而且还可能保证他们的体力和智力获得充分的自由的发展和运用。"①

（二）作为法学范畴的所有权与作为经济范畴的所有制的关系

所有权是一个法学范畴，它是所有制在法律上的表现形式，所有权制度和所有制是具有互动关系的两套不同的话语系统。所有权概念同时也是一个历史范畴，它是随着社会经济条件的变迁而不断改变内涵的概念，所有权概念的连续性表现在它总是和同时代的所有制紧密相连，其内涵由当时的所有制形式决定，所以很难用标准定义的方式来说明什么是所有权。马克思曾经指出："在每个历史时期中所有权以各种不同的方式、在完全不同的社会关系下面发展着……要想把所有权作为一种独立的关系、一种特殊的范畴、一种抽象的和永恒的观念来下定义，这只能是形而上学或法学的幻想。"②

所有权由所有制决定，但并不是绝对的对应关系，也就是说不是国家所有权对应国家所有制，集体所有权对应集体所有制，而只能说确定的一

---

① 马克思、恩格斯：《马克思恩格斯全集》（第三卷），人民出版社，1995，第757页。
② 马克思、恩格斯：《马克思恩格斯选集》（第一卷），人民出版社，1995，第144页。

定形态的所有制结构会影响不同的所有权在整个法律体系中的地位和作用。所以说，就作为生产关系核心的所有制来说，确定生产资料所有制对社会的作用更大，而不是看究竟由哪个权利主体在行使所有权。郑成良先生指出，"在法律上确认集体或国家所有权，远没有下述问题来得重要：劳动者是以何种方式参与集体或国家生活的？他们在集体或国家面前是否具有独立和平等的地位？他们对集体或国家事务的实际控制能力如何？他们能否有效地实现所有权之外的其他财产权、人身权和政治权利？当他们的权利受到他人、集体或国家的非法侵害时，他们能否获得公平的法律救济？如果不是用形式主义的观点看问题，那么，就必须承认，在这一系列实质性问题没有被切实解决之前，集体所有权和国家所有权都只有形式上的意义，因此，它们可以为完全不同的社会目的服务。"① 所有制对所有权的决定作用是通过以主体来划分所有权类型实现的，但这种划分不改变所有权本身的私法属性，只是对所有制欲实现的生产关系目标做一种法律制度的表达而已。

（三）公有制下私的所有权

所有权与所有制具有相关性，所有权制度是体现所有制关系的方式。我国是实行公有制的社会主义国家，这种所有制结构已经由宪法明文规定。基于所有制所涉及的基本经济制度的影响，在民法制度上产生了一种简单做法，即认为归个人所有即为私有，归国家或集体所有即为公有，这是从主体角度划分公有和私有的一种方法，尽管规定于我国的所有法律文件中，却不属于法律概念，法律是从客体而不是主体性质划分公有和私有的。② 公有制的所有制结构与近代私法所有权观念不相契合，因为近代私法的绝对所有权"是以私人所有权为模型建立起来的一套规则，当它适用于从生产资料与劳动力社会性直接结合而设计的制度时，自然找不到对应的规则。"③ 公有制与私法的传统理念在价值层面上存在难以调和的矛盾与冲突，这种矛盾与冲突的存在虽然有目共睹，但是在法学理论上却缺乏协调的逻辑。公有的客体是那些为公共利益和目的而存在的财产，从性质上

---

① 郑成良：《一个关于财产所有权的神话》，《天津社会科学》1994年第2期，第32页。
② 从客体划分公有和私有，是由客体的性质决定的，如河流、公园不可能为私人所有。
③ 高富平：《中国物权法：制度设计和创新》，中国人民大学出版社，2005，第59页。

讲,具有不可交易性;它名义上归全民或区域共同体所有,但实际上由国家来管理。私有是为单一主体利益而存在的财产,所有者对它具有完全的独立的处分权,因此,它是可交易的财产。① 按照日本学者的说法,"所有权可分为私人所有权及公共所有权二种。公共所有权者,如国府县市町村等公法人有之,其财产区别为公有财产及私有财产二种。"② 从民法的观点来看,公有物和公用物在性质上属于禁止流通物或不流通物,不得流通,私人也不能通过时效取得它们的所有权。公有物是指为公众服务的目的而由政府机构使用的物。广义的公有物除了包括政府官厅的建筑物、军事设施、警车等,还包括政府所有的其他可交易的财产,如有价证券等。前者即行政机关行使行政权力所需要的物,属行政财产。后者是行政机关用于收益的物,属于收益财产,在性质上和一般的私人财产相同,可以转让、可以被私人取得或因时效而消灭。公用物,是指为一般公众所使用的物,例如公共道路、河流、图书馆、公园等。公有物、公用物再加上禁止物,共同构成法律上所谓的不融通物。③ 综上所述,公有和公有制并非一一对应关系,社会主义公有制下的所有权应该有更广泛的内容,国家所有既包含代表全民对公有物的公有,也包含以一个民事主体身份参与民事法律关系的私有。

不能简单地因我国实行的是以公有制为主体的多种所有制经济共同发展的所有制结构,就认为《物权法》毫无疑问地应当依据宪法对各种所有权形态做出具体规定。这是因为所有制是关于生产资料在劳动过程中与劳动结合的具体形式的问题,既是由劳动者自己掌握生产资料的所有权同自己劳动直接结合而实现其劳动价值的经济制度,还是由剥削者掌握生产资料的所有权同劳动者的劳动相结合从而剥削劳动者剩余劳动的经济制度。从经济学上讲,所有制的性质决定所有权的性质,主要揭示所有权的政治、经济意义,即所有权为什么人服务的问题。如果我们简单地因这种照

---

① 参见高富平《中国物权法:制度设计和创新》,中国人民大学出版社,2005,第78页。
② 〔日〕冈村司:《民法与社会主义》,刘仁航、张铭慈译,中国政法大学出版社,2003,第18页。
③ 参见梁慧星主编《中国物权法草案建议稿:条文、说明、理由与参考立法例》,社会科学文献出版社,2000,第218页。

应关系就认为有什么样的所有制就应有什么样的所有权,主张按照以公有制为主体的多种所有制形式规定各种所有权形态,理由显然并不充足。因为所有权作为法律制度具有自己独立的法律属性,而非对所有制的简单复制,它与所有制的联系只不过是体现在生产资料的所有权,即所有人对自己生产资料有支配性权利,而对所有制中生产资料与劳动者的关系并不涉及。同时,所有权不仅规定生产资料的所有权,还规定生活资料和其他物质资料的所有权。因此,规定国家所有权、集体所有权和私人所有权,不仅仅是规定其对生产资料的所有权,而且还包括对其他物质资料的所有权。事实上,发展公有制经济不一定就需要物权制度规定国家、集体对公有制生产资料的所有权。这是因为在计划经济体制下,作为生产要素的生产资料、资源的配置是通过国家公权力——行政指令计划——完成的,而不是通过市场配置的,物权制度的交易保障功能无从发挥。只有在市场经济条件下,生产要素才会通过市场交易配置,并通过生产资料所有权和他物权的交易来实现,从而实现生产者的目的。由此可见,物权法的所有权和他物权制度成为市场经济发展所必不可少的法律制度。因此,《物权法》规定各种所有权形态的直接原因在于市场经济,而不仅仅是以公有制为主体的所有制结构。因此,《物权法》区分主体类型来规定的国家所有权、集体所有权中对土地等一般财产的所有权同私人所有权一样,都是私法体系中的私有而非公有,公有则只能是一种对公用物的公共所有权的指称。

二 社会主义公有制下的相对所有权

(一) 我国依主体区分规定国家所有权和集体所有权的原因

我国《物权法》第五章规定了国家所有权和集体所有权。高富平先生认为,单纯的两种公有所有权形式并不等于公有制目的的实现,两种公有形式仍然存在一个有效组织与运行问题,这就需要明晰产权,在特定财产和特定人之间建立排他支配关系,这便是两种所有权形式的物权化。[①] 笔者认为产权的明晰通过设定用益物权和担保物权的方式即可以实现,当然

---

① 参见高富平《中国物权法:制度设计和创新》,中国人民大学出版社,2005,第67页。

设定用益物权和担保物权的模式相对单一且僵化，在现代私法制度中，股权和信托等方式也是国家所有权和集体所有权实现的方式。国家所有权、集体所有权和私人所有权不是多种所有制的所有权表现，而是社会主义公有制下的所有权形式。

按照前文所述，国家所有权、集体所有权和私人所有权在私法的分野中应当平等保护，是否还有必要专门规定国家所有权和集体所有权呢？梁慧星先生就不赞成区分主体类型来规定所有权，而是主张贯彻合法财产一体保护原则，放弃以生产资料所有制划分所有权的做法。① 这种观点如果放置于传统大陆法系场合则毫无疑问是正确合理的，但是基于我国社会主义所有制结构的现状，笔者更赞同王利明先生的观点，即在《物权法》中专门规定国家所有权和集体所有权。因为尽管国有和集体财产本质上也属于财产所有权的范畴，但这些财产在所有权的客体、取得方法、确认规则、使用经营以及对产权纠纷的解决处理等方面都有其特殊性，抽象的、一般性的所有权规则无法完全适用于国有或集体财产关系。② 例如，国家所有权和集体所有权的客体范围具有特殊性、国家所有权的行使与政府对财产的监管不能截然分开，集体所有权与集体组织成员的权利不能分离，因而这些财产在确认、管理、使用等方面需要确立一些特殊的规则，无法完全通过所有权的一般规则来解决。

（二）以相对所有权观念解析国家所有权和集体所有权

从近代私法的绝对所有权的观念来看，国家所有权和集体所有权都存在主体不明的问题。即国家和集体并非近代私法上的民事主体，也不具有传统民法上作为民事主体的自然人和法人追求私益最大化的目的。近代私法上的绝对所有权是指一个具体的、实在的主体对一个具体的有体物的完全占有、使用、收益和处分的权利，所有权的主体必须是一个具体的、实在的法律上的"人"，而法律上的国家是一个抽象的概念而不是一个具体的民事主体。同样，城乡两种集体所有制，同样也存在主体不明的问题。③

---

① 参见梁慧星主编《中国物权法研究》，法律出版社，1998，第224页以下。
② 参见王利明《物权法研究》，中国人民大学出版社，2002，第283页。
③ 参见高富平《中国物权法：制度设计和创新》，中国人民大学出版社，2005，第59页。

但这是一种根据绝对所有权观念的解读，从利益的享有来看，国家和集体当然是可以成为利益主体的，只是不适合成为绝对所有权的享有主体。而《物权法》规定国家所有权和集体所有权，并不是让"国家"和"集体"这种抽象的主体去直接经营财产，而是必须通过出让使用价值等方式来获取财产所包含的利益。比如土地，无论是国家所有的土地还是集体所有的土地，都不能在国家或集体的完全占有、使用下获得利益，国家或集体作为所有权人享有的只是土地中所包含的价值利益，并且这种价值利益的实现是通过所有权人行使处分权来实现的，所获得的利益属于国家或集体，从而实现在市场经济的条件下国家或集体所有的资产的保值和增值，进而达到确保全体国民和集体经济组织成员利益的目的。

在国家所有权和集体所有权中，土地等不动产上的单一所有权模式不能解决现实存在的问题，因为绝对所有权根本不存在，多重权利配置成为物权制度构建的初始选择。换句话说，《物权法》规定国家所有权和集体所有权的出发点就是为了以此为起点来设置多重权利，一方面所有权保证了国家和集体对物权客体价值利益的控制，另一方面所有权在物权客体上设定他物权后有一个最后的剩余归属保障。例如《物权法》规定了土地的国家所有权和集体所有权，但现实中对土地能够直接支配从而现实地享有占有、使用、收益、处分等权能的却是土地的使用权人，国有土地一般是建设用地使用权人，集体土地是土地承包经营权人和宅基地使用权人。甚至在一般人的观念中，作为客体的土地并不归属于国家或集体，而是归属于享有使用权的私人，就是因为土地本身由私人占有和利用，国家和集体支配的仅是土地的部分价值利益。

既然国家所有权是一种相对所有权，就有必要对其范围进行讨论。首先必须区分国有财产和公用财产。国有财产和公用财产区分的主要意义如下。第一，在法律适用上的区别。根据法国的判例法，公用财产不适用私法规定，因为国家不是该项财产的所有人，只是对财产享有主权或保管权（droit degarde）。而一般的国有财产应当适用私法的规定。[①] 第二，财产是否可以转让。公用财产不能完全作为商品出售，不能由个人享有所有权。

---

① 参见王利明《中国物权法草案建议稿及说明》，中国法制出版社，2001，第272页。

而国家私产则可以作为商品所有权,由国家依法做出处分。一般来讲,私人不能通过法律行为取得公用财产的所有权,而对于一般的国有财产,任何法人和自然人均可以通过法律行为而取得所有权。① 王利明先生认为,在我国,虽然公用财产也常常被称为国有财产,但它与一般的国有财产是有区别的。国有财产与公用财产区分的意义首先在于强调国有财产是由国家机关为社会公众服务的目的而使用的,公用财产则是由社会公众直接使用。其次,公用财产不能完全作为商品出售,不能由个人享有所有权,而国有财产则可以作为商品,由国家依法做出处分;公有财产一般不适用取得时效,而国家财产则有很大不同。②

关于集体所有权的性质,有"抽象的集体所有形态说"、"总有说"、"法人和个人共同所有说"、"共有说"等不同的学说。③ 这些学说都试图说明集体所有权存在的合理性,但每一种学说的理论基础都与集体所有权的产生原因相去甚远,比如"总有说"是对日耳曼法上村落总有制度的翻版,"共有说"则是近代绝对所有权观念支配下的理论解读,而实际上集体所有是一种新型的相对所有权,集体作为主体具有集体成员利益上的共同归属。对于集体所有权主体的界定,应当具体问题具体分析,不可简单地认为归劳动群众集体组织"法人"所有,或者集体成员所有。关于界定集体所有权的各种观点集中在集体所有权主体是集体组织法人、是集体社区或集体团体、是全体集体成员、是成员个人与法人共同等观点上。这些观点或是理论出发点不同,或是观察角度不同,都有各自的道理,但都不可能适用集体所有权的各种情况。实际上集体所有制的形式是多样的,集体所有权的主体形式也应是多样性的,不可能拘泥于某一种特定形式。④农村社区集体所有制表现为农民集体所有权,应采取农村社区全体成员所

---

① 参见高富平《物权法原论》,中国法制出版社,1998,第47~48页。
② 参见王利明《物权法研究》,中国人民大学出版社,2002,第292~293页。
③ 参见王利明《物权法研究》,中国人民大学出版社,2002,第298页以下。
④ 有的学者虽然看到了集体所有权从"归属"到"利用"的转变,却基于近代私法绝对所有权的观念而强调所有权人的清晰界定,认为完善集体土地所有权应该明确界定集体土地所有权的主体是村集体所有,这显然没有看到我国农村经济发展的不平衡性和差异性。参见齐恩平《集体土地所有权的检讨及物权法上的制度重构——对〈物权法(草案)〉相关条款的评析》,《法制与社会发展》2007年第1期,第98页。

有的形式，包括村民小组范围的全体集体成员所有权、村范围的全体集体成员所有权、乡范围内的全体集体成员所有权。也就是说，农村社区集体所有权的主体分别是村民小组全体成员、村内全体集体成员、乡内全体集体成员。城镇社区集体所有制表现为城镇社区集体所有权，其主体应是城镇的社区居民的自治组织，主要是指城镇的街道办事处和居民委员会，各类专业集体经济组织范围的集体所有制表现为专业集体经济组织所有权，其主体是各类专业集体经济组织，比如供销合作社、信用合作社、股份合作社、劳动服务公司等。① 在集体所有权主体的确定上，我国《物权法》第 60 条等的概括性规定是合理的。在集体所有权制度安排中，集体组织成员的社员权的取得即意味着取得该集体的土地利用权的可能性，赋予特定农村共同体享有土地所有权，是该社区所有家庭生存的唯一保障。② 集体所有权的行使，既不能现实占有也不能使用，其天生就是为了设定用益物权而存在的，除此之外它还承担许多私法之外的职责，包括集体成员的社会保障等功能。无论是其效力还是其功能，都是相对的而非绝对的。

三　各种所有权的平等保护

（一）为什么需要平等保护

在物权法领域涉及国家、集体这些特殊主体对国家财产和集体财产享有的所有权时，它们能否同私人（个人、法人）享有的所有权或其他物权平等地受到法律保护，是物权法面临的特殊问题。问题的成因在于传统私法对所有权不做以所有制为标准的类型划分，无论是自然人所有权还是法人所有权都是平等主体的所有权，即一体承认的所有权，当然依民法的平等原则受到法律的平等保护。但在社会主义公有制下，私法将所有权的类型划分为国家所有权、集体所有权和私人所有权，按照我国改革开放以前从苏联继受的社会主义所有制理论，国家所有制即全民所有制，是社会主

---

① 参见韩松《论集体所有权的主体形式》，《法制与社会发展》2000 年第 5 期，第 40 页。
② 需要注意的是，在我国现阶段，农民普遍认同农村土地属于国家所有，其原因就在于公权力的色彩，因为国家或集体组织管理的色彩被过分彰显，而集体所有权的私权性却因为制度原因容易被忽略，这有待于制度的进步和观念的更新。参见陈小君等《农村土地法律制度研究》，中国政法大学出版社，2004，第 138 页。

义的高级所有制形式，集体所有制是社会主义的低级所有制形式，集体所有制要向国家所有制过渡。① 因此，集体利益、个人利益都要服从国家利益，个人利益要服从集体利益，小集体利益要服从大集体利益。社会主义的基本经济制度以社会主义全民所有制和劳动群众的集体所有制为主体，个体经济则是社会主义经济的补充。这种所有制理论反映在所有权的类型划分上就给人一种国家所有权、集体所有权和私人所有权地位不平等的印象。正是基于这种认识，有些学者认为物权法不应对国家、集体、私人所有权平等保护，否则在形式上是平等保护，实质则是保护私有制。另外，国家所有权的行使往往借助于国家公权力，在其权利设定、变动以及物权行使的基本规则等方面都有不同于私人所有权的规则，因而有学者认为它属于公权力，与私人所有权不处于同一法律关系领域，它们相互之间不可能居于完全平等的地位。②

在我国社会主义市场经济条件下，国家所有或集体所有财产与私有财产之间的关系应该是内在和谐的，而不是相互矛盾的，不存在私有财产增加而国家所有或集体所有的财产就肯定减少的必然性。既然中国老百姓是国家的主人，那么他们的私有财产所有权就应该具有受法律保护的充分理由，尤其是不能承认公共权力可以任意侵害私有财产的正当性。现实中发生的国家和集体所有的财产容易流失的问题其实不是一个物权法的问题，财产的流失是因为国家所有和集体所有中主体对利益的维护具有间接性，其直接维护者是作为管理者的"人"，如果管理制度方面存在漏洞的话，作为市场上理性主体的私人就会有侵犯国家或集体所有财产的欲念，这应该是公法规制的领域。《物权法》对不同主体享有的所有权给予平等的保护，强调的是对于各种主体所享有的所有权遭受侵害的时候给予平等的私

---

① 参见韩松《论物权平等保护原则与所有权类型之关系》，《法商研究》2006 年第 6 期，第 8 页。
② 物权平等保护是合宪还是违宪可以说是物权法制定过程中最大的争议，特别是自 2005 年 7 月 10 日向社会公开征求意见以来，在北京大学教授巩献田给国家有关机关写了公开信以后，这个问题引起了广泛的关注，引起了很多宪法学者和民法学者的讨论。参见巩献田《一部违背宪法和背离社会主义基本原则的〈物权法（草案）〉——为〈宪法〉第 12 条和 1986 年〈民法通则〉第 73 条的废除写的公开信》，http：//www.wengewang.org/viewarticle.php? id=1259，2007 年 8 月 28 日登录。

法上的救济。社会财产分配的不合理，只能通过调整分配制度去解决，而不可以通过《物权法》对既有分配结果的再次干预（再次分配）去解决，否则就会否定和破坏既存的社会秩序，酿成混乱无序与激烈冲突。质言之，即使现存法律框架范围内的分配制度存在某种不合理，也只能通过改变法律的方式进行调整，但对于已经形成的分配结果，却必须予以法律保护，这是法治社会的基本要求，也是建立法律秩序的基本条件。即使因既存的不合理的分配制度而形成不合理的贫富悬殊，物权法对于一切依当前或者当时法律合法取得的财产仍应予以同等保护。事实就是，物权法对于私人合法财产的确认和保护，既不能缩小贫富悬殊，也不会加大贫富悬殊，但物权法对于财产合法取得途径的规定，却可以遏制侵夺国有资产和他人合法财产的非法行为，由此促进社会财产秩序的安定与和谐。①

我国《宪法》第 12 条规定："社会主义的公共财产神圣不可侵犯。国家保护社会主义的公共财产。禁止任何组织或者个人用任何手段侵占或者破坏国家的和集体的财产。"公共财产权的不可侵犯表明了其在社会主义国家公有制的地位和公共财产的重要性、基础性，但并不表明在私法保护手段上公共财产权要有优于私人财产权。按照川岛武宜先生的观点，"近代所有权中，所有权的私的属性和社会属性分裂各自独立，以至于所有权的私的属性作为近代所有权的特性被表现，而社会的属性则通过契约等方式与此对立。"② 在近代私法上，绝对所有权观念中私的属性和社会属性是分裂的，而现代的相对所有权理论则认为所有权应该包括私的属性和社会属性，即在物权客体上往往是多重权利关系。"未来的所有权将日益朝向碎裂化、专门化、具体化的趋势发展。"③ 不同权利人之间的关系协调是所有权本身应包含的内容，也就是说现代所有权观念中应包含一定的社会属性，社会属性已经不是契约关系的专利，在私法从"契约到关系"的转化过程中，物权已经成为错综复杂的关系性结构，尤其是国家所有权和集体所有权。国家所有权和集体所有权从反映生产关系方面可以说是社会

---

① 参见尹田《论物权法平等保护合法财产的法理依据》，《河南政法管理干部学院学报》2006 年第 6 期，第 3 页。
② 〔日〕川島武宜『所有権法の理論』，岩波書店 1987 年，一二頁。
③ 马新彦：《罗马法所有权理论的当代发展》，《法学研究》2006 年第 1 期，第 121 页。

主义公有制的体现,而从私法的角度讲实际上是现代私法相对所有权观念的体现,无论是国家所有权、集体所有权,还是私人所有权,只是所包含的社会性的不同,而没有地位高下的区别,所以平等受到私法保护是毫无疑问的,平等保护也是为了实现自由和平等的私法的法律价值观。

(二) 如何平等保护

王利明先生认为,在我国现有条件下,区分三种所有权而明确宣示其平等地位,并不是人为地制造对国家和集体所有的财产的优先保护。相反,在目前实践中对国家和集体所有的财产进行特别保护的背景下,这样做恰恰是将实践中受到歧视的个人财产提升到与国家和集体财产平等的地位。例如,在《物权法》中规定国家所有权,并对作为国家所有权的取得方式之一的征收加以严格限制,对公共利益的概念加以严格界定,并对征收后对公民的补偿做出限制,这也有利于充分保护公民的财产权利。① 某些财产专属于国家所有,不得在民事领域自由交易,它只是表明国家所有权在客体范围上与私人所有权有所不同,但国家对于这些专属的特定财产所享有的所有权与私人对其可以享有所有权的财产所享有的所有权的地位是平等的,都平等地受法律保护。

国家所有权、集体所有权与私人所有权在市场中实现平等是通过设定他物权而得以实现的。此时国家和集体仅保留体现价值利益的相对所有权,通过设定他物权国家所有权和集体所有权的私权性彰显,并在私权关系中实现了平等。以土地资源上的物权关系为例,经济建设离不开土地的投入,城市土地的所有权属于国家,任何一个经济主体,无论是自然人还是法人,进行经济建设均须原始地从国家所有人那里获得土地,而城市土地的所有权依照宪法只能属于国家,所以自然人、法人都不能从国家取得土地所有权。《物权法》规定自然人、法人可依法对国家所有的土地取得建设用地使用权,并将这种权利规定为用益物权,使用人可以直接支配土

---

① 参见王利明《物权法平等保护原则之探析》,《法学杂志》2006年第3期,第5页。当然笔者并不赞同所谓严格界定公共利益概念的观点,因为在立法上界定公共利益本身是无法做到的,对于公共利益只能在具体的个案中通过严格的程序予以甄别。

地并排除其他任何人的干涉，这样就满足了民事主体从事经济活动对土地生产要素的需求。在农业生产中，土地资源的所有权由各个农民集体享有，农民个人要获得土地生产资料，则要依照《物权法》的规定与集体签订土地承包经营合同取得对集体所有的土地的承包经营权。"农村集体土地所有权和其他自然资源所有权是不能转让的，土地和其他自然资源的使用价值和交换价值，只能通过他物权（农村集体土地承包经营权等）的设定而进入民事流转。"① 因此，物权法只有规定国家土地所有权和集体土地所有权，才能在此基础上规定建设用地使用权、土地承包经营权、宅基地使用权等用益物权，从而发挥物权法对社会主义市场经济下资源配置的调整和保障作用，而国家和集体作为所有权人的权利体现在设定用益物权的过程中，同时如果国家和集体违反法律和合同约定同样要承担民事责任，因为作为所有权人的国家和集体此时是作为民事主体参与法律关系而不是公权力主体，而且不是对土地完全和绝对的支配，只是对土地所包含的价值利益的支配。

虽然国家所有权和集体所有权体现公有制经济关系，但绝不能将其简单理解为公有，在国家所有权和集体所有权的权利客体范围内，很多都是纯粹的私有物的形式，如国家作为投资者投入公司法人中的财产，国家此时仅仅享有股权。与典型民事主体（自然人、法人）不同，国家作为民事主体的特殊之处是在权利设定的过程中运用公权力管理这个环节。国家所有权和集体所有权有效运行的主要问题是如何调整内部的管理体制，以使国家或集体这种不同于传统的一般私权主体享有的所有权能在市场中适应个人的自由创新和进取。如果沿袭计划经济时代的观念，完全依靠公权力的调整绝对不能实现适应市场经济保证交易有效进行的目的。对于国家和集体所有权运行过程中行使公权力而可能导致的权力寻租问题，笔者认为，设定严格的程序性规则是解决国家和集体在设定用益物权时出现管理者权力寻租问题的唯一途径，即对国有和集体所有的财产设定物权的程序进行具体规定。例如行政立法对在国有土地上建

---

① 尹田：《论物权法平等保护合法财产的法理依据》，《河南政法管理干部学院学报》2006年第6期，第5页。

设用地使用权的出让程序和在农村集体土地上设定的土地承包经营权的设定程序进行具体规定等,国家所有权和集体所有权的行使往往要受到一定限制,在通过出让方式设定建设用地使用权时必须采用"招拍挂"的方式,在集体土地上设定土地承包经营权时要经过集体成员多数决议通过等。如何对具体个案的设定程序是否符合私法平等原则进行认定,才是《物权法》解释适用的关键。

对于《物权法》第五章的内容不能因为其规定属于宣示性而忽略其在裁判应用中的问题,只是这些规定本身不能直接作为处理民事纠纷的依据,而如果能够从所有制和所有权的关系的角度理解国家所有权、集体所有权和私人所有权的概念内容,就能够很好地处理《物权法》第五章规定存在的问题,从而在解释适用的过程中用于合理的解决纠纷,实现《物权法》所预设的目的。更重要的是,不能依据近代私法上的绝对所有权观念去理解现代私法的问题,而应该设身处地立足于我国的具体实践去考虑,从解决中国问题的视角去判读《物权法》的规范,而不是从民法制度源头的立场考虑问题。

第三节 "权能分离论"的解构与他物权体系的再构成
——物权法解释论的视角

近代物权法体系以绝对所有权为基点构建,以所有权的存在状态和行使过程为规范的核心,所保护的重点是财产的静态归属,并依据"权能分离论"构建他物权制度。① 在效力上则表现为所有权优位而利用权弱化的现象,这符合自由资本主义时代市场经济自由竞争、自由贸易的要求,并且使人摆脱了封建主义的身份束缚而成为自由的民事主体,一定程度上促成了近代资本主义经济的繁荣。但是在经济发展至现代的情况下,物权法的具体制度已经发生了巨大的变化,物权的客体和他物权的类型都超出了传统物权法的原则框架,而且他物权在经济交易中的重要性也日益

---

① 参见〔日〕末川博『占有と所有』,法律文化社 1962 年,一六二页;〔日〕内田贵『民法讲义 I 总则·物权法』,东京大学出版会 2005 年,三五五页。

提高。① 与此相对，整个物权法体系却停留在原地，以特殊规定来处理传统物权法体系无法解释的权利现象，这显然无法满足物权法制度和商品交易相适应的需要，随着市场经济的大规模发展，传统的物权理论及立法制约了社会物资和自然资源的优化配置和充分、合理、高效利用，在实际经济运行中越来越表现出其致命的缺陷。在认识到传统物权所有权观念存在诸多问题之后，遵循所有权观念的内在变迁逻辑，笔者提出以相对所有权观念替代传统的绝对所有权观念的观点。相对所有权观念既然包含对传统所有权观念的修正，就必须能够对整个物权法体系进行解释，否则就达不到理顺逻辑、解决问题的目的。依据相对所有权观念来解释物权法体系，就是要打破以"权能分离论"构造的所有权和他物权的体系结构的内在逻辑，以新视角阐明所有权和他物权的关系，② 从而提升传统的他物权制度功能，并且使新型物权融入物权法体系之中。

一 "权能分离论"的解构③

（一）"权能分离论"的结构及检讨

大陆法系传统物权体系是一个"等级"结构，而与英美法系那样的"平

---

① 我国台湾地区近年来物权种类的发展证明了这个观点，谢哲胜先生对此有详细论述。参见谢哲胜《台湾物权法制发展》，《财产法专题研究（五）》，台湾财产法暨经济法研究协会，2006，第96页。
② 在近代私法绝对所有权观念的影响下，所有权被称为"自物权"，而通过"权能分离"设置的物权都是"他物权"，这种分类包含所有权优位的意思，在现代私法所有权观念转变的过程中已经不适用了，但是基于习惯用法仍然可以继续使用"他物权"一词，只是其地位已经发生了变化，而把所有权称为"自物权"的说法已经不适合了。
③ 笔者在这里使用的"解构"一词，如果单从字面上理解，"解"字意为"解开、分解、拆卸"，"构"字为"结构、构成"。两个字合在一起引申为"解开之后再构成"，这个词来源于哲学上的"解构主义"，是指对正统原则与正统标准的否定与批判。在这里借用"解构"一词，一方面是对"权能分离论"本身具有的强大的生命力的批判解读，指出其合理性及其所具有的时代性；另一方面是把"权能分离论"所包含的内在规定性——其适应时代发展的功能予以析出。"解构主义"一词正式出现在哲学范畴内应该是从1966年德里达在美国约翰·霍普金斯大学人文研究中心组织的学术会议上的讲演开始。当时36岁的德里达把矛头指向结构主义，将西方人几千年来所崇拜的确信无疑的"真理"、"思想"、"理性"、"意义"等打上问号。为了有助于理解"解构主义"，必须对"结构主义"做简要介绍，结构主义是20世纪前中期有重大影响的一种哲学思想。结构主义哲学所说的结构指的是"事物系统的诸要素所固有的相对稳定的组织方式或联结方式"。参见中国大百科全书出版社1985年版《中国大百科全书·哲学卷》的相关词条。

等"结构不同,对所有权进行完整保护而不是将其分离后各自保护是物权法设计的宗旨。① 按照近代绝对所有权观念支配的大陆法系私法理论的解释,所有权是对特定物的全面支配的权利。这种全面支配性表现为占有、使用、收益、处分等方向上的权能,大陆法系各国民法典都把所有权作为基础权利规定。与此相反,地上权、地役权、抵押权等所有权以外的物权只是在一定的范围内、就客体的一定方面进行支配。所有权人对于标的的支配并不止于抽象的存在,而通常表现为若干具体形式,所有权的不同权能表现了所有权的不同作用形式,是构成所有权内容的有机组成部分。

"权能分离论"以权利与权能的关系作为出发点。首先是将权利具体为各种权能,所有权被分解为具有占有、使用、收益和处分的权能。所有权的某一项或几项权能被分离,表明所有权权能分离论将权能与权利的关系理解为部分与整体的关系,唯其如此,才能分割;其次是权能与权利连环转化,所有权权能分离后转化为他物权,他物权中又有占有、使用、收益或处分的某一项或几项权能。需要注意的是所有权的权能是浑一的整体,而不是可以简单分开的,所有权的"权能分离"也不是简单的所有权人出让某种权能。"所有权不是对客体的各种权能的总和,而是具有在法令限制内可以任意利用的浑一的内容的权利。基于所有权而设定地上权或抵押权时,不是构成所有权内容的一个权能的分离,而是把浑一的内容具体化的让与。当所有权和他物权归属于同一个人时,因为混同而导致后者的消灭"。② "权能分离论"符合近代物权法的绝对所有权观念,与自由资本主义的经济理念相契合,强调所有权人的理性亦即市场主体的理性,"权能分离论"直观地反映出现实生活中的这样的情景:所有人将财产交给他人使用而自己失去了使用的机会,财产被还给所有人时,所有人恢复了自己使用的权利,所有人不能使用自己财产的那一段时间,正是他人使用权存在的期间。这种情景是对20世纪之前自由资本主义经济交易的描述,但是正因为其符合时代特征而表现出时代局限性,在经济交易进一步发展之后,物的利用关系日趋复杂,作为"权能分离"基础的绝对所有权

---

① 参见高富平《从实物本位到价值本位——对物权客体的历史考察和法理分析》,《华东政法学院学报》2003年第5期,第8页。
② 〔日〕我妻荣『新訂物權法』,有泉亨補訂,岩波書店1983年,二五八頁。

不存在的时候,"权能分离论"的解释能力也自然捉襟见肘。

如果把物权客体解析成经济学上所描述的资源,就会发觉个人理性并不一定能实现社会理性,在错综复杂的经济关系中,绝对所有权为资源的有效利用和优化配置设置了诸多障碍。首先,按照绝对所有权的观念,只要所有人不损害社会或他人利益,就可以对其物任意行使支配权,而排除来自国家或他人的干涉。为了个人的短期经济利益,所有人不愿意使其实际财产流转和权能分离,就会导致财产长期闲置,甚至明显的浪费、毁损,从而使资源的优化配置和在流转中实现增值的可能性受到所有人占有欲和支配的制约。其次,欲使资源最大限度地发挥效用,应当由最有能力利用资源的人来充分占有、利用资源,而且客体之上的多重权利应当有利于其加速流动,简化交易程序。① 可是,依照近代私法的物权理论,在所有权人依法设定他物权时,无论他物权人的权能多么广泛,因为他物权人最终不享有对所有物的处分权,因而总是受到所有权人意志的制约。这样,他物权人所拥有的财产价值就不能充分体现出来,当然也就谈不上最大限度地发挥社会效益了。而且,原则上,当客体之上的所有权和他物权归于同一主体时,他物权消灭,这完全不利于节约交易成本,也不利于物的有效利用。例如在抵押的场合,抵押物的转让导致所有权和抵押权混同而归于同一人时,原则上抵押权应该消灭,但是如果法律规定不消灭,可以产生土地所有人排斥后次序担保权人而由拍卖土地所得的价金中优先受偿一定数额的金钱的法律后果,所以采取担保权的形式更为合理。另外,如果抵押权不消灭,还可以使土地所有人不注销抵押权登记便可以以该土地再供作债权的担保,并作为将来获取不动产信用的基础,这是土地所有人实现其经济目的的捷径。为了实现所有人的经济目的,应使所有权中的某一权能可以独立存在并赋予其区别于所有权的法律形态,即应采取所有人抵押权的形式。所有人抵押权是近代信用经济的产物,已为德国等国民法所承认,从而在一定程度上表明绝对所有权的"权能分离论"不符合实际需求的缺点。再如地役权,依照绝对所有权的观念,供役地和需役地须为不同人所有,因为所有

---

① 参见马俊驹、梅夏英《论物权法的发展与我国物权法体系的完善》,《武汉大学学报》1996 年第 2 期,第 22 页。

权是对物最广泛的权利，所有权人可以对自己所有之物进行任意的支配，无须多此一举再另设他物权。然而多个国家的民法典都承认了所有人地役权，[①]这是因为从不动产的动态秩序看，所有人地役权在确保不动产所有权人的利益的前提下，能极大地发挥不动产的经济效用。而"于自己的土地上不能成立地役权"原则，仅仅强调了所有权人对物的所有，而忽视了物为他用的复杂情况。例如，土地所有权人在出让建设用地使用权之前，可一劳永逸地为待出让的土地设定一项地役权负担，从而物权性地确定建筑物的高度、建筑样式等事项，以确保自身其他不动产的利益。[②] 总而言之，"权能分离论"是立足于特定时代的理论解释，它能很好地解释特定时代的物权制度，却不能满足时代发展对物权制度体系更新的需求。

（二） 具体制度对"权能分离论"的超越

"权能分离论"虽然因其时代局限性而具有诸多缺陷，但是却因其内在规定性而能够实现制度上的超越。"权能分离论"的内在规定性表现在就物权客体所包含的某方面的利益而设定权利，即被所谓"权能"掩盖的利益支配。

1. 他物权的优位化趋势

现代物权理论中所有权优位的色彩被大大淡化，他物权应用范围则逐步扩大。他物权是财产的一种积极实现方式，是所有权权能分离和组合的结果，它基本适应市场经济发展的需要。他物权的设定旨在利用他人财产组织生产经营，从而最大限度地发挥财产的社会经济效益，是当今国际社会优化配置和充分利用有限的社会资源的普遍做法。他物权的优位以某些他物权的应用范围扩大为表现。以德国为例，按照《德国民法典》第94条第1项的规定，附着于土地上的物特别是建筑物，以及与土地尚未分离

---

① 例如，《法国民法典》第694条规定："所有权人有两个不动产，其间有役权的标志存在，所有人处分其中之一而未于契约中记载有关役权的约款时，役权仍消极地或积极地继续存在于出让的土地上或继续为出让土地的利益而存在。"《瑞士民法典》第733条也规定："所有人可在自己的土地上，为属于自己的另一块土地的利益，设定地役权。"作为近代民法典的代表的《法国民法典》也有这样的规定，证明绝对所有权观念即使在其最盛行的时期也不能完全涵盖社会实际问题。

② 参见朱广新《地役权概念的体系性解读》，《法学研究》2007年第4期，第32页。

的出产物，属于土地的主要组成部分，从而排除了对建筑物所有权进行平面的分割。这意味着，只有那些买得起土地并能建造房屋的人，才能居住在"自己的家"中。① 随着社会的发展，尤其是城市的扩大，完全拥有土地所有权和房屋所有权的人越来越少，于是立法者通过创设住宅所有权和地上权作为民法典规定的例外来适应这种社会发展趋势。创建不同于民法典规定的地上权制度是1919年的《地上权条例》。所谓地上权，是指"以在——受负担——土地地面上或地面下，拥有建筑物为内容之可转让并可继承的权利。"② 从土地所有人的角度看，地上权为其土地上所负担的一项限制物权，但是这种权利在功能上却实现了无所有权而充分利用土地以保有住宅所有权，从而在第二次世界大战后获得巨大的发展，尤其是对区分所有的建筑物的发展起到了推动作用。与此类似，日本在第二次世界大战后也发展了《借地借家法》以适应这种趋势。③

2. 物权制度和债权制度相互交融

近代私法理论认为，物权与债权的性质是完全不同的，物权具有绝对性，是对世权，而债权具有相对性，是对人权，两者界限分明。但是，由于社会的发展，物权法从"归属"为中心向"利用"为中心转变，债权法（即调整财产流转关系的法）在市场经济中作用增强，为了维护社会经济的稳定发展，最大限度地发挥财产的社会经济效益的共同需要，现代法确认某些债权具有对抗第三人的效力，即赋予债权以强化效力。最典型的是现代的"买卖不破租赁"已取代了传统的"买卖破租赁"。不动产租赁权本是债权，但法律使它具有了物权的效力。④ 同时，代表债权的有价证券也开始成为物权的客体，即债权物权化的现象也已普遍

---

① 参见〔德〕鲍尔·施蒂尔纳《德国物权法》（上册），张双根译，法律出版社，2004，第631页。
② 〔德〕鲍尔·施蒂尔纳：《德国物权法》（上册），张双根译，法律出版社，2004，第648页。
③ 参见〔日〕田中英司『ドイツにおける民法上の所有権の概念：内容と，所有権と不動産利用権との法的関係：現在の学説の概観的な確認とヨホウ物権法部分草案の検討』，西南学院大学法学論集三十七卷四号，四三頁。
④ 谢哲胜先生认为：依据我国台湾地区的释字三四九号规定，债权如在第三人明知或可得而知的情形下，并非不对其发生效力，债权也可能具有对世性，而成为本质上的物权，也就是事实上的物权，例如租赁权。参见谢哲胜《台湾物权法制发展》，《财产法专题研究（五）》，台湾财产法暨经济法研究协会，2006，第99页。

产生，作为商业货币的票据被广泛使用，并且适用"善意取得"等物权制度，使债权能自由的如同物一样交易。德国学者也承认"物权特征为其对物之直接的、'绝对的'支配。但在本书以后的许多地方我们会发现，法律会将物权的个别特性赋予相对权，甚至赋予某些法律地位；而且还会发现，一个相对权与某一特定的法律地位相结合，会赋予该权利之'持有人'一项特别的'准物权'地位。"但是德国学者在原则上却仍坚持物权和债权的绝对区分，认为在这种状况下，"虽然一直有将这种'已强化的'债权性权利与其他法律地位，在理论上'提升'到物权序列的倾向，但并无效果，因为它们只是显露了物权的个别特性。事实亦是如此，它们只是具有'部分的'物权特征，再多一点，它们就没有了。"[1] 笔者认为，这种外延的不周延至少说明了物权法体系本身已经出现对现实的不适应症，问题是具备了"部分的"物权特征的不动产租赁权还能说是严格的债权和物权二分下的债权吗？像不动产租赁权这种债权和物权性质不清楚的权利，随着经济发展将会不断增多，基于经济交易的需要其物权的属性也会不断增强，债权和物权二分将暴露更多的问题，在重构物权法体系之前，这些问题已经很难彻底解决。而实际上这些内容，在"权能分离论"中早已有所体现，既然可以对特定的物进行权能分离式的权利设定，那么这种分离就应该不是唯一的，他种方式的权利设定以及权利效力的变迁都可能是合理的。

3. 信托制度的蓬勃发展与扩张应用

信托是一种基于信任而产生的财产关系。在这种关系中，信托人将信托财产转移给受托人并委托其管理或处分，受托人享有该项财产的所有权，但有义务将信托利益交付给受益人。在社会生活中，有相当多的财产所有人并不具备运用其财产并使之产生收益的能力、精力、兴趣、时间以及其他条件。这样，他可以通过设立信托，将其财产作为信托财产而转移给受托人占有，并以订立契约的方式要求该受托人按照特定方式来运用该项财产并向其（或指定的受益人）交付由此所生收益，从而既使自己能获得收益，又无须亲自运用该项财产，就能使财产所有人的投资能够卓有成

---

[1] 〔德〕鲍尔·施蒂尔纳：《德国物权法》（上册），张双根译，法律出版社，2004，第50页。

效地进行,并促进社会财产的动态利用,使其免于闲置或浪费。信托是移植于英美法系的制度,用"权能分离论"来解释存在一定的难度,有学者认为信托是一种反向性的权能分离。"信托人将自己的财产所有权及其权能进行分离,由受托人在信托行为规定的范围内行使所有权,以收益为主的一些物权则由信托人或信托人指定的受益人享有。当信托期限届满或因其他原因终止信托,则所有权回复圆满状态。"他们认为,通过这种理论来分析信托制度,"能够消除两大法系在价值取向和思维模式上之差异,实现信托这一英美法系开创之制度与大陆法系基本理念的融合。"但是同时也认为信托中受益人的权利并非物权。"当然,受托人和受益人享有的权利,并非均为物权,如受托人依信托关系获得报酬的权利,受托人因管理经营信托财产支出费用而享有的请求补偿权等则为债权。可见,受托人与受益人之间具有多种性质的权利义务关系。"① 所谓的反向性分离,是指所有权人仅保留部分权能,将所有权移转他人的反向性分离。在这里,所有权人只剩下名义上的地位,作为所有权人能实际支配的只是物权客体上的一定利益。这种理论试图继续坚持"权能分离论",并且还坚持债权和物权二分,但是通过他们有些混乱的逻辑可以看出,在这种情况下"权能分离论"达到了其理论解释功能所能达到的终点,同时也对其理论本身给出了否定性的答案,即"权能分离论"是不合理的,根本就不存在一个绝对的、完全的所有权。但同时我们也应该看到,即使"权能分离论"是不合理的,具体的物权制度却因为适应了社会需要而表现出旺盛的生命力。

二 他物权在物权体系中的重新定位——所有权与他物权的平等

物权法的发展会日益趋向客体的价值化和权利的多重化,物权概念的功能会实现从理论构建的积极功能到理论解释的消极功能的转变,所有权的相对化和他物权发展说明了这个趋势。在这一趋势下,我们要做的就是重新对所有权和他物权进行定位,打破"权能分离论"的束缚,但是可行的方法不是单纯去改变现行立法规定和概念用语,而是要通过概念内涵的

---

① 秦伟、杨占勇:《论所有权及其权能分离的双向性》,《东岳论丛》2001 年第 7 期,第 104 页。

重新解释和内在逻辑的重构去实现这一目的。英美法系的权利分析理论值得借鉴。"对财产权运行机制进行具体分析的理论将得以发展，权利分析方法将成为财产权理论的核心内容，一系列更低层次的范畴也开始成为权利理论分析的工具，财产权体系将由此展开。"① 重新确立他物权在物权法中的地位，实现他物权和所有权对物权客体不同价值分割支配的功能定位。

（一）打破严格区分的"理性偏好"

在勇于打破"权能分离论"束缚的观点中，孟勤国先生的论点颇值得注意。他认为，"现代社会中，许多事情并不是只有所有权才能干的，其他的物权其实也有所有权一样的能力，在许多情况下，同样可以干得很好，问题只在于我们能不能客观地评价和发挥其他物权的作用，有没有必要无端地压抑其他物权并为此对各种生活事实作牵强的解释。既然商品生产和交换的具体实现并不一定要以所有权为前提，那么，所有权就没有理由凌驾于其他物权之上，非要将其他物权规制于其所能允许和控制的范围之内不可，物权的平等和独立，说到底不是一种理论假说，而是现代社会的实际生活条件的客观反映，我们只是在发现和描述客观事物的应然性和必要性。因此，物权平等和独立的原则，是最基本的物权价值取向，是重构中国物权制度的基本理念。"②

孟勤国先生的观点很具有反传统的色彩，其论点的提出是基于我国的社会主义市场经济的发展现状，应该说他对"权能分离论"的批判值得赞同。但是不幸的是，在结论上，孟勤国先生又走上了自己所反对的道路，其随后的观点很有些"理性偏好"的特点，即在反对近代私法的绝对所有权观念的同时，却用依然具有绝对性界限的概念来构建物权体系。他认为物权法有两个中心，一个是归属，一个是利用，根据这个把物权法严格区分成两个部分"所有"和"占有"。③ 这种区分可以暂时解释我国物权法

---

① 梅夏英：《民法上"所有权"概念的两个隐喻及其解读》，《中国人民大学学报》2002年第1期，第99~100页。
② 孟勤国：《物权二元结构论》，人民法院出版社，2004，第二版，第61页。
③ 参见孟勤国《物权二元结构论》，人民法院出版社，2004，第二版，第142页以下。

中的一些矛盾，如国家所有权和土地使用权之间的关系，但是却完全不能适应迅速发展的经济交易的现实，甚至对当下的一些现实问题的解释也是缺乏说服力的，如信托制度和所有权保留的买卖。为了回避其理论的局限性，他把担保物权排除在物权法之外，认为担保权不具有物权属性，虽然按照他的理论是可以解释通的，但在现实中却改变不了担保物权具有物权性的事实，因为在德国等国物权法制度中，某些担保权不仅具有担保债权的属性，其本身也可以独立流通，担保权早已经超越了必须附随于债权的时代，并且其所具有的排他的支配交换价值的属性也是其物权性的表现。

因为我国理论界受大陆法系近代私法思想影响较深，所以孟勤国先生的理论仍是一种追求形式理性的思维模式。应该看到近代大陆法系私法理论对于财产权利仍有较大的影响力，因为这些分类也是建立在对客观物质生产关系理解的基础上的，并且使人能容易理解现实生活中的财产关系，大陆法系的抽象概念在原有的财产关系范围内也能较好地解释既有的财产关系。因此，传统物权概念系统的存在并不是重构财产权理论系统的主要障碍，找到如何运用概念进行分析的方法才是问题的关键点。物权法体系构造的重塑与其说是一个概念形式问题，不如说是一个方法选择问题，应当在正视具体物权微观结构的基础上，充分考察权力运行的整体机制，从而对具体物权的功能有深入的理解。

（二）借鉴英美法系的"权利束"构造方法

英美法系的财产法也是一个不断演进的权利体系，从最初强调对物的排他性归属，到趋向于分解所有权，现代英美法系理论越来越趋向认为应该"把过去实实在在统一的所有权概念分解为多少有些朦胧的'一束权力'。因此一件物权可以为一个以上的人所拥有，在这种情况下，就必然涉及联合所有者的每一方同这一物品有关的特定权利。其次，包括有权按照自己的愿望去支配物品的完整所有权概念，意味着可以出售对某种使用的控制权的一些特定方面，从这一物品中得到利益。最后使用权、获利权也同样可以按现行的尺度进行分割，因此，你可以把由你支配的财产权明天卖给一个人，后天又卖给另一个人。"① 格雷在论证财产与物之间不存在必然联系的过程中，提到了"权利束"的理论，这实际上是美国法学家霍菲尔德首创的，霍菲尔德的理论是在批判布莱克斯通的财产概念的基础上发展起来的。② 布莱克斯通将财产定义为对物的绝对支配，在这个定义中财产的物质属性和对物的绝对支配是必不可少的内容。布莱克斯通一方面将财产等同于物，比如有形的遗产（土地）是物，而且把无形的遗产（权利）加以具体化，使它们被看成物；另一方面他有时又不把财产等同于物，而把它等同于支配物的权利。③ 霍菲尔德的理论对分析权利的性质，尤其是在现代社会条件下分析因为权利的分解和重组而形成的一些新类型权利的性质是非常有用的。对于大陆法系来说，霍菲尔德的理论也有重大的借鉴意义，例如对于大陆法系的物权概念，如果将其界定为对物的支配力，显然与布莱克斯通的概念一样过于空泛；如果将其具体列举为占有、使用、收益、处分这四项权能，则又显得过于僵化，而霍菲尔德的理论将会有助于我们在复杂的经济关系中做更精细的分析。

根据英美法系的这些理论，梅夏英先生提出："财产权绝不是抽象的、空泛的概念，它总是表现为由各种具体范畴组成的结构。亦即财产权是一复数名词，为一权利束的组合。"他进一步具体分析，"实际上，我们所说的所有权就是一种'权利束'。如甲拥有一块土地的所有权，他即享有占有、使用、收益和处分的权利（当然还包括排除他人干涉等其他权利）。如果甲将土地出租给乙，那么甲此时享有的权利束为收益权、处分权（主要指法律上的处分）、收取租金权、收回土地权等。乙则享有占有权、使用权，并负返还义务。显然，这些权利束已将甲、乙之间基于土地出租而形成的关系界定得很清楚，在此基础之上再探讨甲在出租前后是否仍享有

---

① 〔美〕托马斯·C.格雷：《财产权的解体》，高新军译，载《经济社会体制比较》1994年第5期，第21页。
② 〔美〕霍菲尔德：《司法推理中应用的基本法律概念》（上），陈端洪译，《环球法律评论》2007年第3期，第118页。
③ 参见〔美〕肯尼斯·万德威尔德《十九世纪的新财产：现代财产概念的发展》，王战强译，《经济社会体制比较》1995年第1期，第39页。

相同的所有权是无意义的。"① 大陆法系的传统做法只是从物的归属的角度处理，而不是从纯粹的权利分析的角度。英美法系的这种"权利束"实际上来源于经济学者对社会经济发展的理解。康芒斯说："在封建和农业时代，财产主要是有形体的。在重商主义时期（在英国是17世纪），财产成为可以转让的债务那种无形体财产。在资本主义阶段最近40年中，财产又成为卖者或买者可以自己规定价格的自由那种无形的财产。"② 当财产不再是一个个具体的有体物的时候，以有体物的性质为前提建立的绝对所有权观念就失去了立足的根基，而价值化的物权客体的一个明显表现就是不存在一个绝对归属的所有权，所谓的所有权已经和他物权归于平等，都是对物权客体的某一方面利益的支配。

三 他物权体系的再构成——《物权法》中他物权体系的解释

他物权体系的再构成不是对立法上的物权的具体制度进行重构，具体制度的创新根源于经济交往的需要；也不是对简称《物权法》制度体系的否定，笔者无意将中国刚刚历经千辛万苦制定出来的《物权法》推倒重来，实际上中国的《物权法》在具体制度的规定上已经悄然做到了超越绝对所有权观念和"权能分离论"，只是还欠缺一个逻辑上的合理解释。当然，关于所有权的定义，《物权法》第39条仍然采用了近代私法绝对所有权的权能列举式定义，应该予以修改，但这并不影响在解释论上对所有权的内涵予以扩张。这里要论证的他物权体系的再构成是把具体制度应社会需要的潜在话语予以明示，从解释论上找到现代物权法中他物权体系的内在逻辑。

（一）物权立法上的他物权体系

大陆法系民法典中的他物权体系根据其立法时代和具体国情的不同而存在差异。但是如果仅从功能上分析的话，不同的他物权体系却几乎实现了相同的功能，原因在于：一方面立法者考虑了其所处的具体国情；另一

---

① 梅夏英：《财产权构造的基础分析》，人民法院出版社，2002，第227~228页。
② 〔美〕康芒斯：《制度经济学》，于树生译，商务印书馆，1997，第95页。

方面立法上的条文是死的，而法律制度的运行却是活的。具体制度在实践中的细微发展，使他物权体系超越了制定时立法者所能预期的功能，而发挥了更多的作用。以下通过对具有大陆法系传统的立法与我国物权立法的比较，分析他物权体系的解释论构成。

首先考察影响我国物权立法的各国民法典中的他物权体系。其一，《法国民法典》的他物权体系。《法国民法典》第二编"财产及对于所有权的各种限制"，其中第三章"用益权、使用权及居住权"以及第四章"役权及地役权"，规定了他物权制度。《法国民法典》还没有形成以"权能分离论"为基础的"所有权——他物权"体系，因为《法国民法典》虽然有绝对所有权的概念，却没有债权和物权二分的体制，从今日民法理论的视角看，《法国民法典》第二编也没有规定担保物权，只是规定了用益物权制度。实际上《法国民法典》并非没有规定担保物权，只是没有在第二编规定，而是放在第三编"取得财产的各种方法"中规定，强调其从属于债权的性质，这符合孟勤国先生的观点。① 当然这种担保权是初级的，无法和随后发展的担保权相比。其二，《德国民法典》的他物权体系。《德国民法典》第三编"物权法"分九章，从第四章开始规定了他物权制度，包括第四章地上权；第五章役权，分地役权、用益权、限制人役权三节；第六章先买权；第七章土地负担；第八章抵押权、土地债务和定期土地债务；第九章动产质权和权利质权。正是在区分不动产与动产和具体物权形态的基础上，形成了"占有——土地权利通则——所有权——他物权"的体系。这使得各种功能不同的规则错落有致，形成紧密关联的体系，这是严格按照"权能分离论"构造的体系，同时为适应时代需求也有一些松动，② 比如土地债务的自由流通、所有人抵押的允许。另外，第四章地上权部分的规定较为简单，随着社会发展，已经被1919年的《地上权条例》所取代。其三，《瑞士民法典》的他物权体系。《瑞士民法典》第四编

---

① 参见孟勤国《物权二元结构论》，人民法院出版社，2004，第218页以下。
② 《德国民法典》制定于德意志统一之时，当时的德国在政治体制上仍然保留了大量的封建传统，容克贵族的势力还相当强大，日耳曼法在具体制度中的影响力仍然存在。所以，德国虽然不可能制定《法国民法典》那种体现较多资产阶级革命色彩的民法典，但是同时却更多考虑了经济生活的实际。

"物权法"第二部分限制物权,分役权及土地负担、不动产担保、动产担保三章。《瑞士民法典》的权利规则群明确区分了不动产和动产,并运用了"提取公因式"方法,比如所有权的通则、担保物权的一般规定,其结构和《德国民法典》类似。其四,《日本民法典》的他物权体系。《日本民法典》第二编"物权",分十章,其中第四章地上权、第五章永佃权、第六章地役权、第七章留置权、第八章先取特权、第九章质权、第十章抵押权规定了他物权。《日本民法典》的这种体系结构属于典型的"总则——分则"体系。先提纲挈领地总结普适于分则内容的共同事项,然后分则按照特定的逻辑顺序,具体阐述相应权利的具体规则。此外,《日本物权法》在具体权利规则群中还设置了第二层次的"总则——分则",这在先取特权、质权和抵押权中非常明显。在分则中,先取特权和质权根据标的物的形态设定了不同的规则。其五,《俄罗斯联邦民法典》的他物权体系。《俄罗斯联邦民法典》脱胎于苏联的《苏俄民法典》,基于我国民法学受苏联民法的影响深远,《俄罗斯联邦民法典》是不能忽略的。其第三编所有权和其他物权,设一般规定、所有权的取得、所有权的终止、共有、土地所有权和其他物权、住房的所有权和其他物权、经营权和业务管理权、所有权和其他物权的保护八章。其中他物权的规定占据了较大的篇幅,在他物权和所有权的关系上体现一种平等的倾向,具有打破"权能分离论"的具体表现。

上文简述了几个对我国影响较大的物权立法的形式,通过比较发现,他物权的内容是不断发展的。首先,用益物权地位提高,在《德国民法典》制定之初以简单条文规定的地上权,已经因城市的发展需要成为重要的"类所有权之权利"。[1] 与此类似,在我国,用益物权实际上已经是市场交易的主要物权形式,这一方面是因为我国的社会主义公有制的经济性质决定土地所有权无法进入市场直接交易,另一方面也是对物利用多层次的表现。我国台湾地区物权法制的发展也证明了这种观点,用益物权种类增加,能够满足人们在经济变化中对物权的需求,用益物权人应得到优于所有权人的保护,对所有权人的保护将限于所有权人对所有权的投资报酬期

---

[1] 参见〔德〕鲍尔·施蒂尔纳《德国物权法》(上册),张双根译,法律出版社,2004,第39页。

待,而不强调其对所有物的排他支配权利。① 其次,担保物权的种类增多,物权效力增强。《法国民法典》中担保物权只不过是从属于合同之债的权利,其后则不断发展,以至出现具有相对独立性的可以独立转移的担保形式,所有人抵押和动产担保、权利担保的形式不断增多。②

我国《物权法》在第三编"用益物权"和第四编"担保物权"规定了他物权。与上述五个民法典相比,我国的物权立法从他物权体系的形式上看似乎更加清晰,即将用益物权和担保物权分别作为编名来统摄具体的权利形式,而此前"用益物权"和"担保物权"从来都只是教科书的用语而不是立法上的用语,但是从实践发展的意义上说这种体系是僵化的,因为它是在坚持严格的"权能分离论"和物权法定主义的前提下构建的他物权体系。但是立法者也考虑到我国社会经济正处于变革当中,因而第三编第十章和第四编的第十五章都规定了"一般规定"。这个"一般规定"虽然是从提炼用益物权和担保物权的一般内容的目的出发,但是客观上能起到超越《物权法》具体列举的他物权类型的作用,为他物权体系在解释论上重构提供了空间,为新创设的物权提供了一个归类的属概念,在现代物权制度随经济发展而不断变革的时代,他物权的体系必须也随之变化,并具备一定的包容性。有学者将物权区分为基础性物权和功能性物权,认为担保物权属于功能性物权,可自由创设,而用益物权属于基础性物权,仍需坚持物权法定。③ 但是在某些情况下,用益物权也需要适应时代发展而创设新的类型,如《物权法》没有规定的居住权、分时度假的产权等,只是这种需求小于担保物权类型创新的需求。我国台湾地区就因为修路的需要而增加了区分地上权,因信托关系增加了信托受益权等应该属于用益物权的权利类型,而一些无实用价值的用益物权则被自然淘汰,如永佃权和典权等。④ 从担保物权的发展看,动产担保日益发达,呈现与不动产担保

---

① 参见谢哲胜《台湾物权法制发展》,《财产法暨经济法》2005 年第 2 期,第 46 页。
② 如我国台湾地区制定的《动产担保交易法》确定的三种担保物权,以及在经济发展中基于融资需要而产生的非典型担保。参见谢哲胜《台湾物权法制发展》,《财产法专题研究(五)》,台湾财产法暨经济法研究协会,2006 年,第 102 页。
③ 参见梁上上《物权法定主义:在自由与强制之间》,《法学研究》2003 年第 3 期,第 53 页。
④ 参见谢哲胜《台湾物权法制发展》,《财产法暨经济法》2005 年第 2 期,第 44~45 页。

并驾齐驱之势，传统的动产质押逐渐衰落，而动产抵押越来越多。① 这主要是因为某些动产价值已经增大，公示方法和公示效力更加灵活，而移转占有方式的担保显然对物的利用是低效率的。在这一趋势下，《物权法》的担保物权体系现在虽然还可以这样安排，在将来可能就会表现出不适应，而且这种变化是渐变而不是剧变的，从我国《物权法》的立法过程看，试图修改立法来适应社会发展显然困难很多，而利用解释论扩张开放体系是弥补新产生缺陷首选的方法。

（二）他物权体系应能容纳非典型物权

近代以来的物权立法都坚持严格的物权法定主义，没有为新型物权预留生长空间。但是随着经济的发展，不管立法者是否愿意，新的物权都在不断产生，尤其是新型担保物权的产生更是频仍。另外，还有一些权利无法为传统的用益物权和担保物权所涵括，但又具有一定的物权效力，对这些权利所具有的物权效力的解释可以通过扩张他物权内涵来实现，典型的例子是信托中受益人的权利。

现代具有大陆法系传统的各国基于不同的原因都或多或少承认了信托制度。如前文所述，信托制度是一个典型的英美法系的制度，它与大陆法系传统的绝对所有权观念和物权法定主义相矛盾。在信托制度中，委托人一旦将其财产交付信托，即丧失对该项财产的所有权，从而该项财产作为信托财产不再属于受托人所有。受托人对信托财产享有最大限度的财产处分权，只要不违背信托目的，受托人以财产所有人的地位，以自己的名义，完全可以任意处分财产，并可对抗第三人的干涉，而受益人依约定享有信托财产的收益权利，受托人应将收益交付给受益人，受益人在受托人破产时享有别除权，受托人违反信托目的处分信托财产或者因违背管理职责、处理信托事务不当致使信托财产受到损失的，受益人享有撤销权。信托关系终止后，信托人也可通过信托条款将信托财产归于自己或第三人。因此，英美法系学者普遍认为，信托的本质特征是法定所有权与收益所有

---

① 参见王利明《担保物权制度的发展与我国物权法草案》，《山西大学学报》（哲学社会科学版）2006年第4期，第1~2页。

权相分离，即受托人是信托财产名义上的所有人，受益人则是信托财产和利益的所有权人。另外，信托制度还引申为推定信托，来解决一些财产法问题，例如原告大通银行向被告银行支付了 200 万英镑，由于会计人员的错误，同一天稍后又支付了一次，也是 200 万英镑。被告银行在两天内发现了大通银行的错误，但没有采取任何纠正措施。四个星期后，被告银行进入破产清算程序。原告按照普通法上的权利要求行使对人权，即债权，这是不存在法律障碍的，但是只能和其他债权人一样按照破产程序受偿，显然这样要全额收回错误支付的 200 万英镑是不可能的。所以，原告寻求推定信托的救济，主张根据衡平法的追回原则从原告财产中收回这笔款项。Goulding 法官说："由于处于事实误会向另一个人付款的人，在该财产上保留衡平法的财产权，而另一方的良心，在尊重后者的财产权问题上受被信任者义务的约束。因此，在大通银行与被告银行的债权人之间的争执中，大通银行有权追回。如果能追回，被告应是凭推定信托持有这笔金额。"① 推定信托使这个问题得到了解决，而如果是大陆法系则只能采用向一般条款逃避的方式引用民法基本原则来处理，相比较而言，信托制度显然具有更大的可操作性。移植了信托制度的具有大陆法系传统的国家不断打破"权能分离论"和物权法定主义来接受信托制度的理念。日本学者四宫和夫认为，尽管信托设立时财产权转让给受托人，但仅仅是让受托人管理财产，因此受托人取得形式上的所有权和管理的权利，而不是财产内的全部的权利，信托财产与受托人的个人财产即承认信托财产分离，成为一个独立的实体，受益人的权利不仅仅是债权的性质，而与信托财产直接相关，具有类似物权的性质。② 类似的观点逐渐在大陆法系各国盛行，受托人和受益人的权利都被认为是物权，都可以作为一种相对所有权来看待。1994 年 1 月 1 日生效的《魁北克民法典》一改原《下加拿大民法典》将信托规定在赠与和遗嘱法中，将信托作为第四编"财产"的第六题"某些目的性"财产的做法，这与同编第四题"所有权的权能分离"的各种用益物权相比，其性质虽然属于财产权，但是却不能用"权能分离论"来解释。

---

① 沈达明编著《衡平法初论》，对外经济贸易大学出版社，1997，第 212 页。
② 参见〔日〕四宫和夫『信託法』，有斐閣 1989 年，六九至七〇页。

《魁北克民法典》第 947 条第 2 款规定:"所有权可附有期限和条件,可发生功用所有权与空虚所有权的分离。"[①] 这种说法虽然在表面上还坚持绝对所有权观念,但是实质上已经承认了所有权的实质分离,即相对所有权的观念。鉴于民法典在形式上对所有权和他物权的区分,如果我们把受托人的权利理解为形式上的所有权的话,可以把受益人的权利理解为一种他物权。

容许他物权体系包容非典型的他物权,有利于促进权利的流转和创造新的财富,这不需要物权立法一一列举,而只要允许法律赋予它们物权性即可。商法上的票据权利、股票权利具有的物权性,都没有必要按照债权让与的规定转让,只要像动产交付那样流转就可以了。《物权法》虽然不需要对此全部规定,但是按照相对所有权的观念容许其合理的存在应该是物权法在逻辑上的应有之意,类似这样的做法也有利于物权立法增强对社会发展的适应性。

[①] 《魁北克民法典》,孙建江、郭站红、朱亚芬译,中国人民大学出版社,2005,第 122 页。另参见张天民《失去衡平法的信托》,中信出版社,2004,第 116 页以下。

结　论

　　"法律必须随时间经过而演进，始能符合因时间之经过而变更之社会，应无疑义。其结果，构成法律规定之概念，自与法律同样常有历史性的时间结构，必须随历史之变迁而演进。"① 近代私法的绝对所有权观念随着物权法具体制度的进步已经逐渐悄然退出历史舞台，代之以相对所有权的观念，但是私法理论上对这种变化的解读仍然处于缺失状态。近代私法的绝对所有权观念出于摆脱封建主义身份关系的需要，把所有权的私的属性和社会属性予以分裂和对立，这虽然有其时代适应性，但却不能适应社会经济的进一步发展和物权法具体制度的更新，以绝对所有权观念为先导而形成的物权法的基本原则已然成为束缚物权法发展的桎梏。而相对所有权的观念是对绝对所有权观念的一种超越，即在强调所有权的私的属性的同时，更注重所有权具有的包含一定社会关系的社会属性，并且认为物权客体正趋向于价值化，所有权也正日益破碎而不再是单一的、绝对的权利。从绝对所有权观念向相对所有权观念的转变，是正在发生的观念转变，这个阶段已经超越了作为近代私法起点的抽象的绝对所有权，以私的属性和社会属性的结合来界定所有权，回避用权能来分解所有权，而认为所有权是一束权利，是对物权客体上价值利益的控制和支配的权利。

　　随着社会经济的发展，物权客体的类型和结构发生了变化，一物一权主义不再适合作为物权法的基本原则，尤其是在物权客体上存在多种复杂的支配权结构的情况下，动产和不动产的交错与同化、无体财产的大量出

---

① Larenz. Methodenlehre der Rechtswissenschaft, 3. Aufl. 1975, S. 124f.; Gerhart Husserl. Recht und Zeit, 1955, S. 10ff. 转引自黄茂荣《法学方法与现代民法》，中国政法大学出版社，2001，第83页。

现、有体物全面的多重利用和支配已经使支配权关系变得复杂，一物一权主义内涵的不能有相互冲突的物权并存规则，还可以作为物权制度的准则。他物权的具体类型也处于变迁之中。物权立法的一个难点是如何容纳更多的、更灵活的物权类型，而且对物权类型的更新做出合理的预见，物权法定和物权自治仿佛矛盾却又和谐的共同作为物权类型确立的判准。现代私法上的相对所有权观念认为所有权是一个有相对界限的权利，要受来自公法和私法的限制，这种限制是所有权的社会属性的一种体现，但绝不能说是所有权已经"社会化"了，而应该运用"权利冲突"的理论来解释。"在法律规定的范围内对所有权予以必要的限制，目的不在于剥夺所有权人行使权利的自由，而在于使所有权人行使所有权的自由更加合理、更加充分"。[①] 所有权的根本属性仍是其所固有的个人性，或者说私的属性。相对所有权观念转向应以权利功能的分析为进路，而不能转向由国家或社会来监护的财产体制。私法上的所有权观念不能脱离私的属性或个人主义的基本立场。

从近代私法的绝对所有权观念向现代私法的相对所有权的观念转变，并不是要完全颠覆传统的物权制度体系。相反，传统的物权制度因其自罗马法以来延续的内在规定性在现代私法上仍然有适用的空间，只要其概念内涵已经做适应社会变迁的实质演进，就可以作为典型的物权制度起到解释上的先导性作用。对于物权法体系的构建，理论上需要做的工作是利用相对所有权的观念建立解释论体系，承认物权的价值分裂、目的分裂、效力分裂的现象，使物权立法的典型制度所构筑的体系具有一定开放性和适应性，使物权制度与经济体制相适应，尤其是他物权体系，能够适应层出不穷的制度需要，以实现经济关系中对资源的有效利用和社会的可持续发展。

---

① 马新彦：《罗马法所有权理论的当代发展》，《法学研究》2006年第1期，第118页。

参考文献

一 中文文献

（一） 期刊文献

[1] 陈弘毅：《当代西方法律解释学初探》，《中国法学》1997年第3期。

[2] 陈金钊：《法律解释的转向与实用法学的第三条道路（上）》，《法学评论》2002年第1期。

[3] 陈金钊：《法律解释的转向与实用法学的第三条道路（下）》，《法学评论》2002年第2期。

[4] 房绍坤、王洪平：《论私法自治与物权法定之辩证关系》，《法学杂志》2005年第5期。

[5] 傅静坤：《论美国契约理论的历史发展》，《外国法译评》1995年第1期。

[6] 高富平：《从实物本位到价值本位——对物权客体的历史考察和法理分析》，《华东政法学院学报》2003年第5期。

[7] 韩松：《论集体所有权的主体形式》，《法制与社会发展》2000年第5期。

[8] 韩松：《论物权平等保护原则与所有权类型之关系》，《法商研究》2006年第6期。

[9] 郝铁川：《权利冲突：一个不成为问题的问题》，《法学》2004年第9期。

[10] 何勤华：《耶林法哲学思想述评》，《法学》1995年第8期。

[11] 季卫东：《法律程序的形式性与实质性——以对程序理论的批判和批判理论的程序化为线索》，《北京大学学报》（哲学社会科学版）2006年第1期。

[12] 蒋明倬：《重庆故事：土地承包权的物化试验》，《中国新闻周刊》2007年第25期。

[13] 金可可：《私法体系中债权物权区分说——萨维尼的理论贡献》，《中国社会科学》2006年第2期。

[14] 敬从军：《物权法定主义存废论》，《西南政法大学学报》2006年第2期。

[15] 孔祥俊：《论现代公司的产权结构》，《政法论坛》1994年第3期。

[16] 李飞：《动产与不动产划分标准之比较研究》，《学海》2003年第3期。

[17] 李晓云：《"不动产"概念研究》，《清华法学》第八辑，清华大学出版社，2006。

[18] 梁上上：《物权法定主义：在自由与强制之间》，《法学研究》2003年第3期。

[19] 刘少军：《法财产基本类型与本质属性》，《政法论坛》2006年第1期。

[20] 刘铁光：《动产和不动产划分标准的思考》，《贵州工业大学学报》（哲学社会科学版）2006年第3期。

[21] 刘云生：《西方近代所有权立法的三大前提——所有权的伦理学、经济学、法哲学思考》，《现代法学》2004年第1期。

[22] 刘正峰：《论无名物权的物权法保护——从对物权法定原则的检讨展开》，《法商研究》2006年第2期。

[23] 刘作翔：《权利冲突的几个理论问题》，《中国法学》2002年第2期。

[24] 马俊驹、梅夏英：《对我国未来民法典设立财产权总则的理由和基本构想》，《中国法学》2003年第3期。

[25] 马俊驹、梅夏英：《无形财产的理论和立法问题》，《中国法学》2001年第2期。

[26] 马新彦：《罗马法所有权理论的当代发展》，《法学研究》2006年第1期。

[27] 梅夏英：《民法上"所有权"概念的两个隐喻及其解读》，《中国人民大学学报》2002 年第 1 期。

[28] 彭晓辉、张光忠：《我国网络游戏中"虚拟财产"的法律保护问题》，《中南财经政法大学学报》2004 年第 3 期。

[29] 齐恩平：《集体土地所有权的检讨及物权法上的制度重构——对〈物权法（草案）〉相关条款的评析》，《法制与社会发展》2007 年第 1 期。

[30] 秦伟、杨占勇：《论所有权及其权能分离的双向性》，《东岳论丛》2001 年第 7 期。

[31] 屈茂辉：《关于物权客体的两个基础问题》，《时代法学》2005 年第 2 期。

[32] 冉昊：《"相对"的所有权——双重所有权的英美法系视角与大陆法系绝对所有权的解构》，《环球法律评论》2004 年冬季号。

[33] 冉昊：《论两大法系财产法结构的共通性——英美法系双重所有权与大陆法系物权债权二元划分的功能类比》，《环球法律评论》2006 年第 1 期。

[34] 冉昊：《论英美财产法中的产权概念及其制度功能》，《法律科学》（西北政法学院学报）2006 年第 5 期。

[35] 冉昊：《制定法对财产权的影响》，《现代法学》2004 年第 5 期。

[36] 申卫星：《视野拓展与功能转换：我国设立居住权必要性的多重视角》，《中国法学》2005 年第 5 期。

[37] 史尚宽：《论物权之构成及其今后以利用为中心之趋势》，《民刑法论丛》1973 年版。

[38] 苏力：《这里没有不动产——法律移植问题的理论梳理》，《法律适用》2005 年第 8 期。

[39] 王洪亮：《分割所有权论》，《华东政法学院学报》2006 年第 4 期。

[40] 王克金：《权利冲突论——一个法律实证主义的分析》，《法制与社会发展》2004 年第 2 期。

[41] 王利明：《担保物权制度的发展与我国物权法草案》，《山西大学学报》（哲学社会科学版）2006 年第 4 期。

[42] 王利明：《物权法平等保护原则之探析》，《法学杂志》2006 年第 3 期。

[43] 王亚平：《浅析中世纪罗马法研究首先在意大利城市兴起的原因》，《东北师范大学》（哲学社会科学版）2002 年第 5 期。

[44] 王涌：《所有权概念分析》，《中外法学》2000 年第 5 期。

[45] 吴汉东：《财产权客体制度论——以无形财产权客体为主要研究对象》，《法商研究》2000 年第 4 期。

[46] 吴汉东：《无形财产权的若干理论问题》，《法学研究》1997 年第 2 期。

[47] 谢哲胜：《不动产财产权的自由与限制——以台湾地区的法制为中心》，《中国法学》2006 年第 3 期。

[48] 谢哲胜：《台湾物权法制发展》，《财产法暨经济法》2005 年第 2 期。

[49] 徐国栋：《体外受精胚胎的法律地位研究》，《法制与社会发展》2005 年第 5 期。

[50] 徐国栋：《现代的新财产的分类及其启示》，《广西大学学报》（哲学社会科学版）2005 年第 6 期。

[51] 杨玉熹：《论物权法定主义》，《比较法研究》2002 年第 1 期。

[52] 姚洋：《中国农地制度：一个分析框架》，《中国社会科学》2000 年第 2 期。

[53] 尹田：《法国物权法中动产与不动产的法律地位》，《现代法学》1996 年第 3 期。

[54] 尹田：《论物权法的发展与我国物权法体系的完善》，《河南政法管理干部学院学报》2006 年第 6 期。

[55] 尹田：《论一物一权原则与"双重所有权"理论的冲突》，《中国法学》2002 年第 3 期。

[56] 张恒山：《财产所有权的正当性依据》，《现代法学》2001 年第 6 期。

[57] 张鹏：《美国法上的物权法定原则》，《法学》2003 年第 10 期。

[58] 张平华：《权利冲突是伪命题吗——与郝铁川教授商榷》，《法学论坛》2006 年第 1 期。

[59] 张巍：《物权法定与物权自由的经济分析》，《中国社会科学》2006

年第 4 期。

[60] 郑成良：《一个关于财产所有权的神话》，《天津社会科学》1994 年第 2 期。

[61] 郑少华：《可持续发展与第三次法律革命》，《法学》1997 年第 11 期。

[62] 周林彬：《所有权公法限制的经济分析》，《中山大学学报》（社会科学版）2000 年第 4 期。

[63] 朱广新：《地役权概念的体系性解读》，《法学研究》2007 年第 4 期。

[64] 〔美〕肯尼斯·万德威尔德：《十九世纪的新财产：现代财产概念的发展》，王战强译，《经济社会体制比较》1995 年第 1 期。

[65] 〔美〕托马斯·C. 格雷：《论财产权的解体》，高新军译，《经济社会体制比较》1995 年第 2 期。

（二）图书文献

[1] 陈朝璧：《罗马法原理》，法律出版社，2006。

[2] 陈小君等：《农村土地法律制度研究》，中国政法大学出版社，2004。

[3] 段匡：《德国、法国以及日本法中的物权法定主义》，梁慧星主编《民商法论丛》第 7 卷，法律出版社，1997。

[4] 段匡：《日本的民法解释学》，复旦大学出版社，2005。

[5] 高富平：《物权法原论》，中国法制出版社，1998。

[6] 高富平：《中国物权法：制度设计和创新》，中国人民大学出版社，2005。

[7] 关涛：《我国不动产法律问题专论》，人民法院出版社，1999。

[8] 何勤华：《西方法学史》，中国政法大学出版社，1996。

[9] 黄茂荣：《法学方法与现代民法》，中国政法大学出版社，2001。

[10] 金可可：《温德沙伊德论债权与物权的区分》，王洪亮、张双根、田士永主编《中德私法研究》第一卷，北京大学出版社，2006。

[11] 李宜琛：《日耳曼法概论》，中国政法大学出版社，2003。

[12] 梁慧星、陈华彬：《物权法》第四版，法律出版社，2003。

[13] 梁慧星：《民法解释学》，中国政法大学出版社，1995。

[14] 梁慧星主编《中国物权法草案建议稿：条文、说明、理由与参考立

法例》，社会科学文献出版社，2000。

[15] 梁慧星主编《中国物权法研究》，法律出版社，1998。

[16] 林喆：《权利的法哲学——黑格尔法权哲学研究》，山东人民出版社，1999。

[17] 刘得宽：《民法诸问题与新展望》，中国政法大学出版社，2003。

[18] 马新彦：《美国财产法与判例研究》，法律出版社，2001。

[19] 梅夏英：《财产权构造的基础分析》，人民法院出版社，2002。

[20] 梅夏英：《物权法·所有权》，中国法制出版社，2005。

[21] 梅仲协：《民法要义》，中国政法大学出版社，1998。

[22] 孟勤国：《物权二元结构论》，人民法院出版社，2004，第二版。

[23] 彭诚信：《主体性与私权制度分析——以财产、契约制度的历史考察为中心》，中国人民大学出版社，2005。

[24] 申卫星、傅穹、李建华：《物权法》，吉林大学出版社，1999。

[25] 沈达明编著《衡平法初论》，对外经济贸易大学出版社，1997。

[26] 石少侠：《公司法》，吉林人民出版社，1996。

[27] 史尚宽：《物权法论》，中国政法大学出版社，2000。

[28] 苏永钦：《经济法的挑战》，清华大学出版社，2005。

[29] 苏永钦：《民事立法与公私法的接轨》，北京大学出版社，2005。

[30] 苏永钦：《私法自治中的经济理性》，中国人民大学出版社，2004。

[31] 孙宪忠：《德国当代物权法》，法律出版社，1997。

[32] 孙宪忠：《国有土地使用权财产法论》，中国社会科学出版社，1993。

[33] 王利明：《物权法论》，中国政法大学出版社，1998。

[34] 王利明：《物权法研究》，中国人民大学出版社，2002。

[35] 王利明主编《中国物权法草案建议稿及说明》，中国法制出版社，2001。

[36] 王凌云：《论先占原则》，徐国栋主编《罗马法与现代民法》（第一卷），中国政法大学出版社，2000。

[37] 王卫国：《中国土地权利研究》，中国政法大学出版社，1997。

[38] 王文宇：《民商法理论与经济分析》，中国政法大学出版社，2002。

[39] 王泽鉴：《民法物权Ⅰ通则·所有权》，中国政法大学出版社，2001。

[40] 肖厚国：《所有权的兴起和衰落》，山东人民出版社，2003。

[41] 谢在全：《民法物权论》，中国政法大学出版社，1999。

[42] 谢哲胜：《大陆物权法制的立法建议——兼评王利明教授物权法草案建议稿》，《人大法律评论》2001年卷第二辑，中国人民大学出版社，2002。

[43] 薛波主编《元照英美法词典》，法律出版社，2003。

[44] 尹田：《法国物权法》，法律出版社，1998。

[45] 翟小波：《你凭什么拥有财产——西方财产权正当化理论检讨》，蔡耀忠主编《中国房地产法研究》第2卷，法律出版社，2003。

[46] 张晋藩：《清代民法综论》，中国政法大学出版社，1998。

[47] 张天民：《失去衡平法的信托》，中信出版社，2004。

[48] 张文显：《二十世纪西方方法哲学思潮研究》，法律出版社，1996。

[49] 赵廉慧：《财产权的概念——从契约的视角分析》，知识产权出版社，2005。

[50] 郑玉波：《民商法问题研究》（二），三民书局，1991。

[51] 周林彬：《物权法新论：一种法律经济分析的观点》，北京大学出版社，2002。

[52] 周小明：《信托制度的比较法研究》，法律出版社，1996。

[53] 邹东涛、欧阳日辉：《所有制改革攻坚》，中国水利水电出版社，2005。

[54] 〔德〕M.沃尔夫：《物权法》，吴越、李大雪译，法律出版社，2004。

[55] 〔德〕奥特弗里德·赫费：《政治的正义性》，庞学铨、李张林译，上海译文出版社，1998。

[56] 〔德〕鲍尔·施蒂尔纳：《德国物权法》（上册），张双根译，法律出版社，2004。

[57] 〔德〕鲍尔·施蒂尔纳：《德国物权法》（下册），申卫星、王洪亮译，法律出版社，2006。

[58] 〔德〕茨威格特、克茨：《比较法总论》，潘汉典、米健、高鸿钧、贺卫方译，法律出版社，2003。

[59] 〔德〕迪特尔·梅迪库斯：《德国民法总论》，邵建东译，法律出版社，2000。

[60]〔德〕黑格尔:《法哲学原理》,范扬、张启泰译,商务印书馆,1961。

[61]〔德〕卡尔·拉伦茨:《德国民法通论》,王晓晔、程建英、徐国建、邵建东、谢怀栻译,法律出版社,2003。

[62]〔德〕卡尔·拉伦茨:《法学方法论》,陈爱娥译,商务印书馆,2003。

[63]〔德〕康德:《法的形而上学原理——权利的科学》,沈叔平译,商务印书馆,2001。

[64]〔德〕罗尔夫·克尼佩尔:《法律与历史——论〈德国民法典〉的形成与变迁》,朱岩译,法律出版社,2003。

[65]〔德〕马克思、恩格斯:《马克思恩格斯全集》(第三卷),人民出版社,1995。

[66]〔德〕马克思、恩格斯:《马克思恩格斯全集》(第四卷),人民出版社,1958。

[67]〔德〕马克思、恩格斯:《马克思恩格斯全集》(第一卷),人民出版社,1956。

[68]〔德〕马克思、恩格斯:《马克思恩格斯选集》(第一卷),人民出版社,1995。

[69]〔德〕萨维尼:《论立法与法学的当代使命》,许章润译,中国法制出版社,2001。

[70]〔德〕萨维尼:《论占有》,朱虎、刘智慧译,法律出版社,2007。

[71]〔德〕耶林:《为权利而斗争》,郑永流译,法律出版社,2006。

[72]〔俄〕E. A. 苏哈诺夫:《限制物权的概念和种类》,张建文译,易继明主编《私法》第5辑第2卷,北京大学出版社,2005。

[73]〔法〕莱昂·狄骥:《〈拿破仑法典〉以来私法的普通变迁》,徐砥平译,中国政法大学出版社,2003。

[74]〔法〕罗贝尔·巴丹戴尔:《最伟大的财产》,载《法国民法典》,罗结珍译,法律出版社,2005。

[75]〔法〕罗伯斯·比尔:《革命法制和审判》,赵涵舆译,商务印书馆,1965。

[76]〔法〕蒲鲁东:《什么是所有权》,孙署冰译,商务印书馆,1965。

[77]〔古罗马〕盖尤斯:《法学阶梯》,黄风译,中国政法大学出版社,1996。

[78]〔荷〕雅各·H. 毕克惠斯：《荷兰财产法结构的演进》，张晓军译，梁慧星主编《民商法论丛》第7卷，法律出版社，1997。

[79]〔美〕H. 登姆塞茨：《关于产权的理论》，刘守英译，上海三联书店、上海人民出版社，1994。

[80]〔美〕Merrill、Smith：《法律经济学中财产权怎么了？》，罗胜华译，易继明主编《私法》第3辑第1卷，北京大学出版社，2003。

[81]〔美〕埃尔曼：《比较法律文化》，贺卫方、高鸿钧译，上海三联书店，1990。

[82]〔美〕贝勒斯：《法律的原则》，张文显、宋金娜、朱卫国、黄文艺译，中国大百科全书出版社，1996。

[83]〔美〕伯尔曼：《法律与革命》，贺卫方、高鸿钧、张志铭、夏勇译，中国大百科全书出版社，1993。

[84]〔美〕霍姆斯：《普通法》，冉昊、姚中秋译，中国政法大学出版社，2006。

[85]〔美〕康芒斯：《制度经济学》，于树生译，商务印书馆，1997。

[86]〔美〕理查德·A. 波斯纳：《法律的经济分析》，蒋兆康译，中国大百科全书出版社，1997。

[87]〔美〕罗伯特·考特、托马斯·尤伦：《法和经济学》，张军译，上海三联书店，1994。

[88]〔美〕罗伯特·诺齐克：《无政府、国家与乌托邦》，何怀宏译，中国社会科学出版社，1991。

[89]〔美〕罗科斯·庞德：《普通法的精神》，唐前宏、廖湘文、高雪原译，法律出版社，2001。

[90]〔美〕孟罗·斯密：《欧陆法律发达史》，姚梅镇译，中国政法大学出版社，2003。

[91]〔美〕萨缪尔森、诺德豪斯：《经济学》，胡代光、吴珠华译，北京经济学院出版社，1996。

[92]〔美〕施瓦茨：《美国法律史》，王军、洪德、杨静辉译，中国政法大学出版社，1989。

[93]〔日〕冈村司：《民法与社会主义》，刘仁航、张铭慈译，中国政法

大学出版社，2003。

[94]〔日〕近江幸治：《民法讲义Ⅱ物权法》，王茵译，北京大学出版社，2006。

[95]〔日〕棚濑孝雄：《纠纷的解决与审判制度》，王亚新译，中国政法大学出版社，1994。

[96]〔日〕青木昌彦：《比较制度分析》，周黎安译，上海远东出版社，2001。

[97]〔日〕我妻荣：《日本物权法》，有泉亨修订，李宜芬校订，五南图书出版公司，1999。

[98]〔日〕我妻荣：《债权在近代法中的优越地位》，王书江、张雷译，中国大百科全书出版社，1999。

[99]〔意〕彼德罗·彭梵得：《罗马法教科书》，黄风译，中国政法大学出版社，1992。

[100]〔意〕桑德罗·斯奇巴尼选编《物与物权》，范怀俊译，中国政法大学出版社，1999。

[101]〔英〕巴里·尼古拉斯：《罗马法概论》，黄风译，法律出版社，2004，第二版。

[102]〔英〕边沁：《道德与立法原理导论》，时段弘译，商务印书馆，2000。

[103]〔英〕弗里德里希·冯·哈耶克：《法律、立法与自由》（第二、三卷），邓正来译，中国大百科全书出版社，2000。

[104]〔英〕格伦顿、戈登、奥萨魁：《比较法律传统》，米健、贺卫方、高鸿钧译，中国政法大学出版社，1993。

[105]〔英〕劳森、拉登：《财产法》，施天涛、梅慎实、孔祥俊译，中国大百科全书出版社，1998。

[106]〔英〕洛克：《政府论》（下篇），叶启芳、瞿菊农译，商务印书馆，1964。

[107]〔英〕梅因：《古代法》，沈景一译，商务印书馆，1959。

[108]〔英〕休谟：《人性论》，关文运译，商务印书馆，1980。

（三）学位论文文献

[1] 方新军：《权利客体论》，厦门大学2006年博士论文。

[2] 黄和新：《马克思所有权思想述要》，南京师范大学2003年博士论文。

[3] 冉昊：《英美财产权理论的基本构造》，中国社会科学院研究生院2003年博士论文。

[4] 申卫星：《期待权理论研究》，中国政法大学2003年博士论文。

[5] 孙毅：《一物一权主义原则的当代使命》，中国政法大学2003年博士论文。

[6] 王涌：《私权的分析与建构》，中国政法大学1999年博士论文。

（四）网络文献

[1] 邓正来：《社会学法理学中的"社会"神——庞德法律理论的研究和批判》，正来学堂：http://dzl.legaltheory.com.cn/info.asp?id=6068，2007年8月2日登录。

[2] 巩献田：《一部违背宪法和背离社会主义基本原则的〈物权法（草案）〉——为〈宪法〉第12条和1986年〈民法通则〉第73条的废除写的公开信》，"文革"网：http://www.wengewang.org/viewarticle.php?id=1259，2007年8月28日登录。

[3] 孙山：《动产不动产还是登记不登记——对〈物权法〉第二条关于物的、分类的一点反思》，法律博客网：http://superchrisma.fyzc.cn/blog/superchrisma/index.aspx?blogid=220293，2007年8月10日登录。

[4] 郑成思：《物权、财产权与我国立法的选择》，法学评论网：http://www.fatianxia.com/paper_list.asp?id=13488，2007年8月6日登录。

[5] 〔美〕奥诺雷：《所有权》，金可可译，《公法评论》，http://www.gongfa.com/caichanquanaonuolei.htm，2007年8月19日登录。

[6] 〔美〕简·拉丹：《财产权与人格》，《公法评论》，http://www.comment-cn.net/data/2006/0511/article_6575.html，2007年8月7日登录。

[7] 〔英〕霍布豪斯：《财产权的历史演化：现实的和事实的》，翟小波

译，公法评论：http://www.gongfa.com/caichanquanhuobuhaosi.htm，2007 年 7 月 8 日登录。
[8]《法国网上交易驾照分值》，法国中文网：http://www.cnfrance.com/html/jingcai/2007/0719/1313.html，2007 年 8 月 18 日登录。

二　外文文献

（一）期刊文献

[1]〔日〕東孝行『所有権の私法的制限に関する一考察』，神戸法学雑誌一五巻二、三号。
[2]〔日〕田中英司『ドイツにおける民法上の所有権の概念：内容と，所有権と不動産利用権との法的関係：現在の学説の概観的な確認とヨホウ物権法部分草案の検討』，西南学院大学法学论集三十七巻四号。

（二）图书文献

[1]〔日〕北川善太郎『民法入門』，有斐閣 1988 年。
[2]〔日〕川島武宜『入会権の解体』，「川島武宜作品集第八巻」，岩波書店 1981 年。
[3]〔日〕川島武宜『所有権の現実性』，「川島武宜作品集第七巻」，岩波書店 1981 年。
[4]〔日〕川島武宜『所有権法の理論』，岩波書店 1987 年。
[5]〔日〕大木雅夫『比較法講義』，東京大学出版会 1992 年。
[6]〔日〕大野剛義『所有から利用へ』，日本経済新聞社 1999 年。
[7]〔日〕加藤雅信『民法総則』，有斐閣 2002 年。
[8]〔日〕加藤雅信『所有権の誕生』，三省堂 2001 年。
[9]〔日〕加藤雅信『物権法』，有斐閣 2005 年。
[10]〔日〕末川博『占有と所有』，法律文化社 1962 年。
[11]〔日〕内田貴『民法講義Ⅰ総則・物権法』，東京大学出版会 2005 年。

[12]〔日〕森村進『財産権の理論』,弘文堂1995年。
[13]〔日〕山中康雄『英米財産法の特質』,日本評論新社1964年。
[14]〔日〕石田文次郎『物権法論』,有斐閣1937年。
[15]〔日〕四宮和夫『信託法』,有斐閣1989。
[16]〔日〕四宮和夫、能見善久『民法総則』,弘文堂2005年。
[17]〔日〕松坂佐一『民法解釈の基本問題』,名古屋大学出版会1985年。
[18]〔日〕松井宏興、鈴木竜也、上谷均、今村與一、中山知己『民法2 物権法・担保物権』,法律文化社2001年。
[19]〔日〕我妻栄『新訂物権法』,有泉亨補訂 岩波書店1983年。
[20]〔日〕喜多了祐『外観優越の法理』,千倉書房1976年。
[21]〔独〕Göran Lantz『所有権論史』,島本美智男訳,晃洋書房1990年。
[22]〔独〕Karl Kroesche『ゲルマン法の虚像と実像』,石川武監訳,創文社1989年。
[23]〔米〕Barzel『財産権・所有権の経済分析』,丹沢安治訳,白桃書房2003年。
[24]〔英〕Cohen『自己所有権・自由・平等』,松井暁、中村宗之訳,青木書店2005年。
[25]〔英〕W. Geldart『イギリス法原理』,末延三次、木下毅訳,東京大学出版社会1981年。
[26]〔墺〕Georg Klingenberg『ローマ物権法講義』,竜沢栄治訳,株式会社大学教育2007年。

// 索 引

人名索引（国外）

A

埃勒斯 80

安德莱阿斯·冯·图尔 116，117

奥诺雷 94，141

B

巴丹戴尔 5

鲍尔 2，3，153

贝克 10

贝勒斯 31

边沁 10，159

波斯纳 2

波梯耶 5

伯尔曼 31

布莱克斯通 31，92，93，97，212

C

川岛武宜 5，108，199

D

德姆塞茨 10，13

狄骥 36，37，143，155，156

E

恩格斯 189

F

弗兰克 170

弗洛伊德 170

G

盖尤斯 43，50，77，78

格雷 212

格林 10

H

哈格利乌斯 92

哈耶克 159-161

豪兹沃斯 92

赫费 161

黑格尔 2，10，11，18，19，48

霍布豪斯 52，158

霍菲尔德 93，97，212

霍姆斯 22，36，94，97，98

K

卡勒尔 33

康德 1，10，18，48，94
康芒斯 84，86，213
克尼佩尔 2

L

拉德布鲁赫 144
拉登 51，69，111
拉伦茨 12，172
劳森 51，69，111
卢梭 10，143
罗伯斯庇尔 143
罗威尔 97
洛克 10，11，47，48

M

马克思 9，12，24，189，190
马洛里 80
梅因 72，107，126
密尔 10
末川博 163

N

诺齐克 2，10

P

庞德 159

蒲鲁东 1，12

Q

齐特尔曼 144

S

萨维尼 4，24，25，68，122，124，125
森勒尔 120
施瓦茨 93
四宫和夫 218

T

泰雷 120

W

威廉 91
温德沙伊德 123
温德夏德 17
我妻荣 5，38，186

X

休谟 10，13

Y

岩井克人 181
耶林 7，24，37，143，170
优士丁尼 27，63，174

人名索引（国内）

D

邓正来 160
段匡 172

F

房绍坤 138

G

高富平 54，87，156，193

H

郝铁川 164
黄茂荣 169

J

季卫东　162

敬从军　138

L

梁慧星　137, 138, 169, 194

梁上上　135, 136, 138

刘得宽　16

M

梅夏英　19, 67, 113, 187, 212

梅仲协　172

孟勤国　210, 211, 214

R

冉昊　103, 112, 113

S

史尚宽　12

苏永钦　39, 107, 121, 133, 135, 138

孙宪忠　117

W

王克金　165

王利明　85, 137, 176, 194, 196, 200

王涌　14

吴汉东　82

X

谢在全　155

谢哲胜　125, 138

徐国栋　57

Y

姚洋　130

尹田　110

Z

翟小波　10

张恒山　10

张平华　164

张巍　133

郑成良　191

郑成思　50

郑玉波　155, 157, 158

周林彬　153

主题词索引

B

标的物　27, 43, 107, 132–134, 142, 149, 215

别除权　116, 217

不动产　12, 22, 26, 27, 30, 32, 33, 35–37, 40, 43–45, 48, 53, 54, 60–77, 79–81, 93, 99, 100, 105, 110, 114, 122, 123, 125, 132, 147–149, 151–154, 195, 206, 214, 215, 220

不动产租赁权　207, 208

不可动物　11

不特定第三人　20, 123

C

财产

财产权 2, 4, 5, 10, 12, 13, 15, 29, 46, 49, 52, 57, 59, 69, 77, 82, 84, 86, 87, 89, 90, 92-96, 98-102, 104, 123, 142, 158, 176, 179-182, 191, 199, 210-212, 218

财团 17

成员权 177

承租人 25, 106, 150

程式诉讼 27

出租人 106, 150, 160

处分

处分行为 174

D

大陆法系

担保物权

单一物 71, 98

登记 39, 65, 70, 73, 74, 76, 107, 121, 122, 129, 131-133, 136, 137, 205

地役权 45, 60, 65, 116, 118, 149, 204-206, 214, 215

典权 117, 216

动产

对人权 69, 92, 122, 207, 218

对世权 92, 140, 207

对世性 20, 121, 207

F

法律产权 95

法律关系 3, 24, 54, 58, 78, 79, 93, 99, 101, 102, 127, 134, 150, 161, 176, 192, 198, 201

法律解释 164, 166, 169-172, 184, 185

法律事实 14

法律主体 4, 101, 144, 159, 179

法律属性 193

法人

法人财产权 179, 182

法人格 17

浮动担保 72

G

概念法学 96, 170

公示 28, 63, 66, 73, 74, 76, 121-124, 134-136, 138, 139, 217

公序良俗 59, 164

公用财产 195, 196

功能性物权 135, 136, 216

功能主义 6, 8

共益权 181

共有 31, 39, 48, 58, 94, 97, 129, 150, 177, 196, 215

国家所有权 176, 177, 185, 190, 191, 193-195, 197-202, 211

国有财产 184，185，195，196
过失责任 25

H

合同自由 25
衡平产权 95
衡平法所有权 90，95，96，112
婚姻权 27

J

基础性物权 135，136，216
集合物 71，72，97，98
集体所有权 23，40，41，118，151，176，177，190，191，193 -202
家父权 27
建筑物区分所有权 150，151，177
交付 69，73，79，132，150，208，217，219
解释论 76，118，137，167，168，174，176，184，186-189，202，213，214，216，217，221
经济权利 2
经济人 158
经验主义 96，98
居住权 120，127，129，214，216
举证责任 137
绝对性 6，20，29，31，32，34，36，106，110，116，121，140，142，144，145，155，177，207，210

L

劳动者 12，52，189，191-193
理性 2，18，19，28，29，34，94，103，105，115，125，126，128，158，165，166，170，187，198，203-205，211
流押 137
流质 137
罗马法
略式物 11，62，63，79

M

买卖不破租赁 106，150，207
民事主体 57，60，105，117，133，137，176，181，185，186，192，194，201，202
民主宪政 2

P

普通法 22，90-93，95-99，218
普通法所有权 90，95，96，112

Q

期待权 115-117
契约关系 7，199
侵权行为法 20
取得时效 196
权利
权利冲突 158，163-167，221
权利束 15，28，33，36，99，111，211-213
权利质权 46，69，70，81，105，180，183，214

权能分离 23，30，34，53，90，
　　101，114，124，127，176，188，
　　203-206，209，218

R

让与担保 53，73，116，131，136

人格权 29，57，58

日耳曼法 5，20-22，25，29，
　　38，63，64，91，94，131，
　　132，196

入会权 23

S

三R运动 30

善意第三人 74

善意取得 68，208

社会所有权 68，143，144

社团 17，181

身份关系 5，12，22，29，30，
　　107，111，181，220

时效 83，125，192

实用主义法学 53，156，173

实证法 4，24，85，164

市民社会 5，10，19，146

事实上物权 136

受托人 40，73，99-102，177，
　　182，183，208，209，217-219

受益人 40，73，97，99-102，
　　177，182，208，209，217-219

双重所有权 5，31，90，95，96，
　　100，102，110-113，173，187

司法裁判 3，185

私法所有权 3，4，6，9，10，
　　12-17，20，21，24-26，36，
　　38，87，89，90，110，144，
　　188，191，203

诉体物 52

所有权

所有权保留 33，53，113，116，
　　131，211

所有权绝对 15，25，26，29，34，
　　36，107，122，124，125，128，
　　141，143-145

所有权人

所有物返还请求权 20

所有物妨害除去请求权 20

所有物妨害防止请求权 20

所有制 188-194，196-198，202

T

他物权

土地承包经营权 23，40，117，
　　118，129，130，149，176，
　　201，202

土地债务 73，105，214

团体主义 5，21，23

W

完全物权 140，183

无体财产

物权

物权法

物权法定

物权客体

物权请求权 19, 20
物权自治 131, 132, 134 – 137, 139, 221
物上保证人 149

X

习惯法 23, 25, 91, 97, 138
先占 10, 11, 67, 68
限缩解释 4
宪法所有权 3, 4
相对所有权
相邻关系 32, 148, 149
信托
形而上学 1, 79, 190
修正的个人主义 10, 12
虚拟财产 49, 55, 61

Y

要式物 11, 62, 63, 72
一物一权 71, 107 – 111, 115, 220, 221
英美法系
永佃权 17, 60, 117, 118, 215, 216
优先购买权 150
优先力 140
有体物
预置动产 73

Z

宅基地使用权 23, 40, 118, 149, 195, 201

债权
占有诉权 19
征收 141, 152 – 154, 200
征用 118, 152 – 154
政治权利 2, 191
支配力 22, 28, 114, 212
支配权 5, 55, 59, 68, 87, 102, 110, 114, 117, 141, 177, 183, 184, 205, 220, 221
知识产权 42, 49 – 51, 77, 80, 81, 83, 84, 87, 179, 183
主观权利 14, 15, 37, 43, 50, 56, 63, 78, 80, 83, 86, 155, 157
注册动产 73
专利权 46, 76, 99, 140
准不动产 70, 75
孳息 77, 117
自权人 173
自益权 181
自由心证 95
自由主义 2, 3, 10 – 12, 14, 17, 29, 32, 34, 49, 92, 104, 121, 122, 125, 127, 134, 140 – 145, 152, 154 – 156, 173, 178, 182
总有 16, 126
租赁权 12, 32, 36, 105, 106, 124, 150, 207

后 记

本书的大部分内容写于 2007 年在日本做访问学者期间。回国后又用同一题目申请到国家社会科学基金的资助，经过修改完善，其中 12 个部分在《法商研究》、《现代法学》、《法制与社会发展》、《当代法学》、《金陵法律评论》等杂志发表。现在终于整体出版，可以说是我在长春求学、工作的一个阶段性成果。

长春每年有两个季节最好——盛夏和隆冬。长春的盛夏体现的关键词是舒适，白天不会很热，即使让人觉得热，到了晚上也会比较凉爽；长春的隆冬体现的关键词是冰火两重天，屋外的严寒和室内的温暖形成鲜明对比，让人格外觉得室内温暖。之所以觉得这两个季节最好，是因为对于习惯晚上看书写字的我来说，夏天和冬天的气候都不影响我的工作。但是长春也有春天和秋天，长春的春天和秋天非常干燥，尤其是有的时候还有风沙甚至沙尘暴，这时候往往会影响我做事的心情，甚至会使我很想离开长春。但是人生 15 年的时光还是留在了长春，而且可能还要继续下去。苏曼殊有句诗："人间花草太匆匆，春未残时花已空。"他写这句诗原意是为了纪念一位早逝的少女，然而在我看来，人生的每一段时光都是如此。回首往事，过去的似乎过去了，但是想做的事情还有很多没有做。我总是在梦中要抓住什么，却在抓住的那一刹那醒来，是真的醒来了吗？我不知道。15 年求学经历中的很多问题其实都没有答案，就像人人都以为自己知道"什么是所有权"，其实没有人真正知道。

本科毕业后，我放弃了记日记的习惯，没有记日记是为了忘记很多的东西呢，还是很多东西已经记在心头？恍惚捧在手中，却又消逝在风里。应该忘记的事情太多，但是不幸记下了许多，即使不想去看。只有感恩的心是一贯的。

  感谢我的导师马新彦教授，虽然我资质愚钝，但是做老师的学生使我感到很幸福，老师的恩情无以言表，心中时常愧对老师，觉得无以为报，而且书中很多关于所有权的想法都是在和老师讨论后更为成熟的，只是由于学生驽钝，很多好的想法没有表达清楚。感谢吉林大学法学院的全体老师对我学习和工作的帮助。感谢我的同学霍海红经常和我讨论问题。感谢孙大伟博士对本书写作的帮助。感谢我的妻子王潇和女儿李坤泽给我家的温暖。

  感谢吉林大学和长春的风沙。

李国强

2012年9月3日于长春

图书在版编目（CIP）数据

相对所有权的私法逻辑 / 李国强著 .—北京：社会科学文献出版社，2013.5
（吉林大学哲学社会科学学术文库）
ISBN 978 - 7 - 5097 - 4394 - 2

Ⅰ.①相… Ⅱ.①李… Ⅲ.①所有权 - 研究 Ⅳ.①D913.04

中国版本图书馆 CIP 数据核字（2013）第 050401 号

·吉林大学哲学社会科学学术文库·
相对所有权的私法逻辑

著　　者 / 李国强

出 版 人 / 谢寿光
出 版 者 / 社会科学文献出版社
地　　址 / 北京市西城区北三环中路甲29号院3号楼华龙大厦
邮政编码 / 100029

责任部门 / 经济与管理出版中心（010）59367226　　责任编辑 / 高　雁　李延玲
电子信箱 / caijingbu@ ssap. cn　　责任校对 / 杜若佳
项目统筹 / 恽　薇　林　尧　　责任印制 / 岳　阳
经　　销 / 社会科学文献出版社市场营销中心（010）59367081　59367089
读者服务 / 读者服务中心（010）59367028

印　　装 / 北京鹏润伟业印刷有限公司
开　　本 / 787mm×1092mm　1/16　　印　张 / 16.25
版　　次 / 2013年5月第1版　　字　数 / 258千字
印　　次 / 2013年5月第1次印刷
书　　号 / ISBN 978 - 7 - 5097 - 4394 - 2
定　　价 / 58.00元

本书如有破损、缺页、装订错误，请与本社读者服务中心联系更换
▲ 版权所有　翻印必究